대승불교 시리즈 7

유식과 유가행

가츠라 쇼류 외 저
김성철 역

씨아이알

SERIES DAIJŌ BUKKYŌ 7- YUISHIKI TO YUGAGYŌ
Supervised by TAKASAKI Jikidō
Compiled by KATSURA Shōryū, SAITŌ Akira, SHIMODA Masahiro, SUEKI Fumihiko

Originally published in Japan by Shunjusha Publishing Company
Korean translation rights arranged with Shunjusha Publishing Company
through BESTUN KOREA AGENCY

이 책은 2007년 한국정부(교육과학기술부)의 재원에 의하여 한국연구재단의 지원을 받아서 간행된 출판물입니다. (NRF-2007-361-AM0046)

머리말

본 서는 중관파와 함께 대승불교사상의 2대 조류를 형성하는 유가행파 사상과 실천을 역사적인 관점에서 살펴보고자 하는 것이다.

선행하는 〈강좌·대승불교〉 제8권 『유식사상』(초쇄 1982, 신장판 1995, 개제 신장판 『유식사상』 2001, 춘추사)은 본 시리즈 감수자인 다카사키 지키도 선생이 편집을 담당하여 유가행파의 형성, 유식설 성립, 유가행파 문헌, 밀교로 전개, 중국유식이라는 역사적 관점에서 쓴 논문과, 식전변설, 유식의 실천, 무상유식과 유상유식, 중관과 유식이라는 교리적 관점에서 쓴 논문이 수록되어 있다.

그것에 대해 본 서는 처음에 유가행파에 관한 개설적인 논고를 두 편 제시한 후, 인도에서 유가행파 사상사를 초기·중기·후기로 나누고 중국유식사상사 전개도 포함하여 주로 역사적 관점에서 편집했다. 거기에 더해 유가행파의 가장 큰 특징인 유가행의 실천과 유식사상의 이론적 지주인 알라야식에 대해 각각 한 장을 할애했다.

과거 30년에 걸친 유가행 유식사상 연구사를 되돌아보면 함부르크 대학 람버트 슈미트하우젠 교수의 업적이 두드러진다. 인도불교 전체에 걸친 해박한 지식의 소유자이자, 지구 환경에 대한 예리한 위기의식에서 『불교와 자연』(*Buddhism and Nature*. The Lecture delivered on the Occasion of the EXPO 1990 : An Enlarged Version with Notes. Tokyo : The International Institute for Buddhist Studies, 1991. *Studia Philologica Buddhica, Occasional Paper Series, VII*) 등의 저작도 있는 슈미트하우젠 교수가 가장 전념한 분야는 유가행 유식사상 연구다. 그중에서도 『유가사지론』을 비롯하여 방대한 유식

문헌과 선행 연구를 정밀히 조사한 뒤 집필한 『알라야식 – 유가행 사상 중심 개념의 기원과 초기 전개』(*Ālayavijñāna : On the Origin and the Early Development of a Central Concept of Yogācāra Philosophy*, 2 vols, Tokyo, 1987)는 교수의 유가행 유식사상 연구의 집대성이다.

슈미트하우젠 교수의 업적은 많은 저서·논문을 발표한 것에 머물지 않고, 현재 세계 각지에서 활약하는 많은 불교 연구자를 육성한 것을 들 수 있다. 실은 본서 집필자 중 두 명이 함부르크 대학에서 슈미트하우젠 교수 지도 아래 유가행 유식사상에 관한 박사 논문을 완성하였다. 슈미트하우젠 교수 제자들이 최근 『유가사지론』 〈본지분〉 범어 원전을 연이어 교정하고 번역 연구함으로써 유가행파 연구는 크게 진전했다. 이후에는 정밀한 문헌 연구에 기반을 둔 유가행 유식사상사의 재검토가 이루어질 것이다. 본 서는 최신 연구 성과를 반영한 그와 같은 시도의 작은 첫걸음이다.

이하 각장 개요를 서술한다.

제1장은 후기 인도불교 강요서 관점에서 유가행 유식파를 위치지운 후, 세친 『유식삼십송』에 기반을 두어 유가행 유식학파의 완성된 사상 체계를 '식전변론識轉變論' '일체유식론一切唯識論' '입무상방편론入無相方便論'이라는 세 기둥으로 제시한다.

제2장은 먼저 유가행파 논사의 계보를 밝히고 유가행파 중심사상인 '전의사상' 전개에 초점을 맞추어, 초기 수행자 관점에서 이루어진 생생한 기술에서 이론이 정리되고 고정화하는 과정을 보여준다. 마찬가지로 이러한 양상이 '8식설' '4지설' '3신설' 등에도 보이는 것을 검증한다. 마지막으로 유가행에 기반을 둔 유식

사상 전개를 밝힌다.

제3장은 『유가사지론』을 중심으로 초기 유가행파 사상을 고찰한다. 특히 유가행파 중심사상인 '3성설'에 대해 역사적 관점에서 자세히 설명한다.

제4장은 무착의 주저 『섭대승론』에 따라 중기 유가행파 사상을 개관한 후, '식전변설'을 중심으로 세친 유식사상을 논한다. 유가행파와 관련 깊은 경량부에 관한 소론도 덧붙인다.

제5장은 유가행파 수도론의 기원과 그 역사적 배경을 논한 후, 『유가사지론』〈보살지〉, 『해심밀경』, 『대승장엄경론』 그리고 『유식삼십송』에 근거해 유가행파 실천 이론이 역사적으로 전개하는 과정을 밝힌다.

제6장은 알라야식에 관한 연구사를 개관하면서, 이미 언급한 슈미트하우젠 교수의 알라야식 성립론 내용을 소개하고 평가한다. 그 후 선정 체험을 연구 대상으로 하는 경우에는 문헌성립 순서를 절대적인 판단기준으로 하여 최고층 문헌에만 기반을 두어 논의할 수는 없다는 비판적인 관점에서 재평가한다.

제7장은 후기 유가행파 사상을 밝히기 위해 먼저 디그나가陳那 저작 중에 유식사상을 자리매김하고, 그 후계자인 다르마키르티가 구상한 외계실재론과 유식사상의 관계를 논한 후, 인도불교 최후기 거장 즈냐나슈리미트라가 독자의 '2진리설'에 의해 인도불교 여러 학설을 계층적으로 정리한 것을 밝힌다.

제8장은 인도 유식사상이 중국에 수용되는 역사를 '지론학파' '섭론학파' '유식학파'라는 세 단계로 나누어 개설한다. 그때 여래장사상과 교섭이 중국 유식사상에 독특한 전개를 초래한 것을 밝힌다.

2007년 12월 중국 광주 중산대학에서 열린 '유가행파 불교 – 동아시아 사상과 불교 전통'에 관한 국제 심포지엄에 참가한 적이 있다. 거기서 만난 것은 미국에 유학하여 학위를 취득한 재기발랄한 중국인 연구자뿐 아니라, 법상유식 전통에 따라 『성유식론』 등 고전 문헌을 견실하게 연구하고 있는 중국인 연구자였다. 일찍이 근대 중국 여명기에 유식사상은 일종의 '혁명사상'으로서 취급된 모양이다. 하지만 유식사상 연구가 지금도 중국 본토에서 계승되고 있는 것을 알고 감동을 받았다.

이후는 대만 국립정치대학 린쩐꿔 林鎭國 교수 등의 주도로, 대만, 중국, 한국, 그리고 일본 등 구 한자문화권에 속하는 유가행 유식사상 연구자의 학문적 교류가 깊어지기를 기대한다.

2012년 7월

가츠라 쇼류

목 차

머리말 _ iii

제1장 유식과 유가행 가츠라 쇼류

1. 인도불교에서 유가행파 _ 3
2. 『유식삼십송』에 나타난 유가행 유식파 사상 체계 _ 7

제2장 유가행 유식사상이란 무엇인가 사쿠마 히데노리

1. 시작하며 _ 19
2. 유가행파 논사 _ 23
3. 수행자 관점 – 전의사상 전개사 _ 35
4. 실천이론에서 교리이론으로 _ 40
5. 유가행에 기반을 둔 유식 _ 52
6. 결론을 대신하여 _ 61

제3장 초기 유가행파 사상 – 『유가사지론』을 중심으로 다카하시 고이치

1. 초기 유가행파 문헌 – 미륵 5부 _ 71
2. 『유가사지론』 _ 74
3. 불교사상사로부터 본 『유가사지론』 사상 _ 79
4. 3성, 3무자성, 5사 _ 84

제4장 중기 유가행파 사상 호리우치 도시오

1. 시작하며 _ 105
2. 무착 저작 _ 105
3. 무착 사상 – 『섭대승론』을 중심으로 _ 107
4. 세친 저작 _ 117
5. 세친 유식사상 _ 120

제5장 유가행의 실천 델레아누 플로린
1. 시작하며 _ 141
2. 유가행파 수도론의 기원과 역사적 배경 _ 142
3. 최초기 유가행파 수도론 _ 150
4. 고전 유가행파 수도론 _ 156
5. 마치며 _ 164

제6장 알라야식론 야마베 노부요시
1. 알라야식에 관한 연구사 _ 171
2. 그리피스의 알라야식론 _ 174
3. 슈미트하우젠의 알라야식 성립론 _ 181
4. 알라야식 성립론의 전개 _ 186
5. 알라야식 연구에 관한 사견 _ 189
6. 알라야식 비교 연구 가능성 _ 194

제7장 후기 유가행파 사상 – 유식사상과 외계실재론의 관계 규마 다이켄
1. 시작하며 – 학설 관계성 문제 _ 207
2. 초기 유식에서 저자와 문헌 _ 209
3. 디그나가에게 귀속되는 유식계 논서 _ 211
4. 디그나가 저작군에서 유식사상의 위치 _ 213
5. 다르마키르티의 외계실재론과 유식 _ 217
6. 즈냐나슈리미트라에 의한 2진리설의 계층화 _ 224
7. 마치며 – 비크라마쉴라 사원에서 유식사상의 위치 _ 230

제8장 중국 유식사상사의 전개 요시무라 마코토
1. 시작하며 _ 239
2. 지론학파 _ 241
3. 섭론학파 _ 246
4. 유식학파 _ 251
5. 마치며 _ 262

색 인 _ 272

제1장

유식과 유가행

가츠라 쇼류

1.
인도불교에서 유가행파

인도불교 최후기(11~12세기)에 나타나 『논리의 언어 *Tarkabhāṣā*』라는 탁월한 불교논리학 개론서를 남긴 목샤카라굽타 Mokṣākaragupta는, 같은 책 제3장 「타자를 위한 추리론」에서 다르마키르티(Dharmakīrti 法稱 7세기) '논증론'을 개괄하고 있다. 그는 니야야학파가 주장하는 '유신론' '아트만 실재론' '보편실재론' 등을 논파하고, 불교도가 주장하는 '찰나멸론' '일체지자론' '윤회설' 등을 논증한다. 마지막으로 그는 비바사사 Vaibhāṣika = 설일체유부, 경량부 Sautrāntika, 유가행파 Yogācāra, 중관파 Mādhyamika라는 네 학파 이름을 들고 그 학설을 간단히 소개하고 있다.[1] 이 네 학파가 인도불교를 대표하는 학파로 알려져 있던 것은 그와 거의 동시대 선배 지타리 Jitāri의 『불교학설해석 *Sugatamatavibhaṅga*』에 보이고 양자가 전제로 하는 아리야데바(Āryadeva 8세기)의 『지심수집 智心髓集 *Jñānasārasamuccaya*』으로 거슬러 올라간다. 의정(義淨 7세기)의 『남해기귀내법전』에도 같은 기술이 보인다. 이것은 이후에 티베트 종의서가 채택하는 견해다.

목샤카라굽타는 외계 존재를 인정하는 비바사사나 경량부를 비판하기 위해 세친(Vasubandhu 5세기)의 『유식이십론 *Viṃśatikā*』에 전개된 원자론 비판을 이용한다. 그는 인식대상으로 현현하고 있는 것은 외계 대상이 아니고, 외계 대상은 꿈속의 인식대상처럼 존재하지 않는다고 결론짓는다. 유가행파에게 진실로 존재하는 것은 '주관 能取 · 객관 所取을 결여한 심식'뿐이다. 유식사상이야말로 유가행파의 사상적 중핵이라는 것이 목샤카라굽타의 이해다. 중관파는 이 심식조차 진실로는 존재하지 않는다는 입장을 취한다고 간주된다.

그는 다시 유가행파를 이분하여 '심식의 본질은 자기인식이고 주관과 객관은 존재하지 않지만, 직관지 내용으로서 심식의 형상은 진실이다' 하고 주장하는 '형상진실파 有相唯識'와 '심식의 본질은 수정과 같이 청정하고 모든 형상은 허위다' 하고 주장하는 '형상허위파 無相唯識'가 있음을 언급한다. 전자는 '모든 인식은 자기인식이다' 하고 논한 디그나가(Dignāga 陳那 5~6세기)나 다르마키르티에서 시작하여 프라즈냐카라굽타(Prajñākaragupta 8세기)를 거쳐 즈냐나슈리미트라(Jñānaśrīmitra 11~12세기)에 이르는 인식론·논리학을 중시한 학통이다. 후자는 미륵·무착·세친(4~5세기)에 이르는 더 전통적인 학통이다.

네 학파에 대한 목샤카라굽타의 해설은 무엇이 진실로 존재하는가 하는 존재론 관점에서 이루어져 있다. 따라서 그 외 각 파 교리 내용이 무시되어 있는 것에는 주의해야 한다. 그리고 '유식파'가 아니라 '유가행파'라는 명칭을 사용하고 있는 것에 주목하고자 한다. 학파 명칭은 '유가행파'지만 그 사상 내용은 '유식'으로 정리된다. 따라서 목샤카라굽타 관점에서 보면 '유가행 유식파'라는 명칭도 정당하다. 다만 나중에 '유가행파'라고 불리고 오직 명상(선정/삼매)에 전념하고 있던, 아마도 설일체유부에 소속해 있던 출가수행자들이 당초부터 '이 세계는 모두 심식의 현현이고 외계 대상은 존재하지 않는다' 하는 이해를 공유하고 있었던 것은 아니다. 이 학파 형성에 커다란 역할을 했다고 생각되는 방대한 논서 『유가사지론』에서도 명상 단계를 17지로 나누어 고찰하는 〈본지분〉에는 명확한 유식사상이 전제되어 있지 않다. 거기에 부가된 〈섭결택분〉에서 『해심밀경』이 인용되어 유식사상이 처음으로 명확히 제시된다.

물론 『법구경』 앞부분에서 '제법은 마음(意 manas)에 의해 인도되고 마음을 주인으로 하고 마음으로 이루어진 것이다' 하는 유명한 한 구절을 시작으로, 초기불전 곳곳에 '심 citta' '의 manas' '식 vijñāna'이라는 세 단어가 등장한다. 이것은 초기 불교 교리 형성에 중요한 역할을 하고 있다. 붓다 자신이 윤회 및 그 주체에 대하여 어떻게 생각하고 있었는지는 명확하지 않다. 하지만 바라문교가 주장하는 '아트만 Ātman'을 대신하여 '푸드갈라'(Pudgala 사람)라는 유위법도 무위법도 아닌 존재를 세운 불교도가 있었다면, 이 '심/의/식'을 현생과 다음 생을 연결하는 '법'으로 간주한 불교도들도 있었을 터다. 물론 불교도 대부분은 '아트만 부정'(무아설), '푸드갈라 부정'(인무아설)으로 쏠려 간다. 하지만 '법무아설'이 대승불교도 사이에 의견일치가 된 뒤에도 아비달마불교와 같이 '5온 상속'에 의해 '무아 윤회'를 설명하는 것이 아니라 '심/의/식'의 상속에 의해 '무아 윤회'를 설명하는 유가행 유식파가 등장한다. 그 배후에는 먼저 든 『법구경』 앞부분에 보이는 '모든 법에 대한 마음意의 우월성'이라는 생각이 있다고 보인다.

자세를 바로 하고 호흡을 가다듬어 마음을 한 곳에 집중하는 '요가'라고 불리는 명상법은 출토된 인장으로부터 인더스 문명까지 거슬러 올라간다고 할 정도로 인도 문명에 뿌리내린 수행법이다. 바라문교·사문교 구별 없이 수행자들에 의해 실천되어 온 것이다. 명상법 매뉴얼로는 파탄잘리의 『요가수트라』가 있지만 그것의 성립은 붓다 시대까지는 거슬러 올라가지 않는다. 붓다와 동시대 혹은 그 이전인 바라문교의 우파니샤드 문헌도 명상 실천을 전제로 하고 있다. 하지만 초기 불전이 '4념처' '부정관' '수식관' '지관' '4선·4무색정' '4제 현관' 등 다양한 명상법을 언급하는 것은 고행을 버리고 명상을 수행의 중심에 둔 붓다의 기본 자세를 보여준다. 초기불교 각 부파는 각자 아비달마 논서에서 명상법을 체계적으로 정리한다. 유가행파는 그중에서도 설일체유부 체계를 바탕으로 『유가사지론』을 형성해 간다.

『반주삼매경』은 명상 중에 서방 극락정토에 있는 아미타불이 눈앞에 현현하는 것이 실은 수행자 자신의 마음이 나타난 것이고, 같은 사실이 모든 일상경험에 대해서도 말할 수 있다고 하는 '유심 唯心'의 사고방식을 주장한다. 이를 수용하여 『해심밀경』은 동일하게 명상 경험에서 출발하여 '모든 경험 대상은 마음일 뿐이다' 하는 결론에 도달한다. 같은 경전이 그대로 『유가사지론』 후반에 인용된 것은 이미 서술했다. 따라서 유식사상의 근원은 명상수행자의 깊은 선정 체험에 있음을 알 수 있다.[2]

세친의 『유식이십론』은 '이 세계는 심식의 현현일 뿐이다' 하는 유식사상을 '외계 대상은 어떤 의미로도 인식 대상이 아니다' 하는 인식론 관점에서 논증하고자 하는 시도다. 그것은 디그나가의 『관소연론 *Ālambanaparīkṣā-vṛtti*』으로 계승된다. 다르마키르티는 그것을 다시 발전시켜 『양결택 *Pramāṇaviniścaya*』 제1장 말미에서 디그나가의 '자기인식론'에 근거하여 유식설을 논증하고 있다. 이 전통은 인도불교 최후기까지 계승되어, '자기인식'은 '유식'의 동의어로 간주되었다. 다르마키르티는 유식 논증을 마친 후, '외계 대상은 그것이 없다면 인식의 다양성을 설명할 수 없다는 부정 추리 vyatireka에 의해 성립한다'고 말하고 외계실재론을 허용하고 있다. 이것은 디그나가나 다르마키르티의 인식론·논리학이 외계 실재를 인정하는 경량부 입장에서 구축된 것을 시사하는 것이다.

유식 논증은 디그나가를 시작으로 하는 유상유식파에 의해 인도불교 최후기까지 적극적으로 행해진다. 이에 대해 전통적인 무상유식파는 유식의 자각 뒤에 다시 '궁극적으로는 심식조차도 존재하지 않는다'는 깨달음이 이어지고, 그때 처음으로 진실(법계)이 현현한다고 주장한다. 여기에 이르러 유가행파와 중관파의 구별은 적어도 심식의 존재에 관해서는 없어진다. 사실 최후기 무상유식파 대표인 라트나카라샨티 Ratnākaraśānti는 『반야바라밀다론 *Prajñāpāramitopadeśa*』에서 수행도의 최종 국면에서는 두 파가 일치한다고 명언하고 있다.[3]

2.
『유식삼십송』에 나타난 유가행 유식파 사상 체계

다음으로 세친의 『유식삼십송 *Triṃsikā Vijñaptimātratāsiddhiḥ*』에 따라 유가행 유식파의 사상체계를 스티라마티 Sthiramati 주석을 적절히 참조하면서 간결하게 소개한다. 이 문헌은 1) 식전변론(제1송~제16송), 2) 일체유식론(제17송~제25송), 3) 입무상방편론(제26송~제30송) 3부로 구성된다.[4]

1) 식전변론(제1송~제16송)

실로 [세간 사람들 사이에서 또 다양한 학술서에서 사실은 존재하지 않는] 아트만我이나 모든 존재法를 [마치 존재하는 것처럼] 나타내는 비유적 표현假說이 종종 등장한다. 그것은 모두 '식전변(識轉變 vijñāna-pariṇāma)'에 근거한 것이다(제1송abc).

이 세상에는 다양한 언어 표현이 있지만, 그것에 일대일로 대응하는 피지시자가 존재하는 것이 아니다. 모두 유일한 실재인 심식을 지시하고 있는 일종의 '비유표현'이다. 심식은 순간(찰나)적으로 생멸 변화하는 무상한 존재다. 계속하여 유사한 심찰나가 발생하기 때문에 일종의 연속체(상속)로서 반성적으로 파악되는 것이다. 제1송은 이것을 의미할 것이다.

'식전변'이라는 술어는 세친이 『유식삼십송』에서 처음 사용한 것이다. 그가 지은 카쉬미르 비바사사의 아비달마 개론서 『구사론 *Abhidharmakośa-bhāṣya*』에서 경량부 학설로 '상속전변(santāna/santati-pariṇāma)'이라는 술어를 사용한 것은 잘 알려져 있다. 한편 바라문교 철학파 중에서 상캬파는 순수무구한 '정신 puruṣa=ātman'에 대립하는 '근본물질 prakṛti'로부터 윤회 주체를 구성하는 모든 요소를 포함한 현상세계가 전개 pariṇāma한다고 주장하고 있다. 이 세계는 근본물질이 변화한 것이고 외견은 서로 달라도 본질은 다르지 않다는 생각은, 현상세계가 '브라흐만 梵'이 전개 pariṇāma한 것이라는 형태로 베단타파에서도 채용된다. 다만 상캬파와 달리 후자는 아트만을 브라흐만과 별도로 세우는 일은 없다 梵我一如. 세친은 『구사론』에서 적어도 두 번 상캬파의 '전변'설을 언급한다. 내용적으로 큰 변화를 준 후, 그가 상캬파 특유의 술어를 채용했을 가능성은 부정할 수 없다. 『요가수트라』를 근본 성전으로 하는 요가파가 상캬파와 사상적으로 연계한 것은 유가행과 유식사상이 통합된 유가행 유식파의 사상 구조와 공통된다. 이것이 필자의 단순한 억측은 아닐 것이다.

> 그리고 그 전변은 세 가지다. '이숙(異熟 vipāka)'과 '사유 manana라 불리는 것'과 '대상 인식 viṣaya-vijñapti'이다(제1송d～제2송ab).

식전변은 세 가지다. 그 중 '이숙 전변'은 '알라야식'이라고 불린다. 깊은 명상으로부터 나올 때, 혼수상태로부터 깰 때, 그것에 선행하는 경험을 상기할 수 있기 때문에 그 존재가 추리되는 일종의 무의식 상태다. 때때로 '잠재의식 subconsciousness'이라고 이해된다. '이숙'이란 과일이 특정한 조건 아래 변화하면서 성숙해 가는 것이다. 설일체유부 아비달마에서는 인간 행위(업)가 과보를 생산하는 작용과 그 과보 양자 모두를 의미한다. 유부 아비달마에 정통해 있던 세친은 일상적인 다양한 인식의 배후에 있다고 상정된 '근본식'을 '이숙식'이라고 부르고, '아다나식(집착하는 식)' 혹은 '알라야식(침잠/은몰하는 식)'이라고 불렀다.

알라야식은 미래 경험을 생산하는 원인(종자 bīja)으로서, 과거 경험이 심어져 있는 잠재인상(훈습/습기 vāsanā)을 모두 갖고 있다. 그러나 알라야식에 존재한다고 추리되는, 이들 내적인 잠재인상 혹은 심신의 통합 그리고 환경세계의 표상은 '불가지'다. 이런 의미에서 '잠재의식'이라는 명칭은 적확하다. 프로이트나 융 훨씬 이전에 인도 불교도가 이와 같은 '잠재의식'의 존재를 알아차린 것은 일찍이 주목되어 왔다. 그러나 심리학자에 의한 본격적인 알라야식 평가는 아직 이루어져 있지 않다(제2송cd~제3송).

알라야식은 윤회가 계속하는 한 '폭류처럼' 계속 흐른다고 간주된다. 상속전변이 계속된다는 것이다. 그것이 '지식 止息/전의 轉依' vyāvṛtti하는 것은 번뇌 종자가 없어지고 수행자가 진지와 무생지를 획득하여 '아라한위 arhattva'에 도달할 때다(제4송~제5송a).

이 알라야식을 '근거(所依 āśraya)'로 하고, 또 같은 알라야식을 '대상(所緣 ālambana)'으로 하여 발생하는 것이 '사유' 혹은 '의 manas'라 불리는 두 번째 식전변이다. '아견' '아치' '아만' '아애'라는 네 번뇌를 항상 수반하여 '오염된 마음(染汚意 kliṣṭa-manas)'이라고도 불린다. 이 식은 알라야식의 본질을 바르게 이해하지 못하고 '아트만'이라고 오인하는 것이라고 간주된다. 중관파 바비베카(Bhāviveka 淸辯 5~6세기)나 여러 인도철학파가 '알라야식은 아트만이다' 하고 비판하리라 예상한 것이다(제5송b～제6송).

두 번째 식전변은 때때로 '자아의식 self-consciousness'이라고 이해된다. 이것도 알라야식과 같이 윤회가 계속하는 한 끊임없지만, 수행자가 아라한 위에 도달하면 결코 발생하지 않는다. 또 모든 마음 작용이 정지한 멸진정에 들었을 때나 견도에 든 후 '출세간도'에서는 일시적이긴 하지만, 자아의식은 정지한다고 생각한다(제7송～제8송a).

세 번째 식전변은 색·성·향·미·촉·법이라는 여섯 가지 대상 viṣaya 인식 vijñapti, 곧 안식·이식·비식·설식·신식·의식이다. 이것은 초기불전에 등장하고, 각 부파 아비달마에서 상설된 '18계' 교리를 계승한 것이다. 유가행파는 설일체유부 심소법 분류를 모방하여 '주의집중' 등 다섯 가지 '모든 심식과 결합하는 遍行' 심소, '원망' 등 다섯 가지 '특별한 심식에 한정되는 別境' 심소, '믿음' 등 열한 가지 '선'한 심소, '탐욕' 등 여섯 가지 번뇌, 그리고 '분노' 등 스물네 가지 수번뇌 隨煩惱를 열거한다(제8송b～제14송).

6식 중 5감에 따른 전 5식은 수면에 발생하는 파도와 같다. '근본식' 곧 알라야식에 축적되어 있는 각각의 잠재인상(훈습)으로부터 동시에 혹은 따로 조건이 있으면 발생하는 것이다. 한편, 제6 '의식'은 무상과·무상정·멸진정 등 고도의 명상이나 깊은 수면 혹은 기절 상태를 제외하면 항상 발생한다고 간주된다. 복수의 5식이 동시에 작용하고 의식이 항상 작용하는 것은 한 순간에 한 인식의 존재만 인정하는 유부 아비달마에서는 인정하지 않는다. 이것은 유가행파 심식론의 특징이다(제15송～제16송).

이상과 같이 『유식삼십송』은 5식이나 의식이라는 우리 일상 인식 배후에 자아의식(염오의)을 찾아내고 그 자아의식의 대상으로 알라야식이라는 잠재의식의 존재를 상정한다.[5] 세 가지 식전변이라 해도 실은 상층 두 가지 식전변은 알라야식에서 유래하는 것이다. 실제로는 알라야식 전변이 있을 뿐이다.

인식을 이와 같이 3중 구조로 이해하는 것이 유가행파의 정설이 되어 가는 한편, 미륵에게 귀속되는 『중변분별론 *Madhyāntavibhāga*』 제1장 제3송이 제시하는 보다 오래된 모델에도 주목할 필요가 있다. 나가오 가진 長尾雅人 역을 인용한다.

> 대상·유정·자아·표식으로 현현하는 식이 생기한다. 그러나 그 [식이 현현하는 경우의 네 가지] 대상은 실재하는 것이 아니다. 그것이 실재하지 않기 때문에 그것(곧 식)도 또한 존재하지 않는다.[6]

『중변분별론』은 '비실재의 구상'(虛妄分別 abhūta-parikalpa)을 중심으로 유식사상과 공사상을 해설하고, 나중에 서술하는 '3자성설'에 의해 초기불교 이래 모든 교리를 포섭하며, 유가행의 구체적인 수행법도 제시하고 있다. 허망분별은 후대 주석가들에 의해 알라야식과 등치된다. 그러나 같은 책 게송 부분에는 아직 '알라야식'이라는 술어는 등장하지 않는다. '비실재의 구상'이라고 불리는 것은 주관 能取·객관 所取이라는 실재하지 않는 것을 구상하기 때문이다. 반면 이들 '실재하지 않는 것'을 구상하고 있는 '분별' 그 자체는 실재한다고 하는 것이 이 문헌의 기본 입장이다.

세친 주석을 참조하면 '대상 artha'으로 현현하는 식은 '형색 rūpa' 등으로 현현한다. '유정 sattva'으로 현현하는 식은 '자타의 상속에서 5근'으로 현현한다. '자아 ātman'로 현현하는 식은 '염오의(자아의식)'고, '표식 vijñapti'으로 현현하는 식은 6식이다. 6식은 형색 등을 대상으로 하고 자아의식은 5근으로 이루어진 유정을 대상으로 하는 형태로 2중 주객 관계가 상정되어 있다. 여기서는 7식만 언급한다. 8식설 관점으로는 '대상으로서 현현'과 '유정으로서 현현'은 알라야식의 현현이라고 간주되는 것이다. 나아가 이들 네 가지 현현은 일괄하여 '소취'라고 불린다. 그것이 실재하지 않기 때문에 '능취'인 식도 실재하지 않는다는 전통 유가행파(무상유식파) 견해를 표명하고 있는 것도 주의해야 한다.

2) 일체유식론 · 3성설(제17송~제25송)

> 여기서 식전변이란 '개념적 구상(분별 vikalpa)'이다. 개념적으로 구상된 것은 실재하지 않는다. 따라서 이 모든 것은 유식이다(제17송).

스티라마티 주석은 여기서 '허망분별(비실재의 구상)은 (욕계 · 색계 · 무색계라는) 3계에 속한 심 · 심소다' 하는 『중변분별론』 제1장 제8송 전반을 인용하여 세 가지 식전변 곧 8식을 '허망분별'과 동일시하고 있다. 개념적 구상의 대상이 그것과는 별개로 존재하지 않기 때문에 일체는 유식이라는 결론이 도출되는 것이다.

다음으로 일체가 유식일 때 어떻게 다양한 인식이 발생하는가, 어떻게 윤회전생이 설명되는지가 논해진다.

> 실로 (알라야)식은 모든 (현현하는) 종자를 가진 것이다. (세 가지 전변은) 서로 영향을 주고받으며 다양하게 전변한다. 그 결과 다양한 개념적 구상(분별)이 발생한다(제18송).

알라야식이라는 잠재의식은 내적으로 안식 등 모든 것이 발생하는 원인(종자)

을 보유하고 있기 때문에 궁극적 원인으로 파악될지도 모른다. 하지만 실은 안식 등은 발생하자마자 곧바로 알라야식에 잠재인상을 심어서 알라야식이 전변하는 원인이 된다. 요컨대 유가행파에 따르면 잠재인상과 현재적인 모든 인식 사이에는 '상호인과관계'가 성립하고 있는 것이다.

업의 잠재인상(습기)은 (주관·객관이라는) 2취의 잠재인상(습기)과 함께 선행하는 '이숙[전변]'이 소멸할 때, 다른 '이숙 [전변]'을 산출한다(제19송).

스티라마티에 따르면, 세친은 여기서 이전 알라야식의 상속전변이 종결하고 새로운 알라야식의 상속전변이 발생한다는 형태로 현생이 다하고 내생이 시작하는 윤회전생 메커니즘을 설명하고 있다. 새로운 상속전변을 개시시키는 원동력은 오래된 알라야식에 축적되어 온 업의 잠재인상이다. 거기에 모든 것을 주관·객관이라는 2분법으로 파악하는 습관성(2취의 잠재인상)도 보조인으로 작용한다.

이상과 같은 유식사상에 근거하여 경전에서 설하는 '3자성'을 해설한다. 3자성이란 '변계소집(遍計所執 parikalpita)'과 '의타기(依他起 paratantra)'와 '원성실(圓成實 parinispanna)'이라는 세 자성 svabhāva이다. 세친에 따르면 우리들은 다양한 개념적 구상(분별)을 일으킨다. 그것에 의해 구상된 것은 아트만이든 제법이든 모두 변계소집자성을 가진 것이고 비실재다. 한편 개념적 구상(분별) 그 자체는 다양한 인연에 의해 발생하는 것이기 때문에 타자에 의해 발생한 것이라는 의미에서 의타기자성을 가진 것이다. 이 개념적 구상(분별)에 의해 구상된 것은 실재하지 않기 때문에 전자가 변계소집자성을 가지는 일은 결코 있을 수 없다 常遠離性. 이것이 개념적 구상(분별)의 완성된(원성실) 자성이다. 따라서 원성실자성은 의타기자성과 다른 것이 아니다. 그러나 전자는 잡염, 후자는 청정을 본질로 한다는 의미에서 같은 것도 아니다(제20송~제22송).

다음으로 경전에 설해진 '일체법무자성' 등의 [숨겨진] 의미는 다음과 같은 '3무자성'설이고, 3자성설을 전제로 하고 있다고 주장한다. 변계소집자성은 개념적으로 구상된 모든 법에 고유한 특징 相이 없는 것이라는 의미에서 '상무자성'이라 불린다. 의타기자성은 스스로 발생하는 일이 없다는 의미에서 '생무자성'이라고 불린다. 원성실자성은 의타기인 제법의 '궁극적인 의미 勝義'고, 변하지 않는 '진실 眞如'이라는 의미에서 '승의무자성'이라고 불리며, '유식성'과 등치된다(제23송~제25송).

3자성설과 3무자성설은 각각 『해심밀경』에 보이는 '3자상'과 '3무자상'으로 거슬러 올라간다. 그것은 무착의 『섭대승론 *Mahāyānasaṃgraha*』 등의 논서에서 절묘한 비유를 사용하여 다양한 형태로 해설되어 있다. 이 절에서 살펴본 것은 일체유식설에 근거하여 세친이 간결하게 설한 '3자성설'이다. 이 세계 곧 일체법에 세 자성이 있다는 것은 다시 말하면 세계가 세 가지 방식으로 보인다는 것이다. 일체법이 변계소집자성을 가진다는 것은 일체법이 개념적 구상(분별)에 의해 구상된 것이고 허망한 존재로 보인다는 것이다. 일체법이 의타기자성을 가진다는 것은 일체법이 개념적 구상(분별=식전변)일 뿐이라는 것 요컨대 일체유식으로 보인다는 것이다. 일체법이 원성실자성을 가진다는 것은 문자 그대로는 일체법이 완성된 것이라는 의미지만, 일체법=유식이 결코 허망한 존재를 동반한 것으로는 보이지 않는다는 것이다. 그것은 깨달은 세계의 존재 모습을 보여주는 것이다. 3자성은 특히 '세 가지 존재 형태'로 이해되어 존재론적 해석을 부여하는 경우도 있다. 필자는 인식론적으로 해석해야 한다고 생각한다.

3) 입무상방편상(제26송~제30송)

마지막으로 유가행파로서는 가장 중요한 과제인 수도론이 설해진다. 『유식삼십송』에는 [이름이] 언급되지 않지만 전통적으로 자량위·가행위·통달위·수습위·구경위라는 다섯 단계(5위)가 상정된다.

자량위資糧位란 수행자의 마음이 일체유식성에 머물지 않고 모든 것을 주관·객관이라는 2분법으로 파악하는 잠재적인 경향성이 없어지지 않은 단계다(제26송).

가행위加行位에서는 수행자가 '이 모든 것은 유식이'라고 인식하고 있지만, 아직 주객 2분의 잠재적 경향성이 완전히 없어지지 않았으므로 뭔가를 다시 눈앞에 세우고 있다. 때문에 일체유식성에 마음이 머무는 일이 없다(제27송).

통달위通達位에서는 수행자의 마음이 대상을 완전히 인식하지 않기 때문에 주객의 분기가 없어지고 유식성에 머문다(제28송).

수습위修習位에서는 마음도 없고 인식도 없고 출세간지가 있을 뿐이다. 번뇌장과 소지장이라는 두 가지 악한 성질 dauṣṭhulya이 없어지기 때문에 수행자의 존재기반이 근저에서 변화한다(전의 āśraya-parāvṛtti)(제29송).

구경위究竟位란 불가사의한 무루계, 해탈신, 대무니 Mahāmuni의 법 등으로 불린다. 전의를 경험한 수행자가 도달하는 깨달음의 세계, 붓다의 세계다(제30송).

'일체법유식'에 마음이 머문 후 그 마음조차도 버리고 무심 상태가 되면, '근거의 전환(전의)'이 일어나고 붓다가 된다. 이것이 '무상에 드는 수단'(입무상방편)이라고 불리는 유가행파 독자 수행도의 정수다. '유식만이 존재한다'고 주장하면서 그 주장조차도 버리는 것을 수행도의 목적으로 하는데 그들 사상의 진수가 있다고 볼 수 있다.

이상 세친『유식삼십송』의 개요를 살펴봄으로써 유가행파의 실천이 유식사상에 의해 뒷받침되고 있다는 것을 설명하였다.

---

1 이하 기술은 梶山雄一『眞理のことば』(中公文庫, 1975, 『世界の名著 2 大乘佛典』中央公論社, 1967 초출)를 참조.

2 Lambert Schmithausen(桂紹隆譯), 「初期瑜伽行派における修行道の諸相」, 『唯識－こころの佛教』(楠淳證編, 自照社出版, 2008) 참조.

3 Shoryu Katsura, "A Synopsis of The Prajñāpāramitopadeśa of Ratnākaraśānti", 『印度學佛教學研究』第25巻 第1號, 1976년 참조.

4 이하 기술에는 山口益·野澤靜證, 『世親唯識の原典解明』(法藏館, 1953)에 수록된 「唯識三十頌の原典解釋」을 참조.

5 다만 역사적·문헌적으로는 자아의식(染汚意)이 등장하는 것은 알라야식 이후다. 이 점에 관해 주의를 환기해 준 早島理 선생에게 감사한다.

6 『世界の名著 2 大乘佛典』(中央公論社, 1967 : 401).

* 이 외의 참고문헌으로 服部正明·上山春平, 『佛教の思想 4 認識と超越〈唯識〉』(角川書店, 1970, 角川文庫ソフィア, 1997)을 들어둔다.

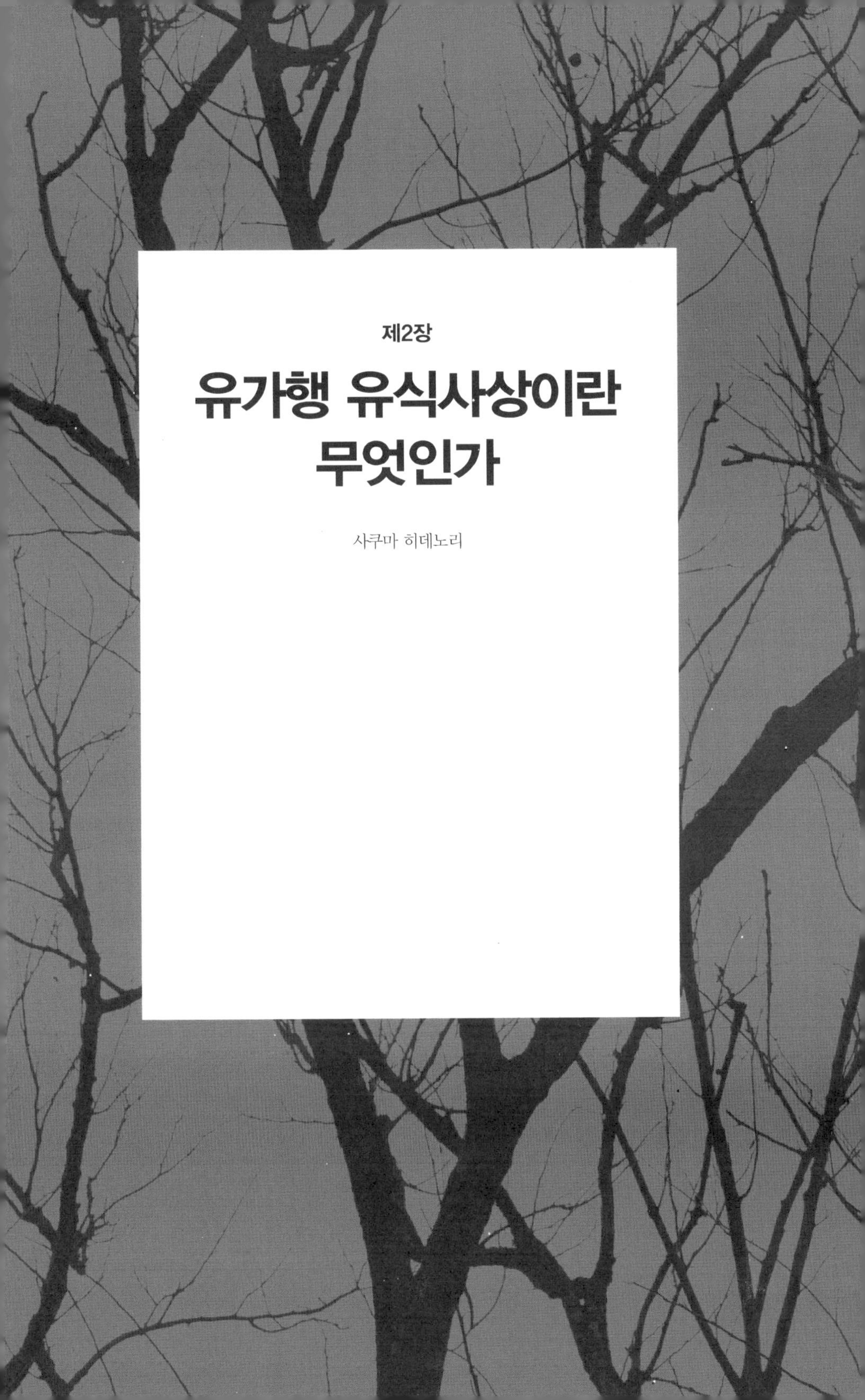

제2장

유가행 유식사상이란 무엇인가

사쿠마 히데노리

1.
시작하며

'유가행 유식사상'의 '유가瑜伽'란 '요가 yoga'를 가리킨다. 따라서 '유가행'이란 '요가를 실천한다'는 의미가 된다. '유식唯識'이라는 술어는 설명이 조금 필요하다. 우리가 유가행 유식사상을 다룰 때 편의적으로 사용하고 있는 '유식'의 식과 '알라야식'이나 '의식' 등 8식의 식은 원어가 다르다. 전자는 'vijñapti'고 후자는 'vijñāna'다. 한역으로는 양자는 동일하게 '식'이다. 그 때문에 '유식'이 오해되어 온 경향이 있다. 전자의 의미는 축어적으로는 '알려주는 것' '상상하는 것'이 된다. 그런 의미에서 전자는 후자가 인식대상을 상상하는 것이다.[1] 어찌되었든 '유가행 유식사상'은 '요가 실천 수행자'의 체험 속에서 산출된 사상이다. 그들의 요가 실천 수행이란 인도 전통의 고행이 아니라 관법을 중심으로 하는 온화한 명상법이다(袴谷 1994 참조). 따라서 유식사상의 전체상을 파악하는 데는 '수행자 관점'에 서서 이해하고자 노력하는 것이 중요하다.

수행자 관점을 과소평가한 경우 '유식사상'은 '다만 식만이 실재한다'고 파악된다. 그 경우 외계의 존재를 인정하는 상식적인 사람으로부터는 '식만을 주장하는' 관념론자라고 비판되고, 무자성·공을 취지로 하는 중관파로부터는 식의 존재를 인정하는 실재론자라고 비판된다.

후대에 우리가 이러한 수행자 집단을 학파로 취급할 경우 '유가행파 Yogācāra'와 '유식학파(Vijñānavāda, Vijñānavādin)'라는 호칭을 사용한다.[2] 이들이 처음부터 독립한 학파였을 리는 없다.[3] 시대와 함께 이론이 정비/체계화되어 가면서 점차 학파에 상응하는 모습이 갖춰졌다고 생각해야 한다.

'유가행파'가 언제부터 확실한 학파로 인지되었는가는 경량부 經量部(본 서 제4장 부론 참조)와 마찬가지로 미묘하다. 계율이나 의례를 함께 행하고 있다면 설일체유부 說一切有部(이하 유부) 집단 중에서 다른 사고방식을 가진 집단이 있어도, 그와 같은 집단의 존재는 인정된다.[4] 이런 사고방식에 따르면 수행 실천에 매진한 집단이 유부에 소속하면서도 점차 무시할 수 없는 세력으로 성장하고 학파 양상을 노정해 왔다고 간주된다.[5] 나아가 최근 발견되고 있는 사본 내용으로부터 기원 전후에 『반야경』 등 대승불교라는 자각을 가진 집단의 존재가 인정되는 것[6] 등을 함께 생각한다면, 전통불교 집단 내에서 대승불교 자격을 얻은 집단이 싹을 내는 것은 자연스런 흐름이다. 그 증거로 이 집단의 최초기에 위치하는 『유가사지론 瑜伽師地論』(이하 『유가론』) 안에 이미 전통불교 사고방식이 대승화하는 과정을 찾아볼 수 있다. 『유가론』 〈본지분〉 〈보살지〉(이하 〈보살지〉)에 보살계의 연원이 보이고,[7] 『대승장엄경론 大乘莊嚴經論』(이하 『장엄경론』) 제1장에서는 '대승이 정통적인 불설이다'라는 의사표명을 하고 있다.[8] 전체 구성 및 다양한 이론 전개의 경위를 감안하면 『장엄경론』이 〈보살지〉를 계승하고 있다고 생각해야 한다. 따라서 『장엄경론』 시기에는 그들이 독자 집단으로서 자각을 갖고 있었을 가능성이 높다.

종래 인도불교사를 서술할 때는 용수를 초조로 하여 청변이나 월칭으로 이어지는 학파를 중관파라고 칭하고 2대 학파로서 중관파와 유가행파 순서로 다루어 왔다. 하지만 용수와 제바 당시에 중관파라고 부르기에 적합한 독립 학파가 형성되어 있었다고 생각하기 힘들다. 『반야경』을 중심으로 하는 대승 사상을 정리한 용수의 『중론』을 이른바 유가행파가 실천적으로 계승하고, 사상 내용을 교리적으로 정비하여, 유가행 유식이론을 체계적으로 완성해 갔다. 완성된 단계에 이르러 처음으로 청변이나 월칭이 그것을 비판할 수 있었다. 요컨대 2대 학파가 나란

히 성립한다고 인식한 것은 꽤 후대 이야기다.[9]

후대 '유가행파'를 하나의 학파로 취급한 이유는 무엇일까? 유식관을 시작으로 알라야식, 3성설 등 특징적인 이론을 전개하는 문헌군이 있기 때문이다. 문헌군으로서 들 수 있는 것은 『유가론』이나 『장엄경론』, 『중변분별론 中邊分別論』(이하 『중변론』), 『해심밀경 解深密經』 등이다. 이 중에서 가장 오래된 것이라고 간주되는 『유가론』의 원어 '*Yogācāra-bhūmi*'에는 'Yogācāra' 곧 '요가 수행의 실천을 기본으로 한다'는 사고방식이 담겨 있다. 이것들이 다시 학파로서 의미를 갖는 것은 유가행파 문헌의 작자로서 미륵 彌勒, 무착 無著,[10] 세친 世親=天親이라는 이름이 등장하고, 유가행파 초조가 미륵, 제2조가 무착, 무착의 친동생인 세친이 제3조로 간주되는 전승이 있기 때문이다. 전승은 그것을 이어받은 자들, 곧 유가행파의 경우 요가 수행자들에게 중요한 의미가 있다. 전승의 내용에 대하여 역사적이고 현실적인 사건인가는 물어야 할 것이 아니다(平岡 2011 참조). 이 점을 혼동할 경우 유가행파의 발생부터 역사적 추이를 잘 못 보게 된다.

그래서 제2절 유가행파 논사에서는 이 세 사람을 포함한 유가행파 논사에 대해, 연구사와 함께 전승과 사상내용으로부터 얻은 논사의 모습을 확인하면서 소개한다. 이로써 유가행 유식사상의 역사적 흐름을 찾는 지표를 제시한다.

제3절 수행자 관점에서는 수행자가 실천 수행 중에 명상 곧 선정 단계가 깊어가는 양상을 알라야식이나 3성설 등과 관련지어 볼 것이다. 전의 轉依 사상을 살펴봄으로써 시대와 함께 사상이 변천하는 양상을 알 수 있다. 더불어 유가행파 문헌 초기 단계에 보이는 생생한 수행자의 숨결이 점차 정비되어 고정화하고, 그런 의미에서 약동감이 떨어지는 내용으로 변하는 양상도 알 수 있다.

제4절에는 이 변천 양상을 다른 몇 가지 이론에도 적용할 수 있는지를 검토하

기 위해 1) 8식과 4지의 결합, 2) 8식과 4지와 3신설의 결합, 3) 5성각별 이론을 살펴보기로 한다. 이들 이론의 변천 과정을 알기 쉽도록, 초기 수행자의 약동감 넘치는 이론 단계를 임시로 '실천이론'이라고 이름 붙인다. 그리고 그것을 정비하여 체계화한 단계를 임시로 '교리이론'이라고 이름 붙인다. 이것은 어디까지나 유가행 유식이론의 역사적 추이를 보는 지표의 하나로 사용하는 것이다.

이상 유가행 유식이론을 보는 지표를 설정한 후, 제5절 유가행에 기초한 유식에서는 1) 유심과 유식, 2) 3계와 외계, 3) 법계와 불지 순으로 살펴본다. 본 서 제3장 및 제5장에도 제시된 것처럼 유가행 유식사상의 근간을 이루는 것은 범부가 알 수 있는 인식대상이 아니라 깨달음의 경지 곧 붓다가 되어 처음으로 알 수 있는 궁극의 진실이다. 그리고 그것을 가능하게 하는 것이 실천수행이라는 구도다. 그러나 범부 단계에 있는 보살 등 수행자(예를 들면 『섭대승론』 제2장 8 말미 참조)에게도 이른바 외계라고 일컫는 인식이 미치는 세계는 언어개념의 관여를 허락하는 세계다. 그것을 〈보살지〉 중 「보리분품」에서 수행의 지지를 받아 도출된 '유사(唯事 vastumātra '사물' 그 자체)라는 개념으로 제시하고 「진실의품」에서 상술하는 것이다. 이 근본적인 사고방식은 유사나 진여(있는 그대로의 모습), 법계 등 표현을 여러 가지로 바꿔가면서도 후대까지 계승된다.

1) 유심과 유식에서는 『반주삼매경』으로부터 『화엄경』 「십지품」(=『십지경』)을 거쳐, 12지 연기설 중에 '유심'으로 취급되고 있는 것이 어떻게 전개하여 『해심밀경』에서 '유식'이라는 표현과 연결되는가를 개관한다. 2) 3계와 외계에서는 『섭대승론』이나 『유식이십론』(이하 『이십론』)에서 '유식'의 근거가 '삼계유심 三界唯心'으로 간주되므로 '3계'를 문제로 다룬다. '3계'란 우리들이 인식하고 있는 세계다. 따라서 수행자가 아닌 일반 상식인이 '3계는 다만 마음뿐이다' 하고 들으

면, '식만이 존재하고 외계는 존재하지 않는 것인가?' 하고 오해한다. 이 일반 상식인과 수행자의 사고방식 차이를 염두에 두면서, 유가행 유식이론 가운데 중요한 개념인 '허망분별 虛妄分別'에 대해 다룬다. 3) 법계와 불지에서는 이하 내용을 다룬다. 수행자도 붓다와 대비하면 범부다. 하지만 『반주삼매경』에서 수행자의 마음이 명상대상을 넘어서 아미타불을 직접 보는 것처럼, 숙달한 보살은 상당한 수준에서 붓다의 대상영역인 유사나 진여 혹은 법계에 다가가고 직접 체험할 수 있었다. 요컨대 문헌에 등장하는 붓다의 경계가 설령 수행자들이 묘사한 내용이었다고 해도 거기에 묘사된 내용을 붓다의 경계로 소개한다.

2.
유가행파 논사

유가행파 논사에[11] 관해서는 19세기 말경부터 연대 산정을 중심으로 많은 탁월한 논문들이 제출되었다. 유가행파 논사의 연대를 산정하는 경우, 기본적으로 중국에서 전하는 법현(法顯 320?~420)이나 현장(玄奘 602?~664) 혹은 의정(義淨 635~713) 등의 여행기나, 티베트에서 전하는 부뙨(Bu ston 1290~1364)이나 타라나타(Tāranātha 1573~1615)의 『불교사』 등에 근거한다. 또 중국(『출삼장기집』 등) 및 티베트(『덴카르마목록』 등)의 여러 역경목록 등을 중심으로 다른 역사상 사건 연대 등을 복합적으로 고려하여 산정하고 있다. 특히 인도의 역사상 사건 연대는 불분명하다. 따라서 전승의 신빙성을 어디까지 인정할 수 있는가에 의존하므로 논사의 생존연대를 확정하는 것은 어렵다. 여기서는 유가행파 논사의 연대 산정은 다루지 않고 논사의 계보를 더듬는 형태로 제시하기로 한다.

먼저 초조로 간주되는 미륵 彌勒이다. 우이 하쿠주 宇井伯壽는 미륵이 도솔천에 있는 보살이 아니라 역사상 실재 인물이라고 주장하고, 그 주장을 몇 명의 연구자가 추종했다. 이에 비해 야마구치 스스무 山口益, 라못트 E. Lamotte 등이 이른 시기부터 비판한 것을 시작으로 많은 연구자가 [도솔천상의-역자] 미륵보살을 염두에 두고 있다. 『유가론』에는 무착이 선정상태에서 도솔천에 올라 미륵으로부터 가르침을 받은 것을 기록했다고 전승되어 있다.[12] 수행자 관점에서 미륵은 수행자의 본존에 해당하고, 미륵보살인 것이 오히려 자연스럽다.

전통적으로 미륵에게는 다섯 저작이 있었다고 중국과 티베트 전승은 말한다. 그러나 두 전승은 내용이 다르다. 공통적으로 등장하는 문헌은 『장엄경론송』(송=운문부분)과 『중변론송』 두 가지다(본 서 제3장 제1절 참조). 하카마야 노리아키 袴谷憲昭가 엄밀한 고찰 끝에 위 두 문헌만 특정한 경우에도[13] 미륵 저작이라는 전승이 의미하는 것은 유가행 유식사상 가운데 다른 문헌보다 오래된 사상 내용을 가진 문헌이라는 것을 보여주는 데 그친다. 이른바 '미륵 5논서'라고 말한 전승은 후대에 만들어진 것이다. 때문에 그것을 인도불교 본래 것으로 거슬러 올라가서는 안 된다. 산문 부분을 포함하여 이 두 문헌에 등장하는 내용을 『유가론』과 비교하면, 『유가론』의 오래된 부분인 〈본지분〉보다 『장엄경론』과 『중변론』이 새로울 뿐 아니라 〈본지분〉의 내용을 기초로 하고 있는 것도 알 수 있다. 『장엄경론』과 『중변론』 산문부분은 게송에 대한 주석부분으로서 다른 저자를 상정하는 경우도 있다. 이 세 문헌에 대해서도 미륵·무착·세친 중 누구의 저작인가는 전승에 따라 다양하다. 요컨대 전승에 의해 유가행파 문헌의 저자를 상정하는 것에는 무리가 있다. 저자 상정에는 어디까지나 문헌에 포함되어 있는 이론 내용의 완성도를 비교 고찰하는 것에 기초할 필요가 있다. 현재 단일한 문헌으로 존재하고 있는 『유가론』 등에는 오랜 세월에 걸쳐 계승되는 도중에 삽입 부분이나 변경 부분 등 변천 흔적이 인정된다. 이러한 다양한 요소를 고려하여 한 문헌의 어떤 이론이 다른 문헌에 나타나는 같은 종류의 이론보다 새로운 것인가 오래된 것인가를 신중하게 음미할 필요가 있다.

현재 연구자는 모두 이러한 방법을 취하고 있다. 그 선구가 된 것은 세친 연대론에 관하여 종래의 전승에 기초한 고찰에 대해, 문헌 내용 자체에 대한 엄밀한 음미에 기초한 P.S. 자이니 Jaini와 L. 슈미트하우젠 Schmithausen의 연구다. 이 점을 명확히 하기 위해 세친 연대론을 둘러싼 연구사를 간단히 소개하고자 한다.

현재 세친 世親의 연대에 관해서는 세 가지 견해가 제시되어 있다.[14] 첫 번째가 320~400년, 두 번째가 350~430년, 세 번째가 400~480년이다. 첫 번째와 세 번째 연대론을 둘러싸고 19세기 말부터 활발한 논의가 이루어져 왔다. 유럽의 바실리예프 Vassilief나 레비 S. Lévi, 일본의 후나바시 스이사이 舟橋水哉나 다카쿠스 준지로 高南順次郎 등을 들 수 있다. 첫 번째 연대를 주장하는 대표격이 페리 Peri고, 세 번째 연대를 주장하는 학자가 다카쿠스 준지로 高南順次郎다. 이를 배경으로 프라우발너 E. Frauwallner가 두 연대에 거의 대응하는 형태로 세친이 두 사람 있었다고 하는 이른바 '세친 2인설'을 제창했다. 프라우발너는 애제자 슈미트하우젠의 논증에 힘입어 '고세친'(4세기)을 무착의 친동생으로서 『장엄경론』, 『중변론』 등에 주석을 쓴 인물로, '신세친'(5세기)을 『구사론』 내지 『이십론』, 『유식삼십송』(이하 『삼십송』)을 지은 인물로 나누어 배당했다. 『구사론』 등을[15] 지은 세친은 아마도 한 사람의 인물로 실재했을 가능성이 높다. 그러나 예를 들어 『장엄경론』 주석자로 전승된 인물을[16] 역사상 한 사람의 인물로 압축하기는 어렵다. 저자를 한 사람으로 하기보다는 오히려 많은 수행자가 관계하여 점차 작성되었다고 생각하는 것이 현재로서는 대세다. 완성된 문헌을 앞에 두고 유가행파 수행자들이 존경하는 인물인 '무착'이나 '세친'의 이름을 바쳤다고 생각하는 쪽이 오히려 자연스러울 것이다. '세친 2인설'은 학계에서 각광을 받고, 그 후 그 진위를 둘러싼 논의가 진행되었다. 당초 일본 학계에서는 이 설을 지지하는 학자가 적었다. 현재에는 무착의 친동생으로서 『장엄경론』 등에 주석을 쓴 세친을 한 사람의 역사상 인물로 생각하는 것은 어렵게 되어 있다. 전승이 어떤 사실을 전하고 있는 것은 확실하지만, 그대로 역사적 사실로 취급해서는 안 된다. 무착이 세친의 친형이라고 하는 전승도 의심해 보는 것이 현명할 것이다.

무착 無著에 관해서 조금 언급하자면, 그의 저작에 대해서도 특정하는 것은 어렵다. 압축해서 『섭대승론 攝大乘論』, 『현양성교론 顯揚聖教論』, 『아비달마집론 阿毘達磨集論』을 상정한다고 해도 완전한 산스크리트 원전이 발견되지 않은 현 상황에서 검증은 한층 어렵다. 그중 『섭대승론』의 원형으로 상정되는 텍스트에 대해서는 무착 작품이라고 간주되고 있다. 『섭대승론』은 네 개의 한역과 한 개의 티베트역이 현존한다. 중국에서 중시된 진제역은 이색적이다. 진제역은 원전의 정확한 번역이라고 말하기 어려우므로 제외하면, 새로운 번역일수록 유가행 유식이론도 완성된 모습에 접근해 간다.[17] 요컨대 서서히 현재 형태가 완성되었다고 생각된다. 『유가론』처럼 [다수에 의해-역자] 편찬되었다고 하는 관점을 『섭대승론』에도 적용했을 경우, 그 편찬의 중심에 있는 한 사람의 인물로서 무착을 생각하는 것은 비교적 쉽게 합의할 수 있을 것이다. 어느 경우에도 세친과 마찬가지로 무착이 유가행자들의 존경을 받는 인물이었던 것은 틀림없을 게다.

세친 이후 논사에 대해 소개하기 전에 슈미트하우젠의 공헌에 대해 언급해 두고자 한다. 연대론의 근거가 중국이나 티베트의 여행기 혹은 불교사 등 전통에 기반을 두었던 것과는 달리, 엄밀한 문헌 내용 분석에 의해 세친을 다루고자 했던 그의 방법론은 그 후 유가행 유식이론 연구에 지대한 영향을 주고 있다. 이 점은 자이니도 마찬가지이다. 슈미트하우젠은 특히 『유가론』을 정밀히 검증하였다. 그중에서도 알라야식 연구는 슈미트하우젠 이후 알라야식 연구를 포함해서도 가장 우수한 연구다(이 책 제6장 참조). 발견되어 있는 산스크리트 사본을 포함한 『유가론』 연구로는, 어떤 형태로든 그를 사사한 많은 제자들을 중심으로, 〈본지분〉의 모든 산스크리트 텍스트 교정이 완성되어 있는 것을 들 수 있다. 또 같은 프라우발너의 제자인 슈타인켈너 E. Steinkellner와 중국의 공동연구(松田 2011 참조) 형태로 새로 발견된 산스크리트 사본을 바탕으로 세친의 『오온론』 등이 교정 출판되었고, 그 안혜석도 크라머 J. Kramer에 의해 출판될 예정이다.

전승에 기초한 방법론에서 엄밀한 텍스트 내용 음미에 기초한 방법론으로 넘어가는 계기는 슈미트하우젠이 당초 프라우발너의 '세친 2인설'을 옹호하기 위해 1967년에 독일어로 출판한 「『이십론』과 『삼십송』에 보이는 경량부적 전제」다. 슈미트하우젠의 연구성과를 이어받아 여러 연구자에 의해 다양한 테마에 걸쳐 많은 연구성과가 발표되어 왔다. 그중 중요한 것 하나는 경량부의 존재에 관한 고찰, 연관하여 '선대 스승 pūrvācārya'에 관한 고찰이 있다.

'선대 스승' 문제는 마츠다 가즈노부 松田和信, 하카마야 노리아키, 마츠모토 시로 松本史朗 등이 고찰했다. 그들 고찰의 결과 유가행파가 독립한 집단이 아니라 유부 내에 존재했던 세력의 하나고, 그 위에 요가를 열심히 실천하는 수행자 중에서 특히 존경받는 스승에 대해 '선대 스승'이라고 표현했다고 간주되었다. 그 경우 야쇼미트라 Yaśomitra의 『구사론석』이 '선대 스승'의 한 사람으로 무착이라는 이름을 들고 있는 것으로부터, 유가행파 중에 무착이라는 이름을 가진 가장 존경할 만한 스승이 역사상 실재했다고 간주할 수 있게 되었다.

이야기를 원래 주제로 돌리자. 경량부라는 명칭은 『구사론』에 등장하고 세친의 입장을 표명하고 있다고 간주되었다. 그 때문에 세친이 유부에서 경량부로 사상이 기울었다고 생각되었고, 친형인 무착에 의해 유부에서 경량부를 경유하여 대승으로 전향했다고 전승되었다. 이것들로부터 경량부라는 독립한 부파가 존재했다고 생각되어 왔다. 슈미트하우젠도 여기에 근거하여 『이십론』에서는 식이 단층이고 경량부적 전제를 가진 것에 비해, 『삼십송』은 6식과 말나식, 알라야식이라는 복층을 이룬 유가행 유식이론적 전제를 가진다고 했다. 그러나 가토 준쇼 加藤純章는 『구사론』, 『순정리론』을 엄밀히 분석 고찰하고, '경량부'라고 표명한 것은 실은 『구사론』이 최초일 것이라고 하였다.[18] 이에 기초하여 크리처 R. Kritzer와 (그와 당초 접촉을 가지지 않고 독립하여 고찰을 진행하고 있던) 하라다 와쇼 原田和宗는 다른 연구자의 성과도 합해서, 『구사론』에서 '경량부' 학설이라고 간주되는 내용은 (거의) 모두 『유가론』에서 찾을 수 있다는 동일한 결론에 도달했다. 『구사론』이 『유가론』보다 내용으로나 전승으로나 후대인 것은 확실하다. 『구사론』 내지 『삼십송』이 동일 인물의 저작일 경우, '경량부' 학설은 어떤 형태로 유가행 유식이론의 어떤 측면을 표명하기 위한 명칭일 가능성조차 있을 수 있다. 어쨌든 '경량부'라는 독립한 부파가 존재한다고 생각하는 것은 무리가 있다.

본 서 제4장에서 소개하는 것처럼 '식전변(識轉變 vijñāna-pariṇāma)' 혹은 '상속전변차별'(相續轉變差別 santati-pariṇāma-viśeṣa)이라는 표현은 세친이 사용했던 중요한 술어임에 틀림없다. 그러나 이 'vijñāna-pariṇāma' 내지 'santati-pariṇāma'라는 개념이 『구사론』의 작자 세친이 처음으로 사용한 술어라고 하는 것, 나아가 이것을 상캬학파로부터 받아들였다고 하는 것에는 문제가 있다. 『장엄경론』 제18장 제87게송 주석부분(전승으로는 세친작)에는 'saṃtati-pariṇāma-viśeṣat'가 있고 『십지경』 제6장 '삼계유심' 부분의 『십지경론』 주석부분(티베트어역)은 아마도 '*citta-pariṇāma-mātra'로 되어 있었을 가능성이 있다.[19] 다시 이 사고방식의 선구 형태가 『유가론』에 이미 있었다고 지적된다(山部 1990). 적어도 『구사론』 작자 세친 이전의 유가행 유식문헌에는 '없었다'고 하는 것은 재고할 필요가 있다.

상캬학파와 관련해서 말하면, 6파 철학이라고 하는 틀 자체는 서구 인도학자들이 고안한 분류방법이었다고 해도,[20] 요가학파 실천이론이 지지하는 상캬학파 이론이라는 구도는 유가행 유식이론이 실천수행에 의해 지지되는 실천이론이라는 구도와 대비시킬 경우 자못 시사적이다. 요가 실천수행에 의해서 초래된 실천이론 내용이 학파를 불문하고 다분히 유사성을 보여도 불가사의하지 않은 것이다. 어쨌든 『유가론』 등에는 비판대상으로서 상캬 사상이 등장하기 때문에 영향관계는 부정할 수 없다.

이상 미륵이 수행자의 본존으로서 도솔천이 있는 미륵보살이라고 이해해도 문제가 없는 것, 무착과 세친은 역사상 인물로 유가행파 수행자의 존경을 받은 실존 인물이라고 상정할 수 있다는 것을 보았다. 그러나 이 세 이름 아래 유가행파의 중요 전적이라고 간주되는 『유가론』, 『장엄경론』, 『중변론』 등의 문헌군이 있는 것은 개별 인물의 저작을 의미하는 것이 아니라 많은 수행자들에 의해 작성된 저작일 가능성이 높은 것 등을 설명하였다. 다음으로 그들 이후의 논사에 대해 소개한다.

여기서 거론할 논사는 진나 陳那, 무성 無性, 안혜 安慧, 호법 護法, 계현 戒賢과 그들을 비판하는 중관파 청변 清辯과 월칭 月稱이다. 본 서에서는 앞의 다섯 논사를 후기 유가행파로 분류한다. 논사의 계보는 히라카와(平川 1979 : 228ff.)에 정리되어 있다. 이후 연구에 의해 이 계보가 실정에 맞지 않는 것이 드러나고 있기 때문에 여기서는 그 내용을 압축하여 소개한다. 다시 그 후에 중관파와 유가행파 사이에 이루어졌던 비판 내용을 보여주고, 이를 통해 가능한 후기 유가행파 논사 계보를 생각해 보기로 한다.

세친 이후에 가장 빠른 시기에 위치한다고 생각되는 문헌은 진나의 것이다. 하카마야가 소개하고 있는 것처럼,[21] 티베트 종의서에서 유가행파는 성전추종파와 논리추종파로 나뉜다. 후자 흐름은 진나에서 법칭으로 계승된다. 이른바 불교 논리학 계통이다. 그 내용에 관해서는 본 시리즈 제9권 『인식론과 논리학』에 자세히 서술되어 있기 때문에 거기에 미루고, 여기서는 유가행파의 흐름과 이후 법상교학 등에서 상식으로 간주되는 이론과 관련되는 부분만 다루기로 한다.

진나가 『구사론』의 작자 세친을 계승한 논사라고 간주되는 이유는 그의 『관소연론』이 명확히 『이십론』을 바탕으로, 그것을 교리이론으로 발전시킨 내용으로 이루어져 있기 때문이다. 그러나 진나가 세친을 직접 만나 가르침을 받았는지는 조금 의문이 든다. 그것은 진나작 『집량론』 중에 세친작이라고 간주되는 『논궤』(현존하지 않는다)를 언급하면서도, 정말 그것이 세친의 저작인가에 대해 망설이고 있기 때문이다. 그래도 다른 논사와 비교하면 세친과 시간적인 거리가 꽤 가까운 인물로 보인다.

또 자증분(自證分 svasaṃvedana)이라는 개념에 대해 논의해 보자.[22] 이것을 거론하는 이유는 중국 법상교학에서 '안난진호 일이삼사 安難陳護 一二三四'로 정식화하는 가운데, 진나가 상분·견분·자증분이라는 식의 3분설을 취하고 호법이 상분·견분·자증분·증자증분이라는 4분설을 취한다고 간주되는 주제를 다룰 필요가 있기 때문이다. 엄밀한 대비에는 주의가 필요하지만, 상분은 파악되는 객관에 해당하고 견분은 파악하는 주관에 해당한다. 그리고 그 객관과 주관 위에 발생하는 인식작용을 다시 확인하는 작용 곧 자증분이 있어서 하나의 인식이 완료된다고 생각하는 것이 3분설이다. 호법은 그 위에 자증분의 작용을 확인하는 또 하나의 마음 영역을 상정하고, 그것을 증자증분으로 하는 4분설을 취한다고 전통적으로 말해왔다.[23] 이 시리즈 제9권 여러 곳에서 서술되는 것처럼 자증분을 주관·객관 시스템에 가지고 들여온 것은 진나다. 물론 인류 사상사에서, 자기를 되돌아보는 방식으로 주관·객관을 성찰하는 요소를 상정하는 것은 드문 일이 아니다. 여기서 말하는 것은 불교에서 마음과 마음 작용의 분석 시스템으로서 채용한다는 의미에서다.[24] 그 경우 적어도 진나 이전 논사에게 1분설이나 2분설이라는 시스템이 있었다고 상정하는 것에 어느 정도 의미가 있을까. 또 4분설에 대해서도 마찬가지다. 불교 이외의 사상에서도 자주 행해지는 것이지만 이와 같은 시스템으로 자증분을 채택하면, 그 자증분을 확인하는 것을 요구하는 것이 일반적 추세인 것 같다. 그래서 증자증분이 설정되었다고 생각하는 것이 타당할 것이다. 무한소급에 빠지지 않기 위해 자증분과 증자증분의 상호의존적 이해가 이루어지는 것도 드물지 않다. 야마구치 스스무가 이미 지적하고 있듯이[25] 증자증분을 더한 4분설은 인도 유가행파 문헌 및 이것을 비판하는 청변이나 월칭의 문헌에서는 발견되지 않는다. 문제는 중국 법상교학이 이것을 호법설이라고 해버린 것이다. 친광 등이 짓고 현장이 번역한 『불지경론』에는 4분설이 등장하지만, 호법의 계승자로 간주되는 계현의 『불지경론』(티베트역만 현존)에는 존재하지 않는다. 따라서 현장이 도입한 사고방식일 가능성이 높다. 이와 같이 현장의 의도가 삽입되는 경향은 제4절에서 다루는 세 가지 테마에서도 현저히 나타난다.

다음으로 무성과 안혜를 살펴보자. 이 경우 근거가 되는 문헌은 티베트어역과 한역으로 남아 있는 『섭대승론』 무성석 및 티베트어역만 현존하는 『장엄경론』 무성석과 안혜석이다. 『섭대승론』 무성석은 티베트어역과 현장역 사이에 내용 차이가 있다.[26] 이 장 제4절에서 세 가지 유가행 유식 이론을 비교 검토하는 중에도 제시하는 것처럼, 이 세 문헌 사이에는 티베트어역 『섭대승론』 무성석에서 티베트어역 『장엄경론』 무성석, 다시 현장역 『섭대승론』 무성석을 거쳐 티베트어역 『장엄경론』 안혜석에서 현장역 『성유식론』 순으로 사상 발전과정이 나타난다. 무성과 안혜의 순서에 관해서는 현재 세계의 연구자 거의 모두는 무성에서 안혜 순으로 생각하지만 반대설을 제시하는 연구자도 있다.[27]

안혜에 관해서는 전승뿐 아니라 청변의 저작 안에서 비판대상으로 등장하는 사실 등으로부터, 호법과 함께 그 존재와 전후관계 등이 고찰되어 있다(梶山 1963 참조). 그러나 자료가 티베트어역이나 한역에 의한 부분이 많다. 산스크리트 사본 발견이 계속되고 있는 현 상황에 비추어보면 가까운 장래에 더 정확한 정보를 바탕으로 안혜에 관한 새로운 견해를 제시할 수 있을 터다. 안혜 저작으로 간주되고 출판된 『삼십송석』, 『중변론석』(사본에 손상에 따른 결손 있음) 외에 산스크리트 원전 사본이 보고되어 있는 것은 『오온론석』, 『구사론석』[28] 등이다. 이것들이 동일한 안혜 저작인지도 포함하여 내용 분석이 필요하다. 여기서는 이 장 제4절에서 다루는 『장엄경론』 안혜석의 문제점을 지적하는 데 그친다. 『대당서역기』 발라비 조항에 안혜(견혜)가 등장하고, 발라비 비문에도 안혜가 여러 번 등장한다. 발라비는 『남해기귀내법전』에도 날란다와 나란히 불교 거점으로 그 이름이 기록되어 있다. 『대당대자은사삼장법사전』에는 현장이 사사 혹은 행동을 같이 한 승군僧軍이 안혜와 계현에게 사사했다고 기록되어 있다. 이 장 제4절에서 다루는 이론을 보면 『장엄경론』 안혜석에 보이는 설은 법상교학 정통설과 매우 유사하기 때문에, 마치 현장이 안혜의 사상을 계승하고 있는 것처럼 보인다. 그런데 호법설을 정통설로 하는 법상교학에서 안혜는 호법과 가장 대립하는 인물로 간주된다. 확실히 산스크리트 원전 『삼십론송』, 『중변론석』 내용은 반드시 법상교학 정통설과 유사한 것으로는 생각할 수 없다. 이와 같이 안혜에 관해서는 여러 가지 의미에서 꽤 불분명한 요소가 있다. 『장엄경론』 안혜석은 티베트어역만 현존한다. 하지만 이전부터 알려져 있는 것처럼 티베트어역 자체도 꽤 문제가 있다.[29] 『섭대승론』 무성석(번역자 예세데 외)과 『장엄경론』 무성석(번역자 펠첵 외)이 신뢰성 높은 번역인데 비해, 『장엄경론』 안혜석은 역어도 일정하지 않고 산스크리트 원문을 예상하기도 어렵다. 따라서 이것을 안혜 사상으로 간주하여 무성이나 현장 등과 사상적 비교를 하는 것은 문제가 많다. 요컨대 이 문헌에 대해서는 무성이나 현장 등의 사상내용과 비교 검토 및 『장엄경론』 사상 흐름, 그리고 유가행 유식 이론의 변천 추이 가운데서 검토하는 것이 요구된다.

호법은 중국법상교학에서 정통설을 제창한 인물로 간주된다. 이 장 제4절 1)에서 8식과 4지의 대응관계를 볼 경우, 계현의 저술이라고 전하는 『불지경론』에는[30] 양자의 대응관계가 완성되어 있지 않음에도 불구하고, 호법에게는 이 관계가 완성되어 있다. 전승에 따르면 계현은 호법보다 한 살 연상이다. 호법이 서른 살에 열반한 후 호법의 계승자로 날란다를 이끌었다. 현장이 사사했을 때는 백 살이 넘었다고 한다. 내가 아는 한, 호법의 저작이라고 간주되는 것은 한역만 존재한다. 원문에 아주 충실하게 번역하는 것을 신조로 하는 현장이 한역한 『섭대승론』 무성석 조차 티베트어역과는 중요한 부분에서 사상적 차이가 있다. 이를 고려하면 한역 문헌에는 한역자의 의도가 삽입되었다고 상정해야 한다. 요컨대 한역만으로 호법의 사상을 도출하는 것은 어렵다.

다음으로 청변 및 월칭이 비판하는 유가행파 사상과 더불어 이들이 비판하는 유가행파 논사에 대해 다루고자 한다. 미리 주의해 둘 것은 비판이라고 말하는 내용이 트집일 경우가 많고, 그 비판내용을 가지고 비판되는 측의 사상이라고 간주하는 것에는 신중해야 한다는 점이다.

여기에서 해당하는 논사의 문헌으로 거론되는 것은 청변의 『중관심론(송)』, 『반야등론』, 『대승장진론』, 안혜의 『대승중관석론』, 호법의 『대승광백론석론』, 월칭의 『입중론』(간략한 기술로는 『프라산나파다』나 『칠십공성론주』 등) 등이다. 이 문헌에 기초하여 중관파가 어떤 관점에서 유가행파를 비판했는가에 대한 연구로는 야마구치(山口 1941), 야스이(安井 1961), 가지야마(梶山 1963), 에지마(江島 2003[1992]), 기시네(岸根 2001) 등이 있다.

중관파인 청변이나 월칭이 비판대상으로 묘사하는 유가행 유식사상의 주제에는 몇 가지가 있다. 그중 여기에서 필요한 것은, 중관파의 비판방법은 유로 간주되는 경우는 실유적 입장으로서 그 근거를 비판하고 무로 간주되는 경우에도 그 근거를 따지는 입장을 취한다는 점이다.[31] 그 가장 좋은 예는 『중변론』에 나타나는 허망분별의 유와 무라는 표현이다. 여기에 대해 이 장 제5절 2)에서 다룬다. 또 경우에 따라서는 '유가행파의 주장은 중관파와 다르지 않다'[32] 하는 형태로 비판한다. 원래 유가행파 수행자들은 용수의 사고방식을 계승하는 사람들이기 때문에 이것에서 오히려 계승관계가 뒷받침된다.[33] 에지마 야스노리가 '두 사람(청변과 호법)의 논의는 여기에서는 엇갈린 채로 있다'[34] 하고 지적한 것처럼, 진나를 포함하여 청변, 안혜, 호법, 그리고 월칭의 논의는 상호 간에 들어맞지 않는 부분이 많다. 상호비판이 트집의 성격을 갖고 있는 것은 부정할 수 없는 사실이다. 하지만 적어도 이러한 문헌 증거로부터, 이들 논사들이 다소 시대를 멀리하고 있다고 해도, 실제로 역사상 실재하고 상호 간에 논의를 주고받을 환경이었던 것은 확실하다.

3.
수행자 관점 – 전의사상 전개사

『대승장엄경론』이라는 제명은 대승불교를 장식(장엄)하고 선양한다는 의미다. 이 이름이 보여주는 대로 유가행파 수행자가 대승불교도로서 자각을 강하게 갖고 중생이익을 위해 붓다가 되는 것을 목표로 하는 모습을 『장엄경론』은 잘 전하고 있다. 그렇다 하더라도 『이십론』 말미에서 세친 자신이 범부인 자기로서는 붓다의 경계를 알 수 없다고 서술하고 있다. 이렇듯 붓다의 지혜佛智는 범부가 헤아릴 수 없는 것이다. 범부인 수행자가 붓다의 지혜를 말하는 것이기는 하지만, 최고위에 오른 보살 등 숙련된 수행자는 실체험으로 붓다에 가까운 경지를 예측할 수 있었을 터다. 언어개념을 제거할 수 없는 범부의 인식을 '개념지'라 부른다면, 그 '개념지'와 '불지' 사이에 붓다의 경계를 설명하기 위한 '직관지'라는 표현을 상정한다. 수행자는 초보적 실천부터 시작해 점차 그 성과를 향상시켜 궁극적 단계에서 붓다가 된다. 그들은 개념지로부터 언어개념을 넘어 '사물' 그 자체를 직접 보는 직관지와 그 위에 있는 '불지'를 응시하고, 그 과정과 성과를 문헌에 극명하게 기술했다. 그 수행 체험의 흐름은 전의사상 전개로 찾아볼 수 있다(Sakuma 2011 등 참조).

『유가론』 〈본지분〉 〈성문지〉(이하 〈성문지〉)에서는 전통적 불교 수행법에 기초하여 명상대상으로 부정관이나 자비관을 놓고, 마지막으로는 수행자가 명상대상[35] 그 자체와 일체화하는 형태로 진행된다. 수행자는 요가 실수를 통해 '침울한 상태 dauṣṭhulya'를 서서히 제거하고, 점차 '상쾌한 상태 praśrabdhi'를 획득한다. 그리고 최종 단계로 육체적 정신적 근거 āśraya가 전환하여 pari√vṛt 완전히 상쾌한 상태가 되는 것이 각각의 명상대상에 대해 실천된다.

〈성문지〉에서도 근거가 전환하는 궁극 장면에서 명상대상과 일체가 되는 것이 표현되어 있다. 그 특징적인 표현을 예시해 둔다.

> 근거가 완전히 전환하는 것에 의해 [명상대상(=본존)의] 영상을 넘어 알아야만 하는 '사물 vastu' 그 자체에 대해 무분별이고 직접지각인 지견이 발생한다.[36]

여기서 다루고 있는 것은 수행자 레벨이다. 하지만 이 연장선상에서 불지를 응시한다면 '무분별인 직접지각 운운'은 근거가 완전히 전환하여 붓다가 된 경우의 무분별지를 수행자에게 상정시킨 문장이다. 『장엄경론』 제9장 「보리품」에 있는 청정법계에 관한 네 게송은 『불지경』 마지막 네 게송과 공통된다. 그 첫 게송(제56송)에 '사물에 대한 인식 vastu-jñāna'이라는 표현이 있다. 여기에서는 〈보살지〉 「보리분품」에서 수행에 기초하여 묘사되고 「진실의품」에서 중요한 개념으로 등장하는 유사(唯事 vastu-mātra)와 깊은 관련성이 느껴진다. 앞 인용문 중 '직접지각'을 비롯하여 초기 및 중기 유가행 유식 문헌에 보이는 '직접지각'은, 후기 법칭 등이 자세히 검토하는 '직접지각'과 달리, 문헌학적으로 정확히 검증하는 것이 매우 어렵다. 그래서 앞서 제시했듯이 범부가 가진 언어개념의 관여를 허락하는 단계의 인식을 '개념지'라고 표현한다면, 범부이면서 숙달한-수행자가 명상대상의 영상을 넘어 본존에 도달하는 단계의 인식을 '직관지'라고 임시로 부른다. 이로써 [개념지와 – 역자] 불지 사이의 틈을 메우고자 한다. 이것은 이 장 제5절 2)에서 『중변론』 및 『지광명장엄경』(이하 『지광명』)과 『유마경』에 보이는 허망분별을 다루는 경우에도 유효하다.

다시 이야기를 〈성문지〉로 되돌리면, 〈성문지〉에는 현실적 수행 현장의 양상이 적나라하게 기술되어 있다. 선관경전에 보이는 수행 현장의 모습과 상통하는 내용이다.[37] 이 '근거가 전환하'는 것을 한역으로 '전의 轉依'라 표현한다. '의 依'란 다양한 의미에서 수행자의 근거를 의미한다. 〈성문지〉에서 근거의 전환은 심신이 '침울한 상태'를 제거하고 '상쾌한 상태'를 획득하는 교환 구도다. 〈보살지〉가 되면 번뇌와 결합한 (보다 윤리적 의미에서) 침울함(악함)을 제거하고 '자재력 vaśitā'을 획득하는 교환 구도가 된다. 이러한 부정 요소의 제거와 긍정 요소의 획득이라는 구도가 〈성문지〉와 〈보살지〉에 나타난 '전의'의 특징이다. 그러나 이러한 소박한 전의사상 형태는 『유가론』 〈섭결택분〉 시기부터 자취를 감추고 후대에는 거의 모습을 드러내지 않는다. 다만 이 교환 구도 자체는 다음에 보여주는 오래된 전의 해석 가운데 현장의 의도와 함께 다른 모습으로 변화하여 부활한다.

요소 간 교환 구도는 근거 자체의 질적 전환 단계로 이행한다. 이 경우 근거란 수행자의 육체적 정신적 기반, 요컨대 수행자의 생활기반부터 사고방식 등 전체 존재로서 근거다. 이것은 『유가론』 〈섭결택분〉의 통칭 '열반장'에 나타나는 문답 가운데 질문부분에 보인다. '열반장'에서 교환되는 문답은 구해석과 신해석의 싸움이다. 질문부분의 구해석이란 전통불교 수행에 의해 수행자가 번뇌를 완전히 제거하고 성불하는 것을 의미한다. 대답부분의 신해석은 붓다의 세계로부터 청정한 종자가 수행자에게 심어진다고 하는, 붓다 측의 작용으로 성불하는 것을 의미한다. 이후에는 이 신해석이 주류가 된다. 자취를 감추어 가는 구해석은 후대에 현장이 두 가지 전의 해석을 나란히 제시하는 가운데 부활한다.

신해석의 기원은 〈본지분〉 〈무여의지〉에 그 편린을 구할 수 있다. '근거가 완전히 전환한 상태'를 '진여가 완전히 청정하게 된 상태'로 해석했다고 간주할 수 있는 부분이다.[38] 그 동기를 다음과 같이 생각해 본다.

석존은 35세에 깨달은 후 여전히 신체를 남겨두었지만, 80세에 입멸할 때는 그 신체라는 잔여물도 없어졌다(무여의열반). 이것을 전통불교에서는 심신이 완전히 무로 돌아간다 灰身滅智고 본다. 대승불교도는 무여의지에서도 진여를 체득한 붓다의 지혜는 존속하기를 희구했다고 생각된다. 이러한 희구를 들어주기에는 심신이라는 근거가 소멸해도 여전히 존속하는 [다른] 근거가 필요하다. 수행자 관점에서 진여는 오염되어 보이지만 有垢眞如, 붓다 세계 法界로부터 흘러나오는 청정한 종자가 수행자 인식 중에 서서히 심어져서 '근거가 완전히 전환한 상태(전의)'가 되고, '진여가 완전히 청정해진 상태 無垢眞如'가 된다. 이것에 의해 전의라는 성과는 수행자 육체의 제약을 받는 일 없이 사후에도 존속할 수 있게 된다. 이와 같이 하여 붓다의 세계(법계)와 깨달음의 지혜 佛智는 존속한다는 신해석이 탄생한 것은 아닐까.

『유가론』 〈섭결택분〉에서는 이 신해석이 주류가 된다. 전의=진여로 절대화한 신해석에도 몇 가지 종류가 있다. 하나는 지극히 샤프한 형태로서 알라야식의 대립 개념으로서 전의를 파악하는 것이다. 범부의 식의 대립항에 전의를 놓을 경우, 마찬가지로 진여를 대상으로 하는 불지가 대립항으로서 생각나는 것은 이 분야에 어느 정도 지식이 있는 사람이라면 예상할 수 있는 것이다. 요컨대 후대에 전식득지 轉識得智라는 해석을 산출한 복선의 하나가 된다.

다른 하나는 이러한 전의 해석이 대승불교도로서 수행자의 목표로 정착하고, 대승의 전의는 성문의 전의보다 뛰어남을 주장하고자 한 것이다. 예를 들면 『해심밀경』에 보이는 법신과 해탈신의 우열관계나 『유가론』 〈섭결택분〉에 보이는 대보리와 청정법계 해석 등을 들 수 있다. 대승불교도로서 자각을 명확히 함에 따라, 이 수행자 집단은 깨달음을 위한 실천이론으로 전의를 활용한다. 『해심밀경』에 보이는 전의와 법신의 결합은 이윽고 '법신은 전의를 특징으로 한다'는 정형구가 되어 후대에 정착한다. 이 정형구는 수행 과정을 포함한 구해석에서는 성립하지 않는 사고방식이다. 또 청정법계를 전의와 결합시키는 사상 등도 신해석이 없다면 성립하지 않는 해석이다.

위에서 제시한 전의 해석으로 『유가론』에서 찾을 수 있는 전의는 거의 망라했다. 이 단계에서는 아직 3성설과 결합은 보이지 않는다. 양자가 융합한 것은 『장엄경론』 세친석 산문 부분에 이르러서다. 나아가 〈섭결택분〉에서 형태가 만들어지고 『섭대승론』에서 부각된 2분 의타기라는 사고방식에 의해, 다시 말해 이른바 범부 단계 곧 세속제를 의미하는 오염된 의타기성에서 붓다 단계 곧 승의제를 의미하는 청정한 의타기성으로 전환하는 수행 과정을 갖춘 전의 구도에 의해, 점차 자취를 감추고 있던 구해석이 새로운 모습으로 부활하는 토양이 만들어진다.

『장엄경론』 무성석과 안혜석, 『법법성분별론』 및 (『구사론』 작자) 세친의 『구사론』, 『석궤론』, 『연기경석』, 『삼십송』에 등장하는 전의사상은 전의를 진여로 하는 신해석이 주류다. 여기에 대해 『중변론』 및 『삼십송』 안혜석에 보이는 전의는 구해석이 진화한, 수행 과정을 포함한 전의 사상을 특징으로 하고 있다. 『중변론』 게송 및 산문 부분에는 전의라는 용어는 등장하지 않는다. 이것은 허망분별이라는 인식을 기축으로, 3성설을 수행 과정으로 하고 있기 때문이다. 이것은

『유가론』의 전의 해석이 기본적으로 심신 변화를 기축으로 하고 있는 것과 취지를 달리한다. 〈보살지〉를 계승하는 『장엄경론』에서는 식과 지의 대응관계는 설해져 있지 않다. 『장엄경론』을 계승하는 『섭대승론』에서는 '식의 모임인 근거가 전환하여 대원경지 등의 4지를 얻는다'고[39] 표현한다. 요컨대 이 사이에 심신을 기축으로 하는 수행과정과 인식을 기축으로 하는 수행 과정이 융합하였다. 이것이 후대에 전식득지라는 수행 과정을 포함한 전의 해석을 산출하는 또 하나의 복선이 되었다.

이와 같은 전의 해석은 다음 절에서 다루는 것처럼, 무성 등 세친 이후 문헌에서는 오로지 8식과 4지의 대응관계로 취급되었다. 이 복잡한 조합을 포함하여, 현장은 『성유식론』에서 신해석과 리메이크한 구해석을 모순 없이 병치시켰다. 현장은 구해석을 제시할 경우, '전사/전거 轉捨/轉去 A 전득 轉得 B'(부정 요소 A를 전사/전거하고, 긍정 요소 B를 전득한다) 혹은 '전 轉 A 득 得 B'로 했다. 이것이 인식의 구도로 등장할 때는 전식득지가 된다(대정31, 51a3~9). 이에 대해 신해석에서는 '전의'라는 한역어로 제시되었다(대정31, 51a10~16).

4. 실천이론에서 교리이론으로

초기·중기 유가행파 수행자가 직관지 너머에 있는 붓다의 지혜를 응시하고 있었던 것은 이 장 제5절 3) 법계와 불지에서 재차 다루기로 한다. 후기 유가행파인 진나와 법칭 계통에서는 '요가행자의 직접지각 yogipratyakṣa' 등 불지로 연결되는 직관지 뉘앙스가 보이기는 하지만, 기본적으로 불지 등은 다루지 않는 태도를 취한다. 요컨대 그들은 개념지 차원에 서서 자기인식을 순화하는 데 매진했다.[40] 한편 무성·안혜·호법·계현 등의 계통은 『구사론』 작자 세친 시기에 일단 완성된 유가행 유식 이론을 정비 통합하는 체계화에 매진했다. 예를 들면 그들은 법계 내지 불지와 범부가 가진 8식의 대응관계를 모색하는 등, 직관지 위에 있는 불지를 응시하는 태도를 잊고, 개념지 차원에서 이론의 정합성을 추구하는 태도로 방향을 전환하였다. 전자 계통에 대해서는 본 시리즈 제9권에 미루고, 여기서는 후자 계통을 다루기로 한다.

1) 8식과 4지의 결합

중국 법상교학 정통설에서는 알라야식이 전환하여 대원경지 大圓鏡智가 되고, 말나식이 전환하여 평등성지 平等性智가 되며, 제6식이 전환하여 묘관찰지 妙觀察智가 되고, 전5식이 전환하여 성소작지 成所作智가 된다고 간주한다. 이른바 전식득지라는 사고방식이다. 이 책 제8장에서 알 수 있는 것처럼 이 8식 구조가 중국에 들어온 것은 현장부터다. 그러나 현장이 중국에 귀국한 직후 번역한 『섭대승론』 무성석에는 알라야식이 전환하여 대원경지가 되고, 말나식이 전환하여 평등성지가 되며, 제6식이 전환하여 성소작지가 되고, 전5식이 전환하여 묘관찰지가 된다고 한다. 이것은 현장이 인도를 향해 출발할 무렵 중국에 온 프라바카라미트라가 한역한 『장엄경론』의 대응관계와 일치한다. 현장은 그 후 『불지경론』을 번역할 때 일부러 후자의 대응관계를 '순서대로가 아니기 때문에'라는 이유만으로 거부하고 후대 법상교학 정통 해석이 되는 전자의 대응관계로 바꾸고 있다. 이하에서는 8식과 4지의 대응관계를 인도 유가행 유식 문헌에서 찾아보기로 한다.

마나스 manas는 의 意라고 한역된다. 이것은 원래 눈 등 다섯 감각기관으로부터 받은 정보를 통합하는 여섯 번째 감각기관이다. 인도에서는 전통적으로 마음 작용을 나타내는 말로서 '심 citta', '의 manas', '식 vijñāna'을 구별없이 사용했다. 『유가론』〈섭결택분〉 등에서 맹아가 보이긴 하지만, 마나스가 8식설의 일곱 번째 말나식 지위를 획득한 것은 아마 『섭대승론』에서 서서히 형성된 것으로 보인다.[41] 요컨대 전통적인 6식과 유가행 유식 이론으로서 형성된 알라야식 사이에, 그것도 전통적인 자아의식(유신견이나 아만 등) 개념을 바탕으로 끼어드는 형식으로 형성된 것으로 보인다. 말나식이 인도에서 확실히 독립하기 이전의 유가행 유식 사상이 중국에 동시에 수입되었기 때문에, 지론종이나 섭론종이 채용한 8식설 중에 이 말나식이 등장할 수 없었던 것은 나름대로 이유가 있다.

이하에서는 8식과 4지가 결합하는 과정을 살펴보고자 한다. 산스크리트 원문 『장엄경론』 세친석 및 티베트어역 무성석이나 『섭대승론』 무성석 단계에서 양자의 대응관계는 보이지 않는다. 형성과정을 읽을 수 있는 것은 계현석이라고 간주되는 티베트어역 『불지경론』이다. 거기서는 알라야식이 전환하여 대원경지가 되고, 말나식이 전환하여 평등성지가 되는 것은 명시되어 있지만, 그 이외는 명확하지 않다. 문맥에서 유추하면 제6식이 특정한 불지와 결합하는 뉘앙스는 느껴지지만, 전5식에 대해서는 아무 것도 서술되어 있지 않다. 양자 관계를 명시하고 있는 것은 티베트어역으로 현존하는 『장엄경론』 안혜석 외에 한역으로 현존하는 프라바카라미트라역 『장엄경론』과 현장역 『섭대승론』 무성석 그리고 『불지경론』 등이다. 앞에서도 서술했듯이 『장엄경론』 안혜석은 티베트어역 자체가 정확한 번역인지 의문스러워 취급하는 데 신중을 요한다. 하지만 안혜석에 서술되어 있는 대응관계는 중국 법상교학이 정통설로 삼는 대응관계다. 그 점에서 법상교학이 안혜를 거칠게 비판하는 것에는 의문의 여지가 있다.

먼저 현장이 양자의 대응관계에 대해 법상교학 정통설과 다른 대응관계를 보이고 있는 『섭대승론』 무성석을 번역한 이유를 생각해 보자. 현장이 날란다 대학을 중심으로 인도에서 배울 당시에는 두 대응관계의 밑바탕이라고 할 수 있는 어떤 사고방식이 있었다고 추측할 수 있다. 그에 따라 8식과 4지의 대응관계 중 제6식이 전환하여 성소작지가 되고, 전5식이 전환하여 묘관찰지가 된다고 번역하는 것에 현장은 위화감을 갖지 않았다고 생각할 수 있다. 그 근거를 인도 유가행 유식 문헌에서 찾는 것은 쉽지 않지만, 유일하게 가능성을 찾을 수 있는 것을 제시하고자 한다.

『장엄경론』 제11장 제40송 주석 부분과 제45송 주석 부분을 조합하여 해석하면 다음과 같다. 파악하는 것을 특징으로 하는 5식이 전환(ā√vṛt/parā√vṛt)한 경우 '국토'에 대응하는 자재력을 얻는다. 그리고 분별판단하는 것을 특징으로 하는 의식이 전환한 경우 '지혜와 행위 jñāna-karmaṇos'에 대한 자재력을 얻는다. 아비달마의 파악 방식으로서 '5식'은 대상영역의 정보를 파악할 뿐으로, 그것을 판단하는 능력은 없다. 따라서 붓다 경우에도 국토의 정보, 중생 마음의 정보를 오로지 관찰하는 지 곧 '묘관찰지'라는 성격 부여가 이치에 맞다. 한편, '의식'은 5식이 모아온 정보를 과거·현재·미래에 걸쳐 종합적으로 판단하고, 행동을 일으킨다는 성격이 부여된다. 따라서 지각과 행동 양 방향을 겸비한 '성소작지'라는 성격 부여가 이치에 맞다.

이 해석을 뒷받침하는 것으로써, 상캬학파 근본성전 『상캬카리카』 제26송과 제27송이 있다. 여기에서 의(manas, 유가행 유식 이론에 대응시키면 제6의식)는 지각기관과 행위기관을 겸비하는 것이 서술되어 있다. 『구사론』 제2장 제5송 직전 산문 부분에도 마찬가지 설명이 보인다(佐久間 2008 참조). 요가학파와 밀접한 관계가 있는 상캬학파와 불교의 영향관계는 자주 보인다. 인도사상의 토양으로서는 제6의 식이 전환하여 성소작지가 되고, 전5식이 전환하여 묘관찰지가 된다는 것이 더 자연스런 해석이라고 판단할 수 있다.

그런데 8식을 전환하여 4지를 얻는다는 대응관계가 만들어질 때 약간의 문제가 있다. 그것은 아비달마 관점에서는 마음의 범주에 속하는 식이 마음 작용의 범주에 속하는 지로, 범주를 넘어서 전환한다는 모순이 발생한다는 것이다. 이 모순을 해소하기 위해 현장은 한역할 때 특별한 조치를 하고 있다. 현장역 『불지경론』(대정26, 302b23~25)에서 '알라야식을 전환하여 획득하는 것은 대원경지가 아닌 대원경지상응식(혹은 상응심)이다' 하고 서술하고 있다. 여기서도 현장역의 특별한 의도를 알아차릴 수 있다.

2) 8식과 4지와 3신설의 결합

현장은 8식과 4지의 대응관계에서 정합성 구축에 성공했다. 한편 정비에 고심하면서도 납득할 수 있는 해결책을 찾아내지 못한 것에 4지와 3신의 대응관계가 있다. 양자의 관계에 관해서는 『현관장엄경론』 제8장 「법신장」을 주석한 붓다슈리즈냐나 Buddhaśrījñāna와 아바야카라굽타 Abhayākaragupta가 밀교의 5지와 3신의 결합으로서 『불지경』을 포함하여 언급한다. 아마 유가행 유식 이론의 청정법계와 4지라는 다섯 가지 요소를 5불에 배당할 때, 청정법계를 법계체성지 法界體性智라는 지혜의 부류로 배당했다고 생각한다. 요가탄트라와 무상요가탄트라라는 명칭에서 유추하건대, 밀교는 유가행파보다 더 실천적으로 대상세계 法界와 혼연일체 一味平等가 된 궁극적인 불지에 중점을 둔 것인지도 모른다. 어쨌든 그 이행 경위를 살펴보는 것은 이후 연구를 기대할 수밖에 없다. 여기서는 유가행 유식 사상 범위 안에서 서술하기로 한다.

불신론으로서 3신설은 유가행 유식 이론의 특징 중 하나로 간주되어 왔다. 석존이 80세에 열반한 것은 붓다에 대한 불교도의 인식에서 중요했다. 팔리 상좌부나 유부는 기본적으로 육신 生身의 석존만 인정한다. 이에 대해 『이부종륜론』에 보이는 대중부 등은 생신 이상의 석존의 존재를 상정한다. 생신과 법신이라는 명확한 불신론이 설해진 것은 『반야경』 주석서인 『대지도론』이다. 이것은 한역만 존재한다. 인도에서 명확한 기원이 있는지 판단하기에는 고심할 필요가 있다. 그러나 『장엄경론』 원전에는 이미 법신, 자성신, 수용신, 변화신이라는 용어가 보인다. 이 법신과 자성신의 관계 해석에 따라 두 가지 3신설이 기본적으로 제시되어 있다. 『현관장엄론』 제8장에 서술되어 있는 것처럼, 하나는 법신이 곧 자성신으로서 순수하게 진여 그 자체를 법신의 특징으로 삼고, 다른 2신에 지혜의 작용을 부여하는 해석이다. 다른 하나는 법신을 다른 3신의 상위 개념으로 파악하고, 진여인 자성신과 지혜인 다른 2신을 총괄하는 해석이다. 후대에 전자를 이법신 理法身으로 간주하고, 후자를 이지불이법신 理智不二法身으로 간주했다. 이것은 중국 법상교학 및 그 이후에도 계승되고 있다.

범본 『장엄경론』 제9장 제59송부터 제66송까지와 산문주석 부분을 어떤 해석으로 분류해야 하는가는 주의를 요한다. 기본적으로는 총괄개념으로 법신을 놓고, 자성신을 '전의를 특징으로 한다'고 하여 다른 2신의 근거라고 해석하는 것이 자연스럽다. 수용신과 변화신의 차이에 대해서는 판단하기 어려운 곳도 있다. 수용신은 붓다의 법(진리의 가르침)을 수용하는 데 비해 변화신은 중생의 이익을 행한다고 이해할 수 있다면, 아마 이러한 3신론은 대승불교가 전통 불교에 대해 표방하는 3승 사상에 뒷받침된 것이라고 해석할 수 있다.

여기서는 임시로 8식과 4지와 3신설의 결합을 다음과 같은 도식으로 보여주고자 한다.

티베트어역만 남아 있는 『장엄경론』 무성석에서는 수용신과 변화신 설명이 자세하고, 이 2신이 법신과 다르지 않다고 서술하고 있다. 나아가 티베트어역만 남아 있는 『장엄경론』 안혜석은 이숙고 전의를 매개로 4지 및 8식과 관계를 짓는다.

알라야식	→	대원경지 = 법신 = 자성신
염 오 의	→	평등성지 → 수용신
의 식	→	묘관찰지 ↗
5 식	→	성소작지 = 변화신

이에 대해 프라비카라미트라가 한역한 『장엄경론』은 다음과 같다.

알라야식	→	대원경지 → 법신
염 오 의	→	평등성지 ↗
5식(후대 : 의식)	→	묘관찰지 = 식신(食身)
의식(후대 : 5식)	→	성소작지 = 변화신

다음으로 8식과 4지 관계가 구축되는 경과를 보여주는, 티베트어역만 현존하는 계현석 『불지경론』은 이하와 같다.

		청정법계	→	법신 = 자성신
알라야식	→	대원경지	↗	
염 오 의	→	평등성지	→	수용신
		묘관찰지	↗	
		성소작지 = 변화신		

그런데 현장이 한역한 『불지경론』은 도시할 수 없을 정도로 불명확하고, 그런 의미에서 대응관계는 복잡하다. 다만 현장은 이 한역 단계에서 수용신을 자수용신과 타수용신으로 나누고 있다. 『불지경론』 번역 10년 후에 한역한 『성유식론』에는 더 명확하게 되어 있다. 임시로 도시해 보면 다음과 같다.

		청정법계	→	자성신
알라야식	→	대원경지	→	자수용신
염 오 의	→	평등성지	→	타수용신
의 식	→	묘관찰지	→	?
5 식	→	성소작지	→	변화신

실제로는 현장은 그때까지의 대응관계와는 별개의 해결책을 찾으려 했다고 생각된다. 그 때문에 종래와 같은 형식으로 도시하는 것은 적절하지 않게 되었다고 말할 수 있다. 다만 『성유식론』의 불신론은 수용신을 자수용신과 타수용신으로 나눈 것으로서 전체로는 4신설이다. 『현관장엄론』 주석가들에게 보이는 것처럼 불신론은 점차 불신의 수를 늘리는 등 확대하는 양상을 보여준다.

3) 5성각별 이론

기본적으로 5성(五性/五姓) 각별이 논쟁의 불씨가 된 것은 현장이 한역한 『불지경론』부터다. 중국의 논쟁에 대해서는 이 책 제8장에 미루고, 여기서는 왜 성불할 수 없는 무종성 無種姓을 포함한 독특한 5성각별이 태어났는가를 인도 유가행 유식사상 안에서 살펴보기로 한다.[42]

인도 유가행 유식 문헌에서 5성각별의 기원을 찾아보면 다음 두 흐름이 융합하여 하나의 흐름이 된 것을 알 수 있다. 첫째는 3승 사상을 배경으로 스승이 제자를 지도할 때, 부정관 不淨觀이나 골쇄관 骨鎖觀 등의 결과에 따라 대승의 길을 가게 할 것인가 성문승의 길을 가게 할 것인가를 나누는 것이다. 현대적으로[43] 말하면 시험 결과에 따라 진로를 결정하는 것과 닮았다. 결정하지 않은 단계의 제자들을 3승 종성에 대해 부정종성으로 분류한다. 나중에 3승 종성과 나란히 네 번째에 부정종성을 놓는 시스템의 원형이다. 또 하나는 역시 스승이 제자를 지도하는 가운데 장래 열반에 들 가능성이 있는(有般涅槃法 parinirvāṇa-dharmaka) 제자인가 장래 열반에 들 가능성이 없는(無般涅槃法 aparinirvāṇa-dharmaka) 제자인가, 요컨대 불도 수행에 적합한가 아닌가를 확인하는 소박한 장면을 기원으로 하는 것이다. 양자 모두 수행 현장에서 현실적인 교육과정 가운데 보인다.

먼저 후자부터 살펴보자. 『성문지』는 무반열반법의 조건을 열거하고 있다. 예를 들면 자기애(에고이즘)에 빠져 붓다들이 그 자세를 바꾸려고 해도 완고해서 따르지 않는 자, 논의에 빠져서 열반의 공덕을 들어도 억지 이론만 날조하고 본래의 열반에는 어떤 관심도 보이지 않는 자, 자발적으로 나쁜 짓을 행하는 자, 자신의 의지가 아니라 생활고로부터 도망치기 위해 혹은 국왕 등에 의해 강제로 출가했기 때문에 속내는 출가자가 아닌데도 자신이 출가자라고 선전하는 자, 요컨대 진심으로 깨달음을 구해서 불도 수행을 하려는 의지가 없는 자들을 가리킨다. 현대에도 통하는 현실적인 양상이 기록되어 있는 것이다. 이 무반열반법인 자는 '무종성인 자 agotra-pudgala'라고 〈성문지〉에 표현되어 있다. 그러나 이것은 현실적인 교육 현장의 일로서 '이 학생은 이 학문에는 적합하지 않다'고 말하고 있는 것이다. 무종성라고 해도 영원히 성불하지 않는, [성불의-역자] 원인이 전혀 없는 무종성인 자를 의도하고 있을 리는 없다. 유열반법과 무열반법이라는 구도는 당연히 오래된 유종성 gotra과 무종성 agotra 구도고, 3승 사상을 전제로 하고 있을 리는 없다.

여기에 전자를 더해 보기로 한다. 〈보살지〉에는 3승 종성과 무종성이 병렬되어 있는 기술이 있다. 보살승에 있는 자가 전혀 성불하지 못하는 자일 수는 없기 때문에, [무종성이라고 해도-역자] 영원히 성불하지 않는 [성불의-역자] 원인이 없는 자를 의도하고 있을 리는 없다. 『유가론』 〈섭결택분〉이 되면 3승과 종성과 유열반법과 무열반법을 병렬해서 서술한다. 그중에는 알라야식이나 3성설 등 유가행 유식 이론도 혼합된다. 〈본지분〉보다 훨씬 이념적인 논의로 이행하는 가운데 무종성이 '영원히 성불 가능성이 없는가' 하는 점도 논의된다.

무종성을 다루는 방법을 보면, 〈보살지〉에서는 무종성에 머무는 자도 선취에 가기 위해 성숙시켜야 한다고 서술한다. 선취가 6도 윤회 가운데 선취라면 성불하는 것이 아니라 윤회에 머물 터다. 그런 의미에서는 무종성이다. 이 사고방식은 다른 경론에 등장하는 내용과 공통된다. 예를 들면 『승만경』, 『반야경』, 『대지도론』 등도 네 종성을 들고, 3승 종성 이외의 종성도 언젠가는 성불할 가능성이 있다. 이 내용은 부정종성의 성격을 나타내고 있다.

이러한 부정종성의 성격은 『장엄경론』 제3장 「종성품」에서는 유종성 중에 포함된다. 게송 및 산문 부분만으로는 의미가 명확하지 않지만, 제6송이 제시하는 것은 네 가지 종성이다. 곧 결정되어 있는 자와 결정되어 있지 않은 자를 각각 순서대로 조건에 따른 동요가 없는 자와 동요하는 자로 나누어 합계 넷이라고[44] 서술하는 것이다. 결정되어 있지 않고 동요하는 자가 부정종성의 성격을 가진 자라고 한다면, 이것은 5성 각별 사상의 네 번째로 거론되는 부정종성의 탄생이다. 다만 이것이 명시되는 문헌은 무성석과 안혜석이다.

『장엄경론』 제3장 「종성품」은 제10송까지를 유종성으로 하고 제11송을 무종성으로 한다. 제11송에는 네 가지 무종성과 하나의 무종성이 별립되어 있다. 전자는 지금은 성불하지 않지만 장래 조건이 갖추어지면 성불하는 무종성이고 후자는 영원히 성불하는 일이 없는 [성불의] 원인이 없는 종성이다. 전자가 부정종성의 성격에 가깝다고 한다면 후자는 현장이 순위를 나누어 제시한 무종성과 같은 것일까. 이 문제에 관해서도 『장엄경론』은 『유가론』 〈섭결택분〉보다 〈보살지〉와 밀접한 관계를 보인다. 요컨대 이념적으로 생각하기보다 수행 도량 현장의 사고방식을 훨씬 고려해야 할 것이다. 이 게송 및 산문 부분에는 명확하지 않지만 무성석에는 제6송에서 3승 종성과 부정종성을 제시한다. 안혜는 다시 그것에 제11송을 연결시켜 3승 종성·부정종성·무종성이라는 라인업을 완성시키고 있다. 따라서 현장역 『불지경론』이 제시한 순위 구별이 있는 5성 각별의 이유를 설명하는 『유가론기』나 『법화수구』의 기술이 명시적으로 『장엄경론』을 근거로 하고 있다는 것도 타당하다.[45] 그 이유를 설명하는 데 등장하는 『능가경』도 잘 정리된 다섯 종성을 등장시키고 『장엄경론』과 같이 무종성을 제시한다. 그러나 두 번째 그룹인 영원히 성불하지 않는 종성도 불·여래의 가피력에 의해 구제된다고 서술하고, 결국 모든 중생이 성불하는 것을 부각한다.

여기서 전체 흐름을 정리하면 다음과 같다. 5성 각별 사상의 기원은 전통불교에 대한 대승불교의 정통성을 설하는 3승 사상을 배경으로 하는 흐름과 교육의 현장에서 유열반법과 무열반법의 구도가 융합하는 가운데, 무종성이라고 표현된 내용이 점차 부정종성의 성격을 띠어간 것이다. 이것과 별개로 『장엄경론』「종성품」에서는 유종성과 무종성으로 나누어 설명했다. 때문에 제11송에서 무종성을 설명하면서, 영원히 [성불의] 원인이 없는 無因子 무종성이라는 설명이 제시되게 되었다. 그러나 이 무인자의 종성도 여러 경전이나 『보살지』의 흐름에서 생각하면, 현장이 『불지경론』에서 제시한 것과 같은 무종성은 아니었다고 해야 할 것이다.

진나 이후 자증분을 출발점으로 하는 3분설이나 4분설, 무성 이후에 형성되어 가는 식과 지와 3신의 대응관계, 5성 각별 사상의 라인업 등 한정된 주제를 살펴보았다. 이 외에도 5위 백법 등을 포함한 유가행 유식파의 대표적인 이론 대부분은 후기 유가행파 시대가 된 후 형성되었다. 앞에서 보아 온 것처럼 식전변을 포함하여 『구사론』 작자 세친 무렵까지 완성된 유가행 유식 이론이 실천수행과 밀접히 결합해 있었던 것과 대조적으로, 이 시기 이론은 이론의 정합성을 정리하는 것에 관심을 쏟고 있다. 요컨대 학파의 교리적 색채를 느끼게 하는 내용이다. 이러한 경향이 후기 유가행파를 성전추종파와 논리추종파로 분류하게 한 이유는 아닐까.

5.
유가행에 기반을 둔 유식

1) 유심과 유식

'유식'이라는 전문술어가 등장하는 가장 오래된 문헌은 『해심밀경』 제8장 제7~9절이다. 『섭대승론』 제2장 제7절이 이 『해심밀경』 제8장 제7절을 인용한다. 동시에 『화엄경』 「십지품」의 '유심'도 인용한다. '유심'이 '유식'과 같은 의미인가는 신중히 다룰 필요가 있다(Schmithausen 1984). 하지만 『섭대승론』과 『이십론』이 전거로 사용하고 있으므로 유가행파 수행자는 이것을 '유식'의 원천으로 생각하고 있었다고 보아도 좋을 것이다. 「십지품」의 '유심'은 '3계유심'으로 서술되어 있다. 3계와 관련되는 유식에 대해서는 다음 절 '3계와 외계'에서 다루기로 하고, 여기서는 '유식'의 원천으로서 '유심'을 살펴보기로 한다.

'3계유심'을 취지로 하는 문장은 『화엄경』 「십지품」 제6지에 등장하기 이전에 『반주삼매경』으로 거슬러 올라갈 수 있다.[46] '반주삼매 般舟三昧'란 상행삼매 常行三昧로 계승되는 아미타불에 대한 관불삼매다.[47] 이것은 수행자가 면전에 아미타불이 나타나 있는 상태를 체득하는 것이다. 마음이 명상대상을 넘어 아미타불을 직접 보는 체험을 나타내고 있다. 『화엄경』 「십지품」 제6지는 붓다가 하나의 마음을 12지 연기로 열어 해명하는 문맥에 등장하는 인식론적 인과관계의 연쇄를 기본으로 하는 연기해석이다. 기본적으로 유식의 전거로 간주되는 이 두 문헌의 유심은 유가행 유식 이론의 유식과는 다른 문맥에서 등장한다. 하지만 『반주삼매경』의 관불을 마음과 명상대상 관계로 파악하면 충분히 유식의 원천으로 성립한다.[48]

「십지품」에 대해서는 무명 · 행(잠재적인 의지) · 식(분별판단) · 명색(명칭과 형태)으로 이어지는 12지 연기 가운데, 식과 명색의 관계에 초점을 맞추어 살펴보자.

다카사키 지키도 高崎直道에 따르면 식과 명색은 상호의존 관계에 있다.[49] 식(분별판단)이 나타났다는 것은 명색(명칭과 형태)이 나타났다는 것이고 명색이 나타났다는 것은 식이 나타난 것이다. 붓다의 지혜에서 본다면, 식이나 명색은 언어개념 abhilāpa이 만들어낸 세계고, 우리 범부가 개념지로 만들고 있는 망상의 세계에 지나지 않는다. 이 양자의 상호 관계에 의해 성립해 있는 세계는 진실 bhūta이 아니라 허망 abhūta이다. 이런 의미에서 식은 허망분별 abhūta-parikalpa이라 불린다. 『중변론』은 이 식과 명색의 관계를 허망분별과 능취(grāhaka 파악하는 것) · 소취(grāhya 파악되는 것)로 설명하는 것이다. 따라서 허망분별은 범부의 인식 범위 안, 곧 3계의 마음 心과 마음 작용 心所으로 상정된다. 수행자는 '대상은 식이 상상하는 것일 뿐이다' 하는 것을 체득하기 위해 유식관법을 수행한다. 그 수행에 의해 최종적으로는 언어개념에 의해 그려진 세계 abhilāpya를 넘어 '사물' 그 자체(唯事 vastumātra), 진여 tathatā와 일미평등한 무분별지 nirvikalpa-jñāna, 곧 불지 佛智를[50] 목표로 한다(『해심밀경』 제8장 제9절 및 제20절 2.3). 허망분별에서 능취와 소취가 없어지면, 그것은 허망이 아닌 진실지 眞實智가 된다.[51]

범부의 인식 범위 안 곧 3계라는 한정이 붙는다면, 인식대상은 존재하지 않는다. 일상 경험에 비추면 우리들이 보고 있는 그대로 존재하지는 않는 것이 유식(상상일 뿐)이다. 그렇다면 상식적인 질문으로, 『섭대승론』 제2장 제9절처럼, 외계뿐 아니라 내계인 안 등 감각기관도 물질인데 어떻게 유식(상상일 뿐)인가 하는 질문이 제시된다. 나가오 가진 長尾雅人이 서술하듯이,[52] 자기 내외에도 물질을 분별판단하고 있는 것은 기정사실이다. 붓다가 된다는 해탈론으로서 수행자에게 물질이 의미하는 것이 문제다. 수행자가 3계의 속박으로부터 풀려나기 위해서는 물질을 먼저 유식(상상일 뿐)이라고 파악하여 재자각하고, 그것이 오염의 근거이자 미망의 원인이라고 수련해야 하는 것이다. 그리하여 인식대상은 외적인 존재가 아니기 때문에 그것을 '유식무경'이라고 표현한다. 결코 '유식무물질'이 아니다. 이 유식인 물질 곧 오염의 원인을 전환하는 것에 의해 청정한 상태 곧 붓다가 될 수 있다. 붓다가 되었을 때는 당연히 수행방법인 유식관법도 불필요하다(『중변론』 제1장 제6절 : 입무상방편상).

2) 3계와 외계

3계란 욕계, 색계, 무색계 세 가지다. 현대풍으로 말하면 욕계란 가치판단으로 본 세계다. 색계란 가치판단을 완전히 제거하고 본 형색만의 세계고, 그 형색도 없는 세계로서 식만이 작용하고 있는 세계가 무색계다. 그 최고위가 비상비비상처(非想非非想處 생각하는 것도 없고 생각하지 않는 것도 없는 선정) 곧 유정천 有頂天이다. 요컨대 3계는 색계 4선정과 무색계 4무색정 등 수행도와 연결해 생각해야 한다(본 서 제5장, Schmithausen(2008)(桂 역) 등 참조). 마음(心·意·識)에 의해 보이는 인식대상을 숙달한 보살의 직관지에서 보면 불지 佛智의 대상영역에 대해 상상은 할 수 있을 것이다. 그러나 개념지에 머무는 우리 범부는 보이는 인식세계가 외계라고 믿어 의심치 않는다. 여기에 우리 범부의 미혹 세계가 펼쳐지는 것이고, 이것을 극복하는 것이 해탈도다.

우리 범부의 마음이 상상해 내는 인식세계를 3계라고 말한다면, 보살 10지를 포함하여 불지 佛地 직전까지는 허망한 세계가 틀림없다. 12지 연기로는 식과 명색, 『중변론』의 표현으로는 허망분별과 능취(파악하는 것) · 소취(파악되는 것)가 기능하는 세계다. 허망분별은 『중변론』과 『지광명』에[53] 등장한다. 범부의 식이 붓다의 지 智에 이르는 양상을, 전자가 3계에 머무는 수행자인 범부 측에서 묘사한다면, 후자는 붓다 측에서 묘사하고 있다고 볼 수 있다. 양자 모두 산스크리트 원문이 있고,[54] 전의라는 전문술어는 사용하지 않는다.

『지광명 智光明』은 이제까지 유가행 유식문헌으로서는 익숙하지 않은 문헌이지만, 이전부터 아라마키 노리토시 荒牧典俊가 유가행파 문헌으로서 중요성을 지적해 왔다. 사상내용은[55] 『화엄경』「성기품」 영향이 인정되고, 『장엄경론』 최고층 「보리품」 제28송과 제30송 등에 영향을 주고 있다.[56] 『보성론』이 이 경을 인용한 것 외에 『대일경』의 성립에도 어떤 실마리를 주고 있다고 간주된다. 이와 같은 사정으로 보면 꽤 이른 시기에 성립한 문헌일 가능성이 높다.

3계의 마음 곧 허망분별을 출발점으로 수행자가 불지 佛智를 지향하는 경우, 『중변론』 제1장 제1송 및 산문주석 부분에 있는 것처럼, 먼저 허망분별을 자각할 필요가 있다. 허망분별은 식과 명색처럼 능취와 소취의 상호의존 관계에 있다. 공성이란 허망분별이 능취·소취 둘을 결여한 상태다. 공성은 진여와 법계의 동의어로 간주된다(『중변론』 제1장 14송). 이 공성 곧 진여는 오염된 상태 saṃkliṣṭā와 청정한 상태 viśuddhā에 있고, 그것이 유구 samalā와 무구 nirmalā다(『중변론』 제1장 16송).

전신득지를 시야에 넣은 『섭대승론』 제9장에서는 오염된 상태의 의타기성(윤회)과 청정한 상태의 의타기성(열반)이라는 2분 의타기성을 채용하고, 이 의타기성(=근거)이 전환하는 것을 설하고 있다. 전의와 3성설이 결합하지 않은 『장엄경론송』 단계에서 전의와 3성설이 결합하는 산문주석 부분으로 이행하는 시간적 추이와 함께 생각하면, 양자가 융합하는 경위를 알 수 있다.

『중변론』 제1장 제16송 안혜석은 이것을 전의로 해석한다. 사본에서 원어를 확인하면, 전자는 '근거가 전환하지 않은 상태 āśraya-aparāvṛtti'고 후자는 '근거가 전환한 상태 āśraya-parāvṛtti'다. '전환하지 않은 상태 aparāvṛtti'라는 표현은 드물다. 이 표현은 일단 전의가 진여로 정착한 후, 수행 과정에서 유구 상태를 나타내기 위해 새로 사용된 표현이다. 이것은 3종 전의의[57] 첫 번째인 '마음이라는 근거가 전환한 상태 citta-āśraya-parivṛtti'에 해당한다. 후대에 '진여라는 근거가 전환한 상태 tathatā-āśraya-parivṛtti'라고도 표현되는[58] 것으로부터도 마음이 전환한 진여=공성의 전환을 의미한다. 전환의 주체는 수행자다. 수행자 관점에서는 유구진여가 무구진여로 전환하는 과정이 수행 과정이고 목표다. 『중변론』이 3계에 출발점을 두면서도 무구진여를 설하는 이상, 수행자 시점에서 궁극인 붓다 단계 佛地에서 허망분별이 불지로 전환하는 것 요컨대 후대의 전식득지를 예상할 수 있는 것이다. 그 과정을 보면 의타기성을 허망분별로 설하는 경우(『중변론』 제1장 제5송 및 제3장), 수행도로서 3성설을 살펴볼 필요가 있다.

3계의 마음이 허망분별이라면, 붓다 단계의 마음은 불지 佛智고 그것은 그대로 진여다. 『지광명』에서는 붓다의 지 智는 평등성이고 진여라고 서술되어 있다. 『지광명』 28,7~18은[59] 『보성론』 9,10~13에도 인용되어 있는 부분이다. 바른 깨달음을 얻은 여래는 움직이는 일도 없고, 잘못된 판단도 없고,[60] 접촉되지도 않고, 인식도 되지 않지만 중생(우리 범부)의 이해 정도에 따라 거울에 영상 pratibimba이 비치는 것처럼 세간에 모습을 드러낸다고 한다. 이것은 『장엄경론송』 「보리품」의 청정법계와 4지를 상기시키고, 불지와 진여가 완전히 평등하다고 말하는 것은 밀교의 법계체성지를 예상시키며, 나아가 수행도로서 밀교의 입아아입 入我我入의 관법을 충분히 예상시키는 것도 있다.

『중변론』 제1장 제1송 산문주석 부분에 인용되는 『소공경 小空經』 중에서 중성단수로 제시되는 '남아 있는 것'은 수행자가 3계에만 머무는 것이라면 남성 단수로 제시되는 허망분별이 되고 만다. 그러나 대승불교로서 유가행 유식 이론이 붓다가 되는 것을 목표로 한다면, 불지 및 진여를 거기에 포함시킨다.[61] 그런 의미에서 같은 문장을 인용하는 〈보살지〉 「진실의품」[62] 부분과 굳이 다른 해석을 할 필요는 없다. 그 경우 법무아에 관하여 '사물 그 자체 唯事'가 '진여 그 자체 唯眞如'라고 제시되어 있는 내용(대정30, 487b18ff.)은 『이십론』 제10송 산문주석 부분에서 법무아를 설명하는 가운데 유식성과 연결된다.[63]

5사와 3성설의 관계는 이 책 제3장에 미룬다(86쪽 도표 참조). 의타기성인 허망분별이 5사 중 분별에 해당하고 그것이 그대로 '사물(事物 vastu)'에 해당한다는 것은 붓다 단계까지 포함한 경우에는 이치에 맞다. 『중변론』이 분별과 명 名·상 相(12지 연기의 식과 명색)의 인과 연쇄에 역점을 둔다면 『지광명』은 분별과 진여 眞如·정지 正智의 불생불멸 법문에 역점을 둔 것이다.

이와 같이 3계에 있는 우리 범부가 외계라고 믿어 의심하지 않는 세계는 허망분별이 상상해낸 세계고 어디에도 존재하지 않는 것이다. 그러나 허망이기는 하지만 돈이나 명예나 애증이 만들어내는 세계는 현실에서는 우리에게 존재하고, 우리를 얽어매고 있는 것도 부정할 수 없는 사실이다. 유가행자는 허망분별을 재자각하고 있다. 따라서 『이십론』 제2송과 제4송에서는 외계세계의 성립 여부가 언어개념이 '효용을 이루는 것 kṛtya-kriyā'에 달려 있다는 것을 범부에게 제시한다. 그것으로 현실세계를 확실히 응시하고 있는 것이다.

3) 법계와 불지

『섭대승론』 제9장에서는 전의를 매개로 하여 수행 결과로서 열반을 설하고 제10장에서는 불지 佛智를 설한다. 『삼십송』도 미혹된 세계의 분석과 3성설 등 수행도를 설하는 마지막에 붓다의 경지를 설한다. 『장엄경론』 「보리품」에서 청정법계를 설하는 네 게송(제56송~제59송)에 기초하여 경전화 했다고 간주되는 『불지경』 3. 1에서는(대정26, 301b6ff. 티베트어역도 같은 내용) '붓다 단계 佛地는 청정법계와 4지라는 다섯 가지에 포섭된다'고 한다. 범부와 달리 주관·객관의 구별이 없기 때문에 법계와 불지는 일미평등이다. 유가행파는 대승불교도로서 어떻게 이 붓다 단계에 도달할 것인가를 항상 염두에 두고 있다.

붓다가 되는 과정에 대해 전통불교와 대승불교는 차이가 있다. 『섭대승론』 제1장 제45절이나 제46절에는 질문 형식으로 이러한 내용이 제시되어 있다. 정확한 요약은 아니지만 이해를 돕기 위해 다음과 같이 각색해서 제시한다. 범부는 모든 오염된 종자를 가진 알라야식을 근거로 하고 있다. 그런데 어떻게 오염된 수행자 자신이 오염된 종자를 제거하고 청정하게 되는가 하는 의문인 것이다. 오염을 오염으로 정화하고자 하여도 완전한 청정이 되지 않는다는 의미다. 여기에 대해 대승불교는 붓다의 자비심으로 설해진 가르침 곧 법계와 동질 法界等流인 가르침을 듣고, 본래부터 청정한 종자를 붓다로부터 훈습받아 聞熏習種子 바른 수행을 행하며, 그것에 의해 처음으로 범부는 청정무구하게 될 수 있다는 발상을 한다. 청정에 의해 오염을 완전히 정화한다는 의미다. 이것은 '수행자가 스스로 번뇌를 모두 씻어내고 붓다가 되는 것은 불가능하고 겨우 아라한밖에 되지 않는다' 하고 대승측에서 전통불교를 야유하는 것이다. 대승 수행법은 처음부터 청정한 종자가 수행도에 심어져 오염된 종자를 완전히 제거하고, 궁극적 단계에서 청정한 종자로 완전히 채워진 경우에 청정무구한 붓다의 세계(법계)가 실현된다는 구도다. 이 전환 시스템은 초기 전의 개념에서 부정 요소와 긍정 요소의 교환 시스템을 상기시킨다.

붓다 단계에 이르는 이 메커니즘을 4종 청정(『섭대승론』 제2장 제26절)을 중심으로 보기로 한다.[64] 4종 청정이란 본성청정 本性清淨, 무구청정 無垢清淨, 도청정 道清淨, 소연청정 所緣清淨이다.

『섭대승론』 제9장은 4종 열반(본래청정열반, 무주처열반, 유여열반, 무여열반)을 설한다. 4종 열반 가운데 대승불교에서 특징적인 것은 무주처열반 無住處涅槃이다. 그것은 윤회와 열반에 집착하는 일 없는 자비행이다. 석존의 생애도 마찬가지다. 석존과 같이 윤회와 열반에 걸친 근거가 의타기성이다. 곧 수행자가 윤회에서 열반에 들 때 범부인 수행자가 붓다로 전환하는 축이 의타기성이다. 이것을 인식작용인 식과 지로 바꾸어 놓으면 전식득지다. 이 4종 청정 메커니즘을 『섭대승론』 제2장 제26절에서는 3성설 중 원성실성을 제시하는 가운데 설명한다.

원성실성이란 원만히 붓다가 된 것이 실현된 상태다. 법계나 공성, 진여와 같은 의미로 이해해도 좋다. 법계 자체는 항상 청정이기 때문에 무구청정이라 말한다. 무구청정이긴 하지만 우리들 범부에게는 언어개념이 끼어들기 때문에 오염된 상태만 인식한다. 예를 들어 법계는 우리들 범부 눈(수행자 시점)으로는 오염되어 보여도, 본성으로서는 청정이다. 이것을 본성청정이라 한다. 이것이 허망분별 등 앞 절까지 서술한 내용이다.

그러면 어떻게 범부인 수행자가 오염된 상태를 제거하고 진여 그 자체를 얻는가. 그것을 위해서는 오염을 제거하는 수단 道인 수행 그 자체도 청정하지 않으면 안 된다. 이 청정한 수행도를 도청정이라 한다. 이것에는 37보리분법이나 6바라밀 등이 있다. 범부가 수행을 시작하고자 발심하는 데는 이 수행도를 일으키는 기연이 필요하다. 그 기연=所緣이란 붓다가 설한 대승의 뛰어난 가르침이다. 그 가르침은 무구청정이다. 법계 眞如와 동질인 내용으로 유출된 것 法界等流이기 때문에 청정이 보증되어 있다. 그것을 소연청정이라 한다. 수행자는 가르침을 듣고 발심하고 수행한다. 그 결과 본래청정이지만 오염되어 보였던 법계가 본래 모습인 무구청정이 되어 수행자 눈앞에 홀연히 나타나는 것이다.[65]

붓다 단계에서는 청정법계와 일미평등인 붓다의 지혜 佛智가 작용하고 있다. 불지는『장엄경론』「보리품」제67송에 대원경지, 평등성지, 묘관찰지, 성소작지로 처음 등장한다. 어떻게 이 네 가지로 정리되었는가에 대한 전거는 현시점에서 문헌상으로 발견할 수 없다. 중생 이익을 취지로 하는 대승불교에서 붓다의 지혜 佛智는 무분별지와 중생이익을 행하는 후득청정세간지 後得淸淨世間智로 나뉜다. 언어개념을 전혀 통하지 않고 청정법계를 비추기 때문에 거울 비유를 사용하고, 완전히 동질적인 것을 평등성으로 표현하는 것은 무분별지의 성격과 어울린다. 실제로 중생이익을 행하는 경우 미묘한 관찰을 행하고, 중생이익을 위한 행위를 성취한다는 성격도 닮았다. 그러나 이 분류에 대해서도 여러 문헌에서 일정한 견해를 가지고 있었을 리는 없다. 붓다의 경계도 시대와 더불어 다양한 견해를 갖고 교리적인 이유에서 해석되는 경향을 보인다.

6.
결론을 대신하여

유가행 유식사상은 단순히 외계가 존재하지 않는다고 설할 리도 없고, 식만이 존재한다고 설할 리도 없다. 12지 연기를 실천적으로 탐구하여, 고의 근본 원인이 진실한 세계를 언어개념으로 왜곡해서 보고 있는 우리의 허망분별이라고 한다. 이것을 자각하는 것이 수행의 출발점이다. 우리가 수태 후 어느 시점에서 '나는 [~이다]'에 해당하는 인식 작용을 처음 일으키는지는 분명하지 않다. 하지만 언어개념으로 구축된 허망분별에 의해 인식 대상을 상상할 뿐 唯識인 것은 사실일 것이다. 인도에서는 요가라는 명상 수행에 고도로 숙달한 수행자가 이것을 응시하고, 후배 수행자에게 유식관법으로서 전했다고 보면 사상 흐름을 알기 쉽다. 알라야식과 3성설은 수행체험 가운데 태어난 것이다.

그러나 이론이 한 번 완성되면 그 이론 자체의 정합성에 사람의 관심이 옮겨가는 것도 세상 추세다. 외계는 결국 자기 인식에서 효용이 성립하는 것이고 그것 이외에 외계 등이 없다고 하는 경향, 요컨대 식만 존재한다는 관념론적 이론에 유식사상이 경도된 것도 사실이다(Schmithausen 2005).

유가행 유식사상을 받아들일 때, 실천이론에서 교리이론에 걸친 폭넓은 시야에 서서 이해하고 대승불교의 중생이익 정신을 포함해서 다루는가, 아니면 철학적·사변적 이해로 다루는가에 따라서 이 사상이 펼치는 여러 이론의 이해가 변할 것이다. 이 점을 부기하여 결론을 대신하기로 한다.

1 Schmithausen(1987 : 85) 등.

2 다른 인도 여러 학파가 부른 호칭에 대해서는 Kher(1992)가 편리하다. 월칭의 『프라산나파다』에 등장하는 호칭은 岸根(2001 : 271)에 나타난다. 또 유식사상을 설하는 학파명에 대해서는 向井(1978), 高崎(1982) 등이 있다. 『中觀心論(頌)』 제5장 제1송에 yogācāraiḥ가 나타난다.

3 후대 사람들이 이 집단을 학파라고 생각해 왔던 것은 중국이나 일본 법상종의 기원으로서만이 아니라, 의정의 『南海寄歸內法傳』에 '所傳大乘無過二種. 一即中觀. 二乃瑜伽'(대정54권, 205c13; 현대어역은 宮林·加藤 2004, 18)이라고 한 것, 티베트 『종의서』 등에 비바사사(일반적으로는 설일체유부), 경량부, 유가행파, 중관파(袴谷(2001[1982] : 72) 「瑜伽行派の文獻」)로 되어 있는 것 등에서 알 수 있다.

4 佐々木(2011 : 83).

5 袴谷(2011 : 67) 참조. 유부의 5위 75법을 유가행파는 5위 백법으로 계승했다고 한다. 백법에 대해서는 横山(1986 : 77ff.) '백법' 참조. 덧붙여 백법을 열거하는 것은 현장역 『대승백법명문론』에 유래하는 중국 법상학의 사고방식이다. 인도 문헌 가운데 백을 세는 문헌은 현재까지 발견되지 않는다.

6 松田(2011) 참조.

7 般山(2011) 참조.

8 藤田(2011) 참조.

9 佐久間(2005) 참조. 같은 견해는 예를 들면 梶山(1992 : 312)는 '본래 공사상과 관념론(유식론)은 분명하게 둘로 나눌 수 없는 것이었다. 그것이 중관파와 유가행 유식파라는 두 파로 나뉘어 공과 유식이 별개의 사상이 된 것은 꽤 후대가 되어서부터다'라고도 하고 여러 연구자의 견해로 인정된다.

10 '無着'이라고 한역하는 경우도 있다. 대정 30권 『順中論』이 '無着菩薩釋'으로 되어 있는데, 주에 송원명본과 궁내성본에는 결락으로 되어 있다. 그 외에도 '無着'으로 한역된 예는 있지만 주로 '無著'으로 한역되어 있다.

11 미륵, 무착, 세친에 관한 자세한 내용은 佐久間(2010)에 양보하고, 참조한 연구 논문 등에 대해서는 주요한 것 이외는 저자명만 제시했다. 결론의 견해에 대해서는 약간 취지를 달리하지만, 세친에 관한 연구사는 楠本(2007) 서문에 솜씨 좋게 정리되어 있다. 진나 이후 논사에 관해서도 많은 연구 논문 등이 있다. 여기서는 주요한 논문만 제시하고 다른 것은 저자명 제시에 그쳤다.

12 平川(1979 : 92ff.) 참조.

13 袴谷(2011[1986] : 164ff.) 참조.

14 加藤(1989 : 58-68) 참조.

15 자세히는 이 책 제4장 참조. 松田和信 등에 의해 추정된 세친 저작 순서는 『구사론』 → 『석궤론』 → 『성업론』 → 『연기경석』 → 『이십론』 → 『삼십송』이다.

16 『장엄경론』의 게송과 산문주석 저자로서 대표적인 설은 다음 네 가지다. ① 게송과 산문주석을 무착으로 하는 레비설, ② 게송을 미륵, 산문주석을 세친으로 하는 宇井설, ③ 게송 무착설을 부정한 후 산문주석을 무착 혹은 세친 중 한 사람으로 하는 웨이만설, ④ 게송을 무착, 산문주석을 세친으로 하는 山口설이다.

17 이것은 엄밀한 검증과 증명이 필요하다. 이론에 따라서는 이 순서대로 행해지지 않은 경우도 있지

만, 여기서는 생략한다.

18 加藤(1989) 참조.

19 佐久間(2010 : 37ff.) 참조.

20 丸井(2005) 참조.

21 袴谷(2001[1976]), 「唯識の學系に關するチベット撰述文獻」 참조.

22 특집으로 *Journal of Indian Philosophy* Vol.38, No.3, June 2010이 있다.

23 横山(1986 : 280ff.) 참조.

24 飛田(2011)이 제시한 대중부와 설일체유부의 대비에서 검토되고 있는 자기인식과 의미를 달리한다.

25 山口(1941 : 350) 이하 참조.

26 袴谷(2011[1969]), 「玄奘譯『攝大乘論釋』についてーチベット譯と比較による一考察」. 또 무성 연구에는 片野(1975)가 있다.

27 塚本 외(1990 : 290−292). 塚本 외(1990 : 381, n.402)에 제시된 栗原尚道 논문을 살펴보면 린트너와 그리피스의 주장을 볼 수 있다. 최근에는 岩本明美가 이 입장에 서 있다.

28 제60회 학술대회 패널발표 보고 「梵文寫本研究の現狀と課題」(대표 : 小谷信千代)『印度學佛教學研究』 제58권 제2호, p.860−861 중의 箕浦曉雄 「スティラマティ『倶舍論實義書疏』梵文寫本現況」.

29 上野(2011) 참조.

30 袴谷(2008[1967]) 「スティラマティとシーラバドラ」에서 『장엄경론』 안혜석과 계현조 『불지경론』과 관계를 중심으로 양자를 고찰하고 있다.

31 山口(1941 : 188) 참조.

32 山口(1941 : 372 등) 참조.

33 용수 문헌과 유가행 유식 문헌의 영향 관계에 대해, 전승 등에 따른 것이 아니라 중요 개념인 언어 표현 abhilāpa이나 분별판단(vikalpa 등)을 축으로 고찰한 것으로서 齋藤(2007; 2010)가 있다.

34 江島(2003 : 536) 참조.

35 후대 유가행 유식 이론의 많은 개념이 밀교에서 사용되는 것을 염두에 두고 명상대상을 '본존'이라고 표현하면, 수행실천으로서 의미를 잊고 이념만으로 유식 이론을 다루고 만 폐해를 피할 수 있을 것으로 기대하고 있다.

36 āśrayaparivṛtteś ca pratibimbam atikramya tasminn eva jñeye vastuni nirvikalpaṃ pratyakṣaṃ jñānadarśanam utpadyate/ (Sakuma 1990 : A.1.5).

37 山部(2011) 및 관련 논문 참조.

38 이것은 āśraya-parivṛtti-prabhāvita와 tathatā-viśuddhi-prabhāvita라는 유사한 표현을 근거로 한 해석이다. 자세한 것은 佐久間(1990 : 437) 참조.

39 長尾(1987) 제10장 5 참조.

40 자기인식 svasaṃvedana으로 순화는 이른바 '유상유식'으로 이어져 간다. 『강좌 대승불교 8』 沖和史 「無相唯識と有相有識」 참조.

41 Schmithausen(1979)(横山 역) 참조. 자아의식이 새로운 형태의 식과 연결되는 맹아를 『유가론』에서

도 가장 후기에 속하는 〈본지분〉, 〈의지〉나 〈섭결택분〉에서 찾는 것 외에 〈섭사분〉이나 『차마경』 등의 용례와 함께 고찰하고 있다.

42 자세한 것은 佐久間(2007) 참조.

43 山部(2011 : 110) 참조.

44 ① 결정되어 있고 동요가 없는 자, ② 결정되어 있지만 동요하는 자, ③ 결정되어 있지 않지만 동요가 없는 자, ④ 결정되어 있지 않고 동요하는 자 네 가지다. 입문할 때 제자의 자질이 결정되어 있는가 아닌가, 그 제자의 진로가 스승의 영향 등 여러 조건에 따라 어떻게 되는가 등 수행 도량 곧 교육 현장의 모습이 엿보인다. 진로가 3승의 하나라는 의미에서는 무성석이나 안혜석과 연결된다.

45 吉村(2004 : 230–231) 참조.

46 연구사 등에 관하여 室寺(2001) 및 金(2010) 참조.

47 梶山(1992 : 239ff.). 유가행 유식 이론과 베단타 학파 이론의 관계는 오래전부터 지적되어 있다. 赤松(2011)은 실제로 구체적 논거를 든 양자 비교고찰로서 선견지명을 가진 것이다.

48 『반주삼매경』과 『해심밀경』이 유심 및 유식을 파악하는 방식의 차이에 관해서는 Schmithausen (2008 : 348)(桂 역) 참조.

49 高崎(1982 : 26ff.)「識説 − 唯識の理論」 참조.

50 그것은 예를 들면 『이십론』 제10송 산문주석 부분이나 제21송 산문주석 부분에 서술되어 있다.

51 『섭대승론』 제2장 29, 제9장, 제10장 3A에 오염된 상태에서 청정한 상태로 근거가 전환하는 것이 3성설과 전의 이론으로 제시되어 있다.

52 長尾(1982 : 299) 참조.

53 『장엄경론』에는 여러 장에, 또 『유마경』에는 천녀장에 abhūta-parikalpa가 수차례 등장한다.

54 티베트 라사에 있는 포탈라궁에서 다이쇼 대학 팀이 『유마경』과 같은 질에서 발견하여, 木村 외(2004)로 교정본이 발표되어 있다. 티베트어역에서 일역이 高崎(1975)에 있다.

55 高崎(1975)「解説」, 木村 외(2004)「本經の性格」 참조.

56 西尾(1940(2) : 24) 참조.

57 袴谷(2001[1967])「〈三種轉依〉考」 참조.

58 袴谷(2001 : 777, n.24)「〈清浄法界〉考」 참조.

59 高崎(1975 : 295ff.) 참조.

60 『지광명』에서는 木村 외(2004 : 54,5)에만 abhūta-parikalpa가 등장한다. 티베트어역의 高崎 일역에서 '허망분별'을 상정하고 있는 부분은 vikalpa나 parikalpa 등이다. 요컨대 개념화하는 것 abhilāpa이다. 붓다의 智(보리, bodhi)는 이 개념화를 벗어나 있는 것 anabhilāpya으로 간주된다.

61 長尾(1978)「空性に於ける'余れるもの'」 특히 p.553 마지막 부분 등을 참조. 이 외에 水尾寂芳 논문도 참조.

62 高橋(2005 : 101, 166, 5. 4. 2) 및 荻原본 p.47 참조.

63 高橋(2005 : 106, 4.7, n.18) 참조.

64 袴谷(2001[1976])「唯識説における佛の世界」, 「〈清浄法界〉考」.

65 高崎(1989[1960])가 진여의 전의를 진여의 '現成'이라고 이해하고자 한 배경에는 이러한 사정이 있다.

참고문헌

가지야마 유이치(梶山雄一)

1963 「清弁·安慧·護法」, 『密教文化』 第64/65號, pp. 114～159.

1992 「般舟三昧經 —— 阿彌陀佛信仰と空の思想」, 『淨土教の思想』 第2卷, 講談社, pp. 199～348.

가타노 미치오(片野道雄)

1975 『インド佛教における唯識思想の研究 —— 無性造『攝大乘論註』所知相章の解讀』, 文永堂書店.

가토 준쇼(加藤純章)

1989 『經量部の研究』, 春秋社.

구스모토 노부미치(楠本信道)

2007 『俱舍論』における世親の緣起觀』, 平樂寺書店.

기무라 다카야스(木村高尉他) (木村高尉, 大塚伸夫, 木村秀明, 高橋尚夫)

2004 「梵文校訂『智光明莊嚴經』」, 『小野塚幾澄古稀記念論集『空海の思想と文化』』 下, ノンブル社, pp. 1～89.

기시네 도시유키(岸根敏幸)

2001 『チャンドラキールティの中觀思想』, 大東出版社, 東京.

김경남(金京南)

2010 「「三界唯心」 考 ——『十地經論』 における世親の解釋とその背景」, 『東方學』 第120輯, pp. 1～15.

나가오 가진(長尾雅人)

1978 『中觀と唯識』, 岩波書店.

1982 『攝大乘論 和譯と注解』 上, 講談社.

1987 『攝大乘論 和譯と注解』 下, 講談社.

니시오 교오(西尾京雄)

1940 『佛地經論之研究』 全2卷, 東京·名古屋, 破塵閣書店.

다카사키 지키도(高崎直道)

1982 「瑜伽行派の形成」, 『講座·大乘佛教 8 唯識思想』, pp. 1～42.

1975 『大乘佛典 12 如來藏系經典』, 中央公論社.

1989[1960] 「轉依 —— āśrayaparivṛtti と āśrayaparāvṛtti」, 『如來藏思想』 II, 法藏館, pp. 169～189.

다카하시 고이치(高橋晃一)

2005 『『菩薩地』「眞實義品」から「攝決擇分菩薩地」への思想展開 —— vastu概念を中心として』, 山喜房佛書林.

도비타 야스히로(飛田康祐)

2011 「說一切有部における自己認識否定の發端」, 早稻田大學大學院『文學研究科紀要』第55輯第1分册, pp.101～112.

마루이 히로시(丸井 浩)

2005 「六つの哲學大系」, 菅沼晃博士古稀記念論集『インド哲學·佛教學への誘い』, 大東出版社, pp.24～45.

마츠다 가즈노부(松田和信)

2011 「アフガニスタン寫本からみた大乘佛教――大乘佛教資料論に代えて」, シリーズ大乘佛教 第1卷『大乘佛教とは何か』, 春秋社, pp.151～184.

무로지 기진(室寺義仁)

2001 「『華嚴經』「十地品」における「唯心」(cittamātra)について」, 『高野山大學密教文化研究所紀要』14, pp.119～159.

무카이 아키라(向井 亮)

1978 「ヨーガーチャーラ(瑜伽行) 派の學派名の由來」, 『三藏』153(論集部 第6卷 月報).

미야바야시 쇼겐(宮林昭彦)・가토 에이지(加藤榮司)

2004 義淨撰, 宮林昭彦·加藤榮司譯『現代語譯 南海寄歸內法傳――七世紀インド佛教僧伽の日常生活』, 法藏館.

사사키 시즈카(佐々木閑)

2011 「大乘佛教起源論の展望」 シリーズ大乘佛教 第1卷『大乘佛教とは何か』, 春秋社, pp.73～112.

사이토 아키라(齋藤 明)

2007 「Is Nāgārjuna a Mādhyamika?」, 望月海淑編『法華經と大乘經典の研究』, 山喜房佛書林, pp.153～164.

2010 「Nāgārjuna's influence on the Formation of the Early Yogācāra Thoughts : From the Mūlamadhyamakakārikā to the Bodhisattvabhūmi」, 『印度學佛教學研究』第58卷 第3號, pp.1212～1218.

사쿠마 히데노리(佐久間秀範)

1990 「『瑜伽師地論』における轉依思想」, 『印度學佛教學研究』第39卷 第1號, pp.432～440.

2005 「中觀·唯識·如來藏」, 菅沼晃博士古稀記念論集『インド哲學·佛教學への誘い』, 東京, 大東出版社, pp.143～161.

2007 「五姓格別の源流を訪ねて」, 『加藤精一博士古稀記念論文集 眞言密教と日本文化』下卷, 東京, ノンブル社, pp.265～305.

2008 「『サーンキヤ・カーリカー』を根據とする意識→成所作智, 五識→妙觀察智の正當性」, 『哲學·思想論集』33, pp.23～30.

2010 「インド瑜伽行派諸論師の系譜に關する若干の覺え書き――彌勒·無着·世親」, 『哲學·思想論集』35, pp.17～51.

아카마츠 아키히코(赤松明彦)

2011 「ヒンドゥー教と大乘佛教」, シリーズ大乘佛教 第2卷『大乘佛教の誕生』, 春秋社, pp.205～229.

야마구치 스스무(山口 益)

1941　『佛敎における無と有との對論』山喜房佛書林.

야마베 노부요시(山部能宜)

1990　「bīja Theory in Viniścayasaṃgrahaṇī」, 『印度學佛敎學研究』第38卷 第2號, pp. 929～931.

2011　「大乘佛敎の禪定實踐」, シリーズ大乘佛敎 第3卷『大乘佛敎の實踐』, 春秋社, pp. 95～125.

야스이 고사이(安井廣濟)

1961　『中觀思想の研究』, 法藏館.

에지마 야스노리(江島惠敎)

2003　『空と中觀』, 春秋社.

요시무라 마코토(吉村 誠)

2004　「唯識學派の五性各別說について」, 『駒澤大學佛敎學部研究紀要』第62號, pp. 223～258頁.

요코야마 고이치(横山紘一)

1986　『唯識とは何か――『法相二卷抄』を讀む』, 春秋社.

우에노 야스히로(上野康弘)

2011　「藏譯『莊嚴經論安慧釋』における著者問題――安慧作とすることへの若干の疑問」, 『印度學佛敎學研究』第60卷 第1號, pp. 445～449.

츠카모토 게이쇼(塚本啓祥) 他

1990　『梵語佛典の研究 Ⅲ 論書篇』, 塚本啓祥·松長有慶·磯田熙文 編著, 平樂寺書店.

하카마야 노리아키(袴谷憲昭)

1994　『唯識の解釋學『解深密經』を讀む』, 春秋社.

2001　『唯識思想論考』大藏出版.

2008　『唯識文獻研究』大藏出版.

2011　「信仰と儀式」, シリーズ大乘佛敎 第3卷『大乘佛敎の實踐』, 春秋社, pp. 59～93.

후나야마 도오루(船山 徹)

2011　「大乘戒――インドから中國へ」, シリーズ大乘佛敎 第3卷『大乘佛敎の實踐』, 春秋社, pp. 205～240.

후지타 요시미치(藤田祥道)

2011　「大乘佛說論の一斷面――『大乘莊嚴經論』の視點から」, シリーズ大乘佛敎 第1卷『大乘佛敎とは何か』春秋社, pp. 113～149.

히라오카 사토시(平岡 聰)

2011　「變容するブッダ――佛傳のアクチュアリティとリアリティ」, シリーズ大乘佛敎 第2卷『大乘佛敎の誕生』, 春秋社, pp. 109～137.

히라카와 아키라(平川 彰)

1979　『インド佛敎史』下卷, 春秋社.

2008　「初期瑜伽行派における修行道の諸相」, (桂紹隆譯)『唯識　こころの佛敎』龍谷大學佛敎學叢書 1, 自照社出版, pp. 325～350.

Kher, Chitrarekha V.

1992 *Buddhism as Presented by the Brahmanical Systems*, Bibliotheca Indo-Buddhica Series No.91. Delhi, Sri Satguru Publications.

Sakuma, Hidenori

1990 *Die Āśrayaparivṛtti-Theorie in der Yogācārabhūmi*, Teil I, II, Alt- und Neu- Indische Studien, Bd. 40, Franz Steiner Verlag, Stuttgart.

2011 'The Historical Development of the Āśrayaparivṛtti Theory', in Saṃbhāṣā (*Nagoya Studies in Indian Culture and Buddhism*) 29, pp.39~59.

Schmithausen, Lambert

1967 'Sautrāntika-voraussetzungen in Viṃśatikā und Triṃśikā', in WZKSO (*Wiener Zeitschrift für die Kunde Süd-und Ostasiens*) pp.109~136(加治洋一譯, 「『二十論』と『三十論』にみられる經量部的前提」, 『佛教學セミナー』 37, pp.1~24).

1979 「我見に關する若干の考察―薩迦耶見, 我慢, 染汚意」, (橫山紘一譯), 『佛教學』 7, pp.1~18.

1984 'On the Vijñaptimātra Passage in Saṃdhinirmocanasūtra VIII.7', in : Studies of Mysticism in Honour of the 1150th Anniversary of Kobo-Daishi's Nirvāṇam, *Acta Indologica* 6, pp.433~455.

1987 Ālayavijñāna : On the Origin and the Early Development of a Central Concept of Yogācāra Philosophy, 2 vols. *Studia Philologica Buddhica*, *Monograph Series IVab*. Tokyo : International Institute for Buddhist Studies. (Reprint, 2007).

2005 'On the problem of the External World in the Ch'eng wei shih lun', *Studia Philologica Buddhica XIII*, Tokyo.

2008 「初期瑜伽行派における修行道の諸相」(桂紹隆譯), 『唯識―こころの佛教』(楠淳證編, 自照社出版), pp.325~350.

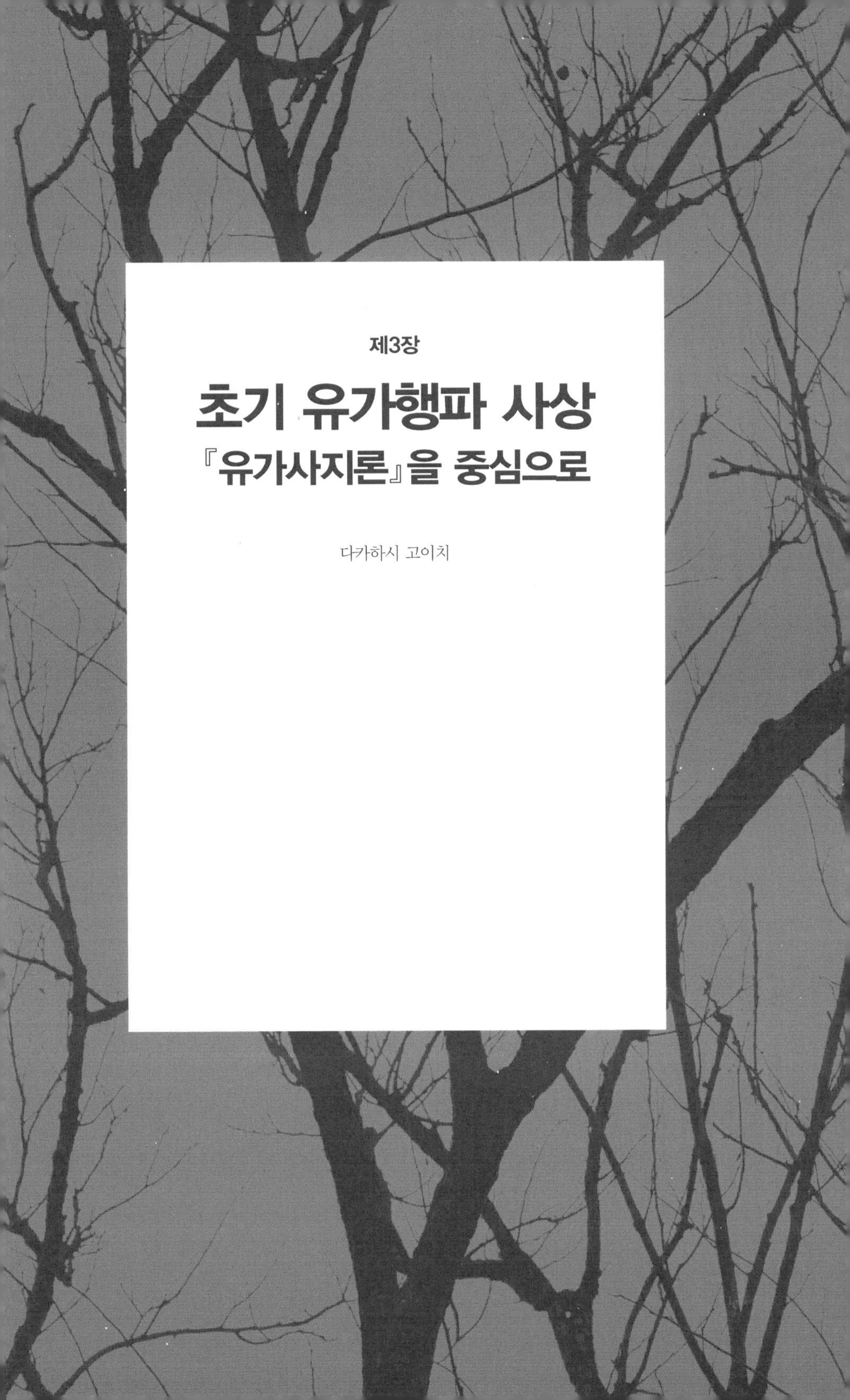

제3장

초기 유가행파 사상

『유가사지론』을 중심으로

다카하시 고이치

1.
초기 유가행파 문헌 - 미륵 5부

유가행파 Yogācāra의 개조는 미륵(彌勒 Maitreya)으로 간주된다. 중국과 티베트에서 초기 유가행파 문헌은 이 인물의 저작으로 전승되어 있다. 그러나 '미륵'이라고 칭하는 인물이 역사적으로 실재했던가는 확정적이지 않다. 오늘날 학계에서는 역사상 인물로서 확인 가능한 유가행파 최초의 사상가는 무착(無著 Asaṅga)이고 '미륵'은 무착에 앞선 유가행파 창안기 논사들의 총칭, 혹은 무착의 명상체험에 나타난 이미지로 해석하고 있다.[1] 이와 같이 '미륵'이라고 불리는 인물의 역사적 실재성에 대해서는 의문의 여지가 있다. 하지만 중국과 티베트에서 초기 유가행파 문헌은 '미륵 5부'로 전승되고, 그런 의미에서는 무착에 앞선 유가행파 사상가가 활약하고 있었던 것도 사실일 것이다.

이 '미륵 5부'는 중국 전승에서는 『유가사지론』, 『대승장엄경론송』, 『중변분별론송』, 『분별유가론』, 『금강반야경론』이다. 티베트 전승에서는 『대승장엄경론송』, 『중변분별론송』, 『법법성분별론』, 『구경일승보성론』, 『현관장엄론』을 들고 있다. 두 전승에는 차이가 있다. 공통으로 미륵에 귀속되는 것은 『대승장엄경론송』과 『중변분별론송』뿐이다. 송이란 게송 kārikā 곧 운문으로 지은 작품을 가리킨다. 무착이 그의 저서 『섭대승론』에서 이 두 문헌을 인용하고 있기 때문에 적어도 이 두 운문 작품은 무착에 선행하여 성립해 있었다고 간주된다.[2]

『대승장엄경론』의 원제는 '*Mahāyānasūtrālaṅkāra*'다. '대승경전을 장식하고 찬양하는 논서'라는 의미다. 산스크리트 원전과 바라바밀다라(波羅頗蜜多羅 *Prabhākaramitra)의 한역(7세기 무렵), 티베트어역이 현존한다. 이 텍스트의 산스크리트 사본은 다수 알려져 있고 많은 경우 산문 주석을 동반하고 있다. 이 산문 주석의 작자는 중국 전승에서는 무착, 티베트 전승에서는 세친(世親 Vasubandhu)으로 간주된다. 또 전체에 걸친 복주로서 무성(無性 Asvabhāva)과 안혜(安慧 Sthiramati) 작품이 티베트 대장경에 수록되어 있는 것 외에 소편의 복주도 전하고 있다.

한편 『중변분별론』은 원제를 '*Madhyāntavibhāga*'라고 한다. '중과 양 극단의 분석'을 의미한다. 이 논서도 산스크리트 원전이 현존한다. 한역으로는 진제역 『중변분별론』(6세기), 현장역 『변중변론』(7세기) 두 가지가 있다. 티베트어역도 전한다. 이 논서도 『대승장엄경론』과 마찬가지로 게송과 그에 대한 산문 주석으로 이루어져 있다. 중국과 티베트 전승 모두 산문주석의 저자를 세친으로 돌린다. 또 안혜의 상세한 복주가 있지만 그 산스크리트 원전 사본은 심하게 손상되어 있다. 따라서 전체 모습은 티베트 대장경에 실린 번역으로만 알려져 있다. 이 안혜석은 중국에는 전혀 전해지지 않았다.

남은 미륵 논서 중 사상사적 관점에서 특히 중요한 것은 중국 전승에서 미륵의 저작이라고 간주되는 『유가사지론』일 것이다. 『유가사지론』은 티베트 전승에서는 무착 저작이라 간주되지만, 그 성립사정은 복잡하다고 추정되고 있다. 이에 대해서는 다음 절에서 자세히 서술한다.

그 외에 중국에서 전하는 『금강반야경론』은 『금강반야경』의 내용을 77송으로 정리한 것이다. 이 논서는 산스크리트 원전이 현존하고 인도찬술 주석도 많이 남아 있다. 저자에 관해서는 전승이 착종되어 있다. 잠정적으로 무착 저작으로 취급하는 일이 많다. 이후 연구가 필요한 문헌 중 하나라고 할 수 있다. 또 『분별유가론』은 산스크리트 원전이 남아 있지 않고 한역도 산실되었으며 티베트에도 전해지지 않았다. 때문에 그 실태는 전혀 알 수 없다.

한편 티베트 전승의 5부 중 『현관장엄론』은 『이만오천송반야경』의 내용을 게송으로 정리한 것이다. 산스크리트 원전 외에 인도 및 티베트 찬술의 많은 주석 문헌이 전하고 있다. 그러나 한역된 적은 없었다. 인도 주석가 하리바드라(Haribhadra 800년경)는 이 저작을 미륵에게 돌렸고, 티베트에서도 이 전승이 받아들여졌다. 최근 연구에서는 무착이나 세친 이후에 (6～7세기) 성립했다고 보고 있다.[3]

『법법성분별론』은 산문과 운문 두 가지 다른 형식의 티베트어역이 있고, 세친에게 귀속되는 주석이 티베트에 전하고 있다. 부분적이지만 산스크리트 원전도 남아 있다. 티베트 전승에서는 운문과 게송 모두 미륵 저작으로 간주되지만 최근에는 후대 저작으로 간주하는 설이 유력해지고 있다. 이 논서도 중국에는 전해지지 않았다.

『구경일승보성론』은 산스크리트 원전이 현존하고, 한역과 티베트어역도 존재하지만, 저자에 관한 전승이 중국과 티베트에서 다르다. 이 『보성론』은 본송·주석게송·산문주석 3단계 구조로 되어 있다. 중국에서는 산문주석을 포함한 형태로 전승되었다. 작자는 불명이지만 전통적으로는 견혜堅慧라고 간주되고 있다. 이에 대해 티베트에서는 본송과 주석게송 부분의 작자는 미륵으로 하되, 산문주석의 작자도 미륵으로 하는 전승과 산문주석의 작자는 무착으로 하는 두 전승이 있다. 사상적으로는 여래장사상과 깊이 관련되어 있다.[4]

2.
『유가사지론』

1) 개요

『유가사지론』(이하 『유가론』)의 원제는 '*Yogācārabhūmi*'다. 직역하면 '요가 실천을 행하는 사람의 단계'를 의미한다. 하지만 그 내용은 요가 실천에 그치지 않고 널리 불교 교리 전반을 망라한 불교학 백과전서 양상을 노정하고 있다. 저자는 중국 전승에서는 미륵, 티베트 전승에서는 무착이라고 간주한다고 이미 서술했다. 오늘날에는 그 광범위한 내용과 복잡한 구성으로 보아 한 사람의 저작이 아니라 복수 편찬자가 관여해 있었다고 간주되고 있다. 『유가론』 성립사정에 대해서는 다양한 논의가 있고 아직 정설은 없다. 하지만 선행하는 문헌을 수집·편찬하는 과정에서 현재 전하는 형태로 정리된 것이고 그 내부에 사상적 발전 단계가 보이는 것은 일반적으로 인정되고 있다. 이러한 점에서 『유가론』은 역사적으로 발전한 학파적 저작으로 간주된다. 또 편찬 시대는 한역 연대로부터 늦어도 4세기 무렵이라고 추정된다.[5]

『유가론』은 한역으로는 백 권으로 이루어진 대작이다. 전체는 〈본지분〉, 〈섭결택분〉, 〈섭사분〉, 〈섭이문분〉, 〈섭석분〉 다섯 부분으로 구성되어 있다.[6] 이 다섯 부분 각 장은 상호 인용·언급하고 있고 그 관계는 단순하지 않다. 일반적으로는 〈본지분〉이 먼저 성립하고, 그 내용을 전승·발전시키는 형태로 〈섭결택분〉이 성립했다고 간주된다.[7] 또 티베트어역은 〈본지분〉 중 〈성문지〉와 〈보살지〉에 상당하는 부분을 다시 별개의 한 장으로 각각 독립시키고 있다. 실제로 〈성문지〉

와 〈보살지〉는 독립 문헌으로 유포되고 있었을 가능성도 있고 티베트 전승은 그러한 사정을 반영하고 있는지도 모른다. 그 외에도 중국과 티베트 전승에는 다른 부분이 보이지만 일반적으로는 한역 쪽이 본래 체제를 남기고 있다고 간주된다.[8]

2) 〈본지분〉의 구성

이 다섯 부분 중 초기 유가행파 사상을 찾는 데 중요한 부분은 〈본지분〉일 것이다. 이하 그 구성을 현장역에 따라 제시한다. 또 〈본지분〉의 많은 부분은 산스크리트 텍스트가 교정 출판되어 있기 때문에 그 주요한 상황도 함께 제시해 둔다.[9]

<table>
<tr><td>① 五識身相應地</td><td rowspan="5">The Yogācārabhūmi of Ācārya Asaṅga Part 1, ed. by V. Bhattacharya, Calcutta, 1957.
부분교정 : Die Lehre von den Kleśas in der Yogācārabhūmi by S. Ahn, Stuttgart, 2003, pp.55～87(Bhattacharya 교정본 pp.160～170에 해당)</td></tr>
<tr><td>② 意地</td></tr>
<tr><td>③ 有尋有伺地</td></tr>
<tr><td>④ 無尋唯伺地</td></tr>
<tr><td>⑤ 無尋無伺地</td></tr>
<tr><td>⑥ 三摩呬多地</td><td>Samāhitā Bhūmiḥ Das Kapitel über die meditative Versenkung im Grundteil der Yogācārabhūmi, ed. by M. Delhey, Wien, 2009.</td></tr>
<tr><td>⑦ 非三摩呬多地</td><td>Asamāhitā Bhūmiḥ : Zwei Kapitel der Yogācārabhūmi über den von meditativer Versenkung freien Zustand, ed. by M. Delhey, Jaina-Itihāsa-Ratna Festschrift für Gustav Roth zum 90. Geburstag, Marburg, 2006, pp.127～152.
『瑜伽論 聲聞地第二瑜伽處』(大正大學綜合佛教研究所聲聞地研究會編, 東京, 2007) Appendix I</td></tr>
</table>

⑧⑨ 有心無心二地	The Sacittikā and Acittikā Bhūmi and the Pratyekabuddhabhūmi, ed. by A. Wayman, 『印佛研』 8-1, pp.(30)～(34).
⑩ 聞所成地	『瑜伽論 聲聞地第二瑜伽處』 (大正大學綜合佛教研究所聲聞地研究會編, 東京, 2007) Appendix II 부분교정 : *Śrāvakabhūmi of Acarya Asanga II*, ed. by K. Shukla, Patna, 1991, Appendix III (hetuvidyā 해당 부분) 『佛教知識論の原典研究 – 瑜伽論因明, ダルモッタラティッパナカ, タルカラハスヤ』 矢板秀臣編, 成田山新勝寺, 2005, pp.95～124(hetuvidyā 해당 부분)
⑪ 思所成地	『瑜伽論聲聞地第二瑜伽處』(大正大學綜合佛教研究所聲聞地研究會編, 東京, 2007) Appendix III 부분교정 : *Śrāvakabhūmi of Acarya Asanga II*, ed. by K. Shukla, Patna, 1991, Appendix IV (Paramārthagāthā, Ābhiprāyikīgāthā, Śarīrārthagāthā 해당 부분) *Analysis of the Śrāvakabhūmi Manuscript*, ed. by A. Wayman, Berkley, Los Angeles, 1961, Chapter VI. (Paramārthagāthā 해당 부분) 『瑜伽論聲聞地第二瑜伽處』(大正大學綜合佛教研究所聲聞地研究會編, 東京, 2007) Appendix IV (Ābhiprāyikīgāthā 해당 부분) "Śarīrārthagāthā, A Collection of Canonical Verses in the Yogācārabhūmi Part 1 : Text" ed. by F. Enomoto, *Sanskrit-Texte aus dem buddhistischen Kanon : Neuentdeckungen und Neueditionen*, pp.17～35, Göttingen, Zürich, 1989. (Śarīrārthagāthā 해당 부분)
⑫ 修所成地	
⑬ 聲聞地	*Analysis of the Śrāvakabhūmi Manuscript*, ed. by A. Wayman, Berkley, Los Angeles, 1961. *Śrāvakabhūmi*, ed. by K. Shukla, Patna, 1973. 부분교정 : *Die Āśrayaparivṛtti-Theorie in der Yogācārabhūmi*, ed. by H.

	Sakuma, Teil II, Stuttgart, 1990(Shukla 교정본 pp.192～201, 270～271, 283, 320, 395～398, 402～406, 432～433, 449～455.) 『瑜伽論 聲聞地第一瑜伽處』(大正大學綜合佛教研究所聲聞地研究會編, 東京, 1998) (Shukla 교정본 pp.1～166) 『瑜伽論 聲聞地第二瑜伽處』(大正大學綜合佛教研究所聲聞地研究會編, 東京, 2007) (Shukla 교정본 pp.167～348) 「梵文聲聞地 (22)～(25) - 第三瑜伽處 (1)～(4) 和譯・科文」, 聲聞地研究會, 『大正大學綜合佛教研究所年報』 pp.30～33, 2008～2011 (Shukla 교정본 pp.347～434). *The Chapter on the Mundane Path (Laukikamārga) in the Śrāvakabhūmi A Trilingual Edition (Sanskrit, Tibetan, Chinese), Annoted Translation, and Introductory Study*, (by F. Deleanu, Tokyo, 2006, vol.1 pp.317～354(Shukla 교정본 pp.437～470).
⑭ 獨覺地	*The Sacittikā and Acittikā Bhūmi and the Pratyekabuddhabhūmi*, ed. by A. Wayman, 『印佛研』 8-1, pp.(30)～(34). *Pratyekabuddhabhūmi*, Sanskrit Text and Annoted Translation, ed. by Y. Yonezawa, 『三康文化研究所年報』 29, pp.9～25, 1998.
⑮ 菩薩地	*Bodhisattvabhūmi*, ed. by U. Wogihara, Tokyo, 1930～1936. *Bodhisattvabhūmi*, ed. by N. Dutt, Patna, 1966. 부분교정 : 『『菩薩地』「眞實義品」から『攝決擇分中菩薩地』への思想展開』, 高橋晃一, 東京, 2005, pp.85～117(제4장만).[10]
⑯ 有餘依地 ⑰ 無餘依地	*Yogācārabhūmi : Sopadhikā and Nirupadhikā Bhūmiḥ*, ed. by L. Schmithausen, 『季羡林教授記念論文集』(下), 台灣, 1991, pp.687～711.

3) 『유가사지론』 내부에 보이는 사상의 발전 단계

유가행파 사상은 5법·3성·8식·2무아로 요약된다고 한다. 그중에서도 3성설과 8식설은 유가행파의 특징적 사상으로서 연구자의 관심을 모아왔다. 3성설은 변계소집성·의타기성·원성실성이라는 세 가지 양태에 의해 모든 존재를 설명하고자 하는 것이다. 이에 대해서는 이 장 제4절에서 자세히 설명한다. 한편 8식설은 안·이·비·설·신·의라는 6식에 말나식과 알라야식을 더해 8식으로 하고 알라야식을 중심으로 모든 현상세계의 생멸을 설명하는 것이다(제6장 참조).

이 알라야식이라는 개념에 착목하여 『유가론』 전체를 정밀히 조사한 슈미트하우젠 Lambert Schmithausen에 따르면, 『유가론』의 발전단계는 크게 셋으로 나눌 수 있다. 곧 ① 알라야식을 언급하지 않는 부분(〈성문지〉, 〈보살지〉, 〈섭사분〉), ② 알라야식이 산발적으로 보이지만 『해심밀경』을 언급하지 않는 부분(〈본지분〉 중 〈성문지〉, 〈보살지〉를 제외한 부분), ③ 알라야식을 상세히 언급하고 『해심밀경』을 인용하는 부분(〈섭결택분〉)이다.

또 3성설·3무자성설에 착목한 경우에도 마찬가지 발전단계를 상정할 수 있다는 사실이 스구로 신조 勝呂信靜 박사에 의해 지적되어 있다.[11] 다시 말하면 〈성문지〉와 〈보살지〉는 알라야식이나 3성이라는 유가행파 특유의 교설이 성립하기 이전, 최초기 사상을 전하고 있는 문헌이라고 말할 수 있다.

4) 그 외 유가행파 문헌과 관계

앞서 서술한 '미륵 5부' 중 『대승장엄경론송』과 『중변분별론송』은 『유가론』

중에서도 특히 〈본지분〉, 〈보살지〉와 밀접한 관계를 떠올리게 한다. 예를 들면 『대승장엄경론』의 장 설정은 〈보살지〉를 답습하고 있다고 알려져 있다.[12] 또 『중변분별론』은 특히 제3장 「진실의장」에서 〈보살지〉의 영향을 읽어낼 수 있다.[13] 그러나 두 논서 모두 3성설이나 알라야식설과 같은 〈보살지〉에는 전혀 언급되지 않은 사상을 다루고 있다는 점에서 〈보살지〉뿐 아니라 『유가론』 전체, 특히 〈섭결택분〉의 영향을 받고 있다고 보아야 한다.

또 무착에게 귀속되는 『현양성교론』은 『유가론』 전체를 요약하고 약간 변경한 저작이다. 같은 무착 저작으로 간주되는 『섭대승론』의 선구적인 사상이 보이는 중요한 문헌이다. 하지만 한역 이외에는 전하지 않기 때문에 연구는 곤란한 상황이다.[14]

3.
불교사상사로부터 본 『유가사지론』 사상

1) 아함 경전으로부터 영향

『유가론』은 이른바 원시불전이라고 하는 『아함』으로부터 직간접적으로 다양한 영향을 받고 있다. 그 현저한 예가 〈섭사분〉이다. 이 부분 전체는 『잡아함경』을 중심으로 한 『아함』에 대한 주석 성격을 갖추고 있다. 또 그것에 의해 『유가론』을 편찬한 사람이 어떤 『아함』을 전승하고 있었는지를 알 수 있다.[15] 이러한 『아함』 중에서도 유가행파 사상 형성에 특히 중요한 영향을 준 경전은 『소공경』일 것이다. 『소공경』은 공의 관찰을 테마로 한 비교적 짧은 경전이지만, 거기서 설해져 있는 공사상은 매우 특징적인 것이다. 특히 3성설과 관계가 지적되어 있다[16] (상세한 내용은 이 장 제4절 3) 3성설의 사상 배경 참조).

2) 〈보살지〉에 보이는 대승경전의 공사상과 그 비판자들

초기 유가행파에 속하는 사람들이 불교 교단에서 어떤 위치를 차지하고 있었던가는 확정할 수 없다. 하지만 앞서 서술한 〈보살지〉에는 대승불교를 비판하는 기존 불교사상가들에 대한 반론이 서술되어 있다. 〈보살지〉는 구체적인 학파명이나 경전명을 명시하고 있지는 않다. 아마 설일체유부를 비롯한 전통적인 아비달마 교학을 중시한 사상가가 『반야경』 등의 대승경전을 불설이라고 인정하지 않았다는 사정을 반영한 것으로 보인다. 그 비판의 요점은 모든 법이 무자성이라면 어떤 것도 존재하지 않게 되어버린다는 점이었다고 추측할 수 있다.[17]

『반야경』의 공사상에는 모든 것의 존재를 철저하게 부정하는 해석을 산출할 가능성이 숨어 있다. 사실 공성을 설하는 경전을 따르는 급진적인 불교도가 허무주의자 nāstika로 간주되고 있었던 것을 〈보살지〉는 전하고 있다.[18] 이와 같은 견해는 〈보살지〉 입장 곧 최초기 유가행파 입장에서는 '오해된 공성 惡取空'으로 비판된다. 그때 도입된 것이 『소공경』의 공해석이었다.

3~4세기에 걸쳐서 점차 영향력을 강화해 간 것으로 보이는 『반야경』 등의 대승경전을 둘러싸고, 보수파와 급진파 사이에 견해차가 생겼을 것이다. 〈보살지〉는 이러한 사상동향을 전하고 있는 것으로 보인다. 그런데 〈보살지〉가 쌍방의 입장을 완전히 부정할 리는 없다. 오히려 사물의 존재와 언어 혹은 인식의 관계를 분석함으로써 상반하는 두 입장이 양립할 수 있는 새로운 사상해석을 모색했다는

인상을 받는다. 또 이러한 시도가 나중에 3성설을 형성하는 밑바탕을 만든 것이라고 생각된다. 어쨌든 전통적인 아비달마사상과 대승경전 교설의 조화로운 해석은 〈보살지〉의 한 특징이고, 또 그것은 '중도'라는 개념에 대한 새로운 해석이었다고 할 수 있다.[19]

3) 그 외의 사상 배경 – 경량부·『십지경』·6파 철학

유가행 유식파 사상이 전통적인 아비달마 교리와 밀접히 관련해 있는 것은 오래전부터 지적되어 왔다. 최근 연구에 따르면 아비달마 교리를 채택하고 있을 뿐 아니라, 아비달마의 사상적 발전에도 영향을 주었던 것이 명확해지고 있다. 특히 『아비달마구사론』에서 경량부로 귀속되는 교설 중 많은 것이 『유가론』에서 설해지고 있는 내용과 일치하는 것이 지적되어 있다.[20] 그러나 경량부와 유가행파의 관계는 해명되지 않는 점도 많다. 이후 다시 검토를 요하는 과제다.

한편 대승경전과 관계로는 〈보살지〉「주품 住品」이 『십지경』과 관계가 깊다고 한다. 또 소품이긴 하지만 중관파로부터도 주목된 『전유경 轉有經』이 교증으로 「진실의품」에 인용되어 있다. 이러한 사실은 『유가론』이 그 형성과정에서 『반야경』뿐 아니라 크고 작은 다양한 대승경론으로부터 영향을 받고 있었던 것을 뒷받침하고 있다.

다시 『유가론』은 종종 불교 이외의 사상도 언급한다. 잘 알려져 있는 것으로서는 「유심유사지등삼지」에 설해진 16종의 이설을 들 수 있다.[21] 예를 들면 첫 번째 이설인 '인중유과 因中有果설'은 인도 6파 철학의 일파인 상캬학파 학자 바르샤간야 Vārṣagaṇya에 귀속된다.[22]

4) 대승의 자각

이와 같이 불교 내외의 사상을 널리 고찰하고 정리하고자 한 초기 유가행파 사상가들은 자신들의 입장이야말로 '대승'이라고 생각하고 있었다. '대승'이란 보살의 탈것이 커다란 탈것이라는 사실을 의미하고 있다. 거기에는 다시 다음 일곱 가지 의미가 있다.[23]

① 교법이 큰 것(보살장의 광대함)
② 발심이 큰 것(무상정등각에 대한 외곬의 발심)
③ 믿음이 큰 것(교법이 큰 것에 대한 외곬의 신뢰)
④ 의도가 큰 것(신해행지 信解行地부터 의정지 意淨地로 오입)
⑤ 자량이 큰 것(복덕과 지혜 자량의 달성에 의한 무상정득각의 깨달음)
⑥ 시간이 큰 것(무상정득각을 깨닫기까지 방대한 시간)
⑦ 달성이 큰 것(무상정등각)

이 일곱 항목을 보는 한, 보살은 최고의 깨달음인 무상정등각에 도달하는 것을 목적으로 하는 듯한 인상을 받는다. 하지만 유가행파 사상가들이 단순히 수행에 의해 무상정득각을 얻는 것이 대승이라고 생각하고 있었던 것은 아니다. 〈보살지〉 「진실의품」에 따르면, 윤회나 열반을 있는 그대로 이해하고, 윤회의 생존에 머물고, 중생교화에 노력하는 것만이 무상정등각을 얻기 위한 방편(수단)이라고 간주된다.[24] 윤회를 두려워하지 않고, 열반을 구하는 것도 없이, 자타의 불법의 성숙에 노력한다는 보살관은 명확히 타자 구제를 염두에 둔 대승불교적인 것이라고 할 수 있다.

다시 이러한 보살의 활동은 공성 이해에 의해서만 가능하다고 〈보살지〉는 말한다. 이 경우 '공성'은 '모든 존재가 언어표현할 수 없는 것이다' 하는 유가행파 독자의 공성 이해가 숨어 있다.[25] 이와 같은 공성 해석의 배경에는 아비달마 교학과 대승 공사상의 융화라는 속셈도 있을 것이다. 그러나 이 독자의 공사상은 단순히 철학적 사변에 머물지 않고, 대승 보살로서 실천을 뒷받침하고 있다는 점에서 중요하다.

〈보살지〉는 대승을 배우는 이유에 대해 '보살은 자신의 불법을 성숙시키기 위해 또 다른 사람의 3승의 교법을 성숙시키기 위해 바르게 실천하는 자가 된다. (중략) 최고의 진실을 아는 자가 되기 위해 대승을 배우는 것이지 미래에 자신이 반열반하기 위해서가 아니다' 하고 서술하고 있다.[26] '최고의 진실'이 무엇을 의미하고 있는지 여기서는 명확하지 않다. 아마 한마디로는 설명할 수 없는 내용을 포함하고 있을 것이다. 그러나 열반을 불도수행의 도달점으로 삼는 것이 아니라 사람들을 불법으로 이끌고 구제하고자 하는 의도는 읽을 수 있다. 그 사상이 형성되는 최초기에 중생 구제를 강하게 의식하고 거기에서 대승의 의의를 찾아낸 것을 잘 전하고 있다.

4.
3성, 3무자성, 5사

1) 개설

유가행파 최초기 사상을 전하는 〈보살지〉는 '모든 존재가 언어표현할 수 없는 본질을 가진다' 하고 주장한다.[27] 이것은 새로운 공성 해석이었다. 그러나 이 견해는 그 후 문헌에서는 거의 보이지 않고, 3성설이 사상적으로 중요한 위치를 차지하게 된다. 3성이란 변계소집성(遍計所執性 parikalpitasvabhāva), 의타기성(依他起性 paratantra-svabhāva), 원성실성(圓成實性 pariṣpannasvabhāva)이다. '성-svabhāva' 대신 '상-lakṣaṇa'이라는 말을 사용하는 경우도 있다. 또 각각에 대응하여 '상정된 것 parikalpita', '판단된 것 vikalpita', '법성(法性 dharmatā)'이라는 술어로 표현하는 것도 있다. 편의상 이 장에서는 특별한 사정이 없는 한 이 모두를 '3성'이라고 총칭한다.

3성 중 변계소집성은 '상정된 본질'을 의미하고, 언어를 매개로 정립된 존재 양태를 말한다. 예를 들면 불교에서 '색 rūpa'은 물질을 나타내는 언어지만, 실제로는 물질이 '색'이라는 말로 표현될 필연성은 없다. 따라서 '색'이라는 말은 그것에 의해 지시되는 대상과 본질적으로는 무관계하게 상정된 것일 뿐이다. 그러나 그 사실을 이해하지 않은 채 '색'이라는 말로 표현되는 것이 마치 '색'으로서 실재하는 것처럼 자각 없이 받아들일 때 그와 같이 인식된 존재는 변계소집성이라 불린다.

그에 대해 의타기성은 '다른 것에 의존한 본질'을 의미한다. 이것은 초기불교 이래 불교교리의 기본에 놓여 있는 연기 사상을 반영한 것이다. 그것은 모든 존재가 원인과 조건에 의존하여 발생한다는 현상을 가리킨다. 이 연기라는 현상 중에 발생한 존재는 변계소집성의 기체 基體 곧 명칭의 기체로 위치 지어진다. 하지만 변계소집성에 대하여 실체를 상정하고 있을 리는 없다. 또 의타기성은 때로는 분별 vikalpa과 동일시된다.

마지막인 원성실성은 '완성된 본질'을 의미한다. 그것은 불교의 진리를 나타내는 개념인 진여 tathatā나 법성 dharmatā으로 바꾸어 말할 수 있다. 전형적으로는 의타기성이 변계소집성을 결여한 상태라고 설명되어 무아나 공성과 통한다.

3성설은 『해심밀경』과 그것을 포함하는 『유가론』을 비롯해, 미륵에게 귀속되는 『대승장엄경론』, 『중변분별론』, 무착의 『아비달마집론』, 『현양성교론』, 『섭대승론』이나 세친의 『유식삼십송』 등 초기 유가행파 문헌에서 반복되어 언급되고 있고, 각 문헌 간에 사상적 발전을 발견할 수도 있다. 또 『반야경』에서도 이것과 매우 유사한 사상이 설해져 있는 것이 알려져 있다.[28]

이 3성설과 밀접히 관련된 교리로 중요한 것이 3무자성설이다. 3무자성설이란 상무자성(相無自性 lakṣaṇaniḥsvabhāvatā), 생무자성(生無自性 utpattiniḥsvabhāvatā), 승의무자성(勝義無自性 paramārthaniḥsvabhāvatā)을 가리킨다. 그것은 각각 변계소집성, 의타기성, 원성실성에 대응한다. 말하자면 3성을 무자성이라는 관점에서 다시 파악한 것이다. 하지만 3성설을 다루는 모든 경론에서 언급하고 있지는 않다.

나아가 3성설·3무자성설과 나란히 유가행파의 중요한 교설의 하나로 5사설이 있다. 5사 事는 5법이라고도 칭하며, 상(相 nimitta), 명(名 nāman), 분별(分別 vikalpa), 진여(眞如 tathatā), 정지(正智 saṃyagjñāna) 등 다섯 개념으로 이루어진다. 이 5사 중 상과 진여가 특히 중심적 역할을 수행하고 있다. 『유가론』 〈섭결택분중보살지〉에 따르면 상과 진여는 표리 관계에 있다. 전자는 사물이 가진 언어표현의 기체로서 측면을 나타내고, 후자는 사물이 가진 언어표현할 수 없는 측면을 나타낸다.

이 두 측면은 세속·승의로 바꾸어 말할 수도 있다. 한편 진여는 정지의 대상이고 어떤 것으로부터도 발생하지 않는다(표 참조).[29]

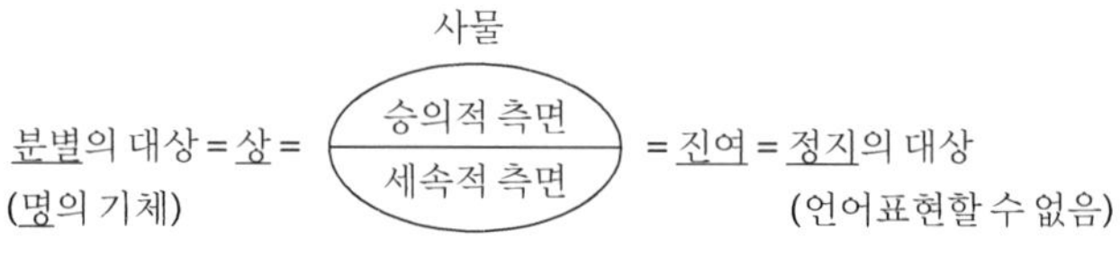

이 5사설은 본래는 〈보살지〉「진실의품」에 설해진 사물 vastu을 분석하기 위한 체계였다고 생각된다. 〈보살지〉의 사물 vastu이라는 개념은 한편으로는 언어표현의 기체면서, 다른 한편으로는 승의적 실재라고 간주된다. 5사설의 상과 진여는 그와 같은 사물 vastu의 두 측면에 각각 대응하고 있다.[30]

5사설을 언급하는 문헌에는 거의 모두 3성설과 관계 맺기가 이루어진다. 그런 의미에서 5사설은 유가행파 최초기 교리와 3성설을 연결하는 역할을 수행하고 있다고도 말할 수 있다. 하지만 『유가론』 이외에는 『현양성교론』, 『중변분별론』, 『능가경』에만 언급되며, 5사와 3성의 대응관계는 문헌마다 다르다(표 참조).[31]

	변계소집성	의타기성	원성실성
<섭결택분>	대응 없음	상·명·분별·정지	진여
『현양성교론』	대응 없음	상·명·분별·정지	진여
『중변분별론』	명	상·분별	정지·진여
『능가경』	상·명	분별	정지·진여

나아가 3성과 5사 어느 쪽을 기초로 하는가도 문헌마다 차이가 있다. 『유가론』〈섭결택분〉은 3성설에 앞서 5사설을 먼저 해설한다. 또 『능가경』은 5사를 5법이라고 부르고 유가행파 교리를 세우는 데 기초로 간주하고 있다. 『중변분별론』에서는 3성을 근본 진리라고 하고 5사는 부수적인 것으로 다루고 있다.[32]

2) 각설

『해심밀경』의 3상설과 『유가사지론』의 3성설

문헌상 처음으로 3성을 정의한 것은 『해심밀경』이라고 간주된다. 『해심밀경』은 3성이 아니라 3상이라는 술어를 사용한다. 그것은 다음과 같이 정의되고 있다.

> 변계소집성 : 존재물(제법)의 본체나 속성을 일상 언어에 의해 정립한 것
>
> 의타기성 : 존재물(제법)이 연기적으로 발생하는 것
>
> 원성실성 : 불도수행을 통해서 체득되는 존재물의 본질(진여)[33]

『유가론』〈섭결택분〉도 이것을 거의 그대로 계승하여 3성으로 정의하고 있다.[34] 그런데 『해심밀경』은 3상 각각의 관계에 대해 다른 곳(3무자성을 정의하는 구절)에서 '분별의 대상이고 변계소집상의 기체인 행의 상 saṃskāranimitta'이 의타기상이라고 한다. 또 이 '행 行의 상 相'이 변계소집상에 관하여 무자성인 것이 법무아이자 원성실상이라고 설명하고 있다. 『해심밀경』에서 의타기상은 '승의를 결여하고 있다'는 의미에서 '승의무자성'이고 원성실상은 '승의가 곧 무자성'이라는 의미에서 '승의무자성'으로 간주된다.[35]

3상의 관계를 설명하기 위해 사용된 '행의 상'이라는 개념은 난해한 술어다. 그 내실은 3상 중 의타기상에 해당하고, 변계소집상의 기체면서 변계소집상과는 본질적으로 다른 존재라는 의미에서 원성실상과 통한다. 따라서 3상 각각을 연결하고 성립시키기 위해 필수불가결한 요소라고 할 수 있다. 여기서는 '행의 상'은 분별(판단적 사고)의 대상으로 위치 지어져 있지만 상세한 설명은 없다. '행의 상'이라는 개념에 대해 『해심밀경』 제1장에서는 '분별로부터 발생한 것, 마술과 같은 것'이고, '지를 착란시키는 것'이라고도 한다. 더 상세하게는 '존재물(제법)의 언어표현할 수 없는 본질(법성)을 이해하고 있는 사람'은 붓다가 '유위' 등의 개념을 설한 경우, '유위' 등이라고 불리는 것 자체는 존재하지 않지만 그 '유위' 등의 관념이 발생하는 기체인 '행의 상'은 존재한다고 이해한다. 그럼에도 불구하고 '행의 상' 그 자체에 집착하지 않는다. 나아가 존재물의 본질은 언어표현할 수 없다는 사실을 일반인에게도 이해시키기 위해, '유위' 등의 일상적인 표현을 일부러 사용하여 설명한다. 곧 '행의 상'이란 불교에서 설하는 '유위' 등의 관념이 발생하는 기체다.[36]

이 설명에서 '행의 상'은 단순한 분별의 대상이 아니라, 분별로부터 발생한 것이라고 간주된다. 『해심밀경』의 3상설은 유식설과 관련이 보이지 않는다고 이전부터 지적되어 있고, 최근 연구에서도 이 점이 강조되는 경향이다.[37] 그러나 이 '행의 상'이라는 개념이 3상설의 의타기상에 해당하고, 게다가 분별의 소산이라 간주되고 있는 것으로부터 『해심밀경』의 3상설도 유식설과 관련될 가능성을 내포하고 있다고 할 수 있다.

『대승장엄경론』의 3상설과 『중변분별론』의 3성설

미륵에게 귀속되는 『대승장엄경론』에도 3성 trisvabhāva이 아니라 『해심밀경』과 마찬가지로 3상 trilakṣaṇa이라는 술어가 사용되고 있다. 운문으로 설해져 있기 때문에 알기 어려운 부분도 있지만, 그 정의를 요약하면 다음과 같다.

변계소집상 : 언어대로 대상이 존재한다고 오인하는 원인

의타기상 : 인식의 주체와 객체(소취 · 능취)를 특징으로 하는 허망분별

원성실상 : 존재와 비존재의 동등성, 적정과 비정적, 무분별[38]

한편 같은 미륵에게 귀속되는 『중변분별론』에서는 '3성'이라는 술어가 사용되고 있다. 역시 운문으로 '변계소집성 의타기성 원성실성은 [각각] 대상이기 때문에, 허망분별이기 때문에, 또 둘이 존재하지 않기 때문에 [그와 같이] 설해졌다'고 설명하고 있다.[39] 곧 변계소집성이란 언어의 매개에 의한 대상의 현현이고, 의타기성은 인식의 객체(소취)와 주체(능취)를 내포한 허망분별이다. 그것에 대해 원성실성은 인식을 구성하는 주객구조를 초월한 곳에 성립해 있는 것이라고 규정되어 있다.

『해심밀경』의 내용과 비교하면, 의타기성이 허망분별로 바뀌어 있는 점에 특징이 있다. 이미 서술했듯이 연기라는 현상으로 규정된 『해심밀경』의 의타기상은 분별에서 발생한 '행의 상'과 치환되는 것이다. 그 의미에서 『대승장엄경론』이나 『중변분별론』의 의타기성과 완전히 이질적인 것이라고 할 수는 없다. 다만 『해심밀경』에서는 배경에 숨어 있던 분별이 『대승장엄경론』 등에서는 3성의 구조에서 더 본질적인 역할을 수행하는 것으로 명확히 자리 잡게 되었다는 사실은,

유식사상의 발전을 생각할 때 중요할 것이다.

무착의 3성설(『아비달마집론』, 『현양성교론』, 『섭대승론』)

유가행파 교설을 유식사상으로 체계화한 사상가인 무착은, 그의 저서 『아비달마집론』, 『현양성교론』, 『섭대승론』에서 3성설을 언급하고 있다. 앞의 두 책이 『유가론』의 영향을 다분히 받고 있는 데 비해 『섭대승론』에서는 알라야식설과 3성설을 관련짓는 시도가 이루어지고 있다.

『아비달마집론』은 불교가 설하는 온·계·처라는 개념과 관련하여, 그것에는 '변계소집상 parikalpitalakṣaṇa' '소분별상 vikalpitalakṣaṇa' '법성상 dharmatālakṣaṇa'이라는 세 특징이 있다고 한다. 이들 용어는 『중변분별론』 등에서도 보이는 것이고, 각각 변계소집성, 의타기성, 원성실성에 해당한다.[40] 『아비달마집론』에서 변계소집상은 온·계·처가 '자아' '중생' 등으로 잘못 상정된 것이다. 한편, 소분별상(의타기성)은 그들 온·계·처에 해당한다. 법성상(원성실성)은 온·계·처에 '자아'가 없는 것 곧 무아다.[41] 이와 같이 『아비달마집론』은 인무아설의 분석에 3성설을 적용하고 있다. 이런 것은 다른 경론에는 보이지 않는다. 또 3무자성설에 대해 『아비달마집론』에서는 '방광[경] vaipulya' 곧 대승경전에 설해진 '모든 법은 무자성이다' 하는 교설의 의도를 3무자성설에 의해 설명하고 있지만 특별히 새로운 해석은 더해져 있지 않다.[42]

『현양성교론』에서도 무착은 3성·3무자성설을 언급하고 있다. 『현양성교론』은 『유가론』의 기술을 바탕으로 정리된 논서로서, 3성·3무자성의 내용도 『유가론』을 답습하고 있다.[43] 여기서도 3무자성은 법무아 곧 모든 법의 무자성을 해석하기 위해 사용된다. 3성을 인무아와 관련시키는 일은 없고, 3무자성과 표리 관

계에 있는 것으로서 도입되는 데 그친다.[44]

한편 무착의 대표작이라고 하는 『섭대승론』은 3성설을 명확히 알라야식과 유식성 vijñaptimātratā에 관련시키고 있다. 그것에 따르면 의타기성은 '알라야식을 종자로 하고, 허망분별에 포함되는 것'이다. 변계소집성은 외계 대상이 실재하지 않고 유식 *vijñaptimātra임에도 불구하고, 대상이 나타나는 것이다. 나아가 원성실성은 의타기성에서 변계소집성이 존재하지 않는 것이다.[45] 기본 구조는 『대승장엄경론』이나 『중변분별론』과 매우 유사하지만 유식성이 분석 대상으로 명확히 의식된다는 점이 특징이다. 『섭대승론』은 산스크리트 원전이 전하지 않는 사정도 있어서, 그 3성설을 정확히 이해하는 것은 어렵다. 그러나 그 이전 경론에서 인식 주체와 객체를 분별의 내부 구조로서 분석하는 것에 그친데 비해, 외계 대상 없이 인식 결과만 있다는 것을 3성설에 의해 분석하고 있다. 이는 유식사상의 한 완성 형태를 보여주고 있다고 할 수 있다.

세친의 3성설(『유식이십론』, 『유식삼십송』)

무착의 친동생인 세친도 그의 저서 『유식이십론』과 『유식삼십송』에서 3성설을 언급한다. 『유식이십론』에서는 3성설을 체계적으로 설명하지는 않지만, '상정된 본체 parikalpitātman'라는 3성설의 용어로 법무아를 설명하고 있다. '상정된 본체'란 인식의 주체와 객체로 상정된 것 또는 인식의 결과로서 표상 vijñapti 이외의 어떤 것으로 상정된 것을 가리킨다. 그것에 대해 법무아란 그와 같이 잘못 상정된 존재와 분리된 상태다. 그러나 이 법무아 이해는 붓다의 지혜의 대상인 언어표현할 수 없는 본체 nirabhilāpyātman나 인식의 결과일 뿐인 것 vijñaptimātra의 존재를 부정하는 것은 아니다.[46] 이것은 이른바 3성설에 의한 법무아 해석이라고 할 수 있다.

다시 『유식삼십송』에서는 변계소집성을 분별에 의해 잘못 상정된 본체라고 하고, 의타기성은 분별, 원성실성은 의타기성인 분별이 변계소집성과 분리된 상태라고 한다.[47] 이어서 세친은 의타기성과 원성실성이 불가분 관계에 있는 것을 설명한 후, 3성 각각이 3무자성(상무자성, 생기무자성, 승의무자성)에 상당하는 것을 서술한다. 마지막으로 승의무자성인 원성실성이 진여고, 인식의 결과만 존재하는 상태 vijñaptimātratā라고 설명하고 있다.[48]

무착의 『섭대승론』과 세친의 『유식삼십송』의 3성설은 초기 유가행파 교리의 완성형이라고 할 수 있을 것이다. 양자를 상세히 비교하면, 『섭대승론』은 의타기성을 '분별에 내포된 인식의 결과 vijñapti'라고 하고 있는 데 대해 『유식삼십송』은 단순히 분별이라고 하고 있는 점에 차이가 있지만, 양자의 구조는 기본적으로 일치한다. 또 무착과 세친에 이르러 3성설이 유식성 vijñaptimātratā과 관련된 점은 유가행파 사상사에서 중요한 의의를 가진다고 할 수 있을 것이다.

3) 3성설의 사상 배경

3성설의 기원에 대해서는 아직 정설이 없다. 일반적으로는 『반야경』 공사상의 영향을 받았다고 생각된다. 또 중관파 2제설과도 관계없지 않을 것이다. 나아가 유가행파 초기 문헌인 〈보살지〉 「진실의품」에 보이는 내용은 3성설의 선구 사상으로 현재까지 자주 지적되어 왔다.[49] 여기서는 처음으로 3성설을 상정한 『해심밀경』 내용을 바탕으로 관련 문헌을 적절히 참조하면서 3성설의 사상 배경에 대해 고찰하고, 이 장을 마무리하고자 한다.

4성제·연기·인법 2무아

『해심밀경』 3상 정의를 보는 한, 의타기성의 배경에는 연기 사상이 있음을 간파할 수 있다. 이 경우 연기는 단순한 인과론이 아니라 『아함경』 등에서 보이는 12지 연기를 염두에 두고 있다.[50] 『해심밀경』은 최종적으로는 3무자성설에 의해 모든 법이 무자성이고 공이라는 의미를 해석하는 것을 목적으로 하고 있다. 곧 3성설의 배경에 연기가 있는 것에 대해, 3무자성은 공사상과 관련되어 있다. 그 밑바탕에는 연기하는 존재는 무자성이라는 사고방식이 있다고 할 수 있다.[51]

이 연기와 공무자성의 관계에 대해, 『유가론』의 최고층에 속하는 〈보살지〉 「진실의품」에서는 연기설을 2무아 이해의 전제로 자리 매기고, 다시 그 연장선상에서 법무아를 확실히 직관하고 있다. 이 경우 법무아는 공성과 같은 내용이다. 여기서도 연기와 공의 관계를 발견할 수 있다.

〈보살지〉는 연기적으로 발생한 제행의 생멸에 관한 지혜로 '온과 분리된 사람 pudgala은 존재하지 않는다'고 보는 것을 반복함으로써, 성문·독각에게 '번뇌장정지소행진실 煩惱障淨智所行眞實'이 발생한다고 한다.[52] 곧 온이라는 기체와 그것 없이는 있을 수 없는 '사람'이라는 표현 사이의 관계로 인무아를 이해하고 있다. 이것은 『구사론』에서 설하는 '아는 존재하지 않고, 5온만 존재한다'는 무아설의 변용이라고 볼 수 있을 것이다.[53] 〈보살지〉는 이 인무아 이해를 법무아까지 넓히고 있다. 〈보살지〉에 따르면 언어표현할 수 없는 본질을 가진 사물 vastu은 '색 rūpa' 등 표현의 대상이면서, 그와 같은 표현과는 본질적으로 관계하지 않는 상태에 있다. 이 상태가 공성·법무아라고 간주된다. 인무아 경우에 온이 존재하지 않으면 '사람'이라는 표현이 성립하지 않는 것처럼, 색 등의 법에 대해서도 사물이 존재하는 경우에 '색' 등의 표현이 가능한 것이지 존재하지 않으면 그러한 표현은 있을 수 없다.[54] '사람'이라는 표현과 온 등 실체의 관계는 그대로 '색' 등의 명칭과 그 기체인 사물과 들어맞는다. 이것으로부터 〈보살지〉의 법무아 이해는 인무아설과 밀접히 관련되어 있는 것을 알 수 있다.

또 〈보살지〉에서는 인무아 이해에 앞서 4성제와 연기 이해가 필요하다고 간주되는 점이 주목된다. 잘 알려져 있는 것처럼, 4성제와 12연기설은 붓다가 성도할 때 깨달음의 내용으로 『아함』에 전승되어 있다.[55] 『해심밀경』의 편찬자도 붓다가 처음 한 설법은 4성제 교설이라고 생각하고 있었던 것은 3전법륜에 관한 기술에서 알 수 있다.[56] 당시 유가행파 사상가는 4성제나 12연기설을 이른바 불설의 원점과 같은 교설로 받아들이고 있었을 것이다. 거기에 다시 입각해 재해석함으로써, 대승불교의 등장이나 아비달마 교학의 발전에 의해 다양화한 불교사상을 조화적으로 이해하고자 했을 것이다. 그러한 과정의 흔적이 『해심밀경』 의타기상 정의에 『아함』으로부터 유래하는 12연기가 나타나는 형태로 남은 것은 아닐까.

대승 경전의 공성

3성설이 『반야경』 공성설의 영향을 받고 있는 것은 이전에도 자주 지적되었다. 실제로 『해심밀경』이 3무자성을 해설하기에 앞서 언급하고 있는 '모든 법이 무자성·무생·무멸·본래적정·자성열반이다' 하는 붓다의 교설은 『반야경』에 보인다.[57] 유가행파 문헌에서 이러한 『반야경』의 표현을 언급하는 최초의 예는 역시 〈보살지〉일 것이다. 〈보살지〉에는 '공성에 관한 경전'을 설한 여래의 의도를 이해하지 못하고 불설이 아니라고 배제하는 사람이나, 그 교설을 문자 그대로 신봉하고 잘못하여 지나친 해석에 빠져버린 사람들에 대해 언급하고 있다. 〈보살지〉는 이 교설의 숨은 의도를 '언어표현할 수 없는 본질'이라는 관점에서 해명하고, 융화적인 해석을 시도했다. 이러한 공성 해석 배경에 『중아함경』에 속하는 『소공경』의 영향이 보인다는 사실은 이미 지적되어 있다.[58] 『소공경』 공성설의 특징은 어떤 것(X)에 다른 것(Y)이 존재하지 않는 것을 '공'이라고 해석하는 점에 있다. 이 경우 Y는 당연히 존재하지 않지만 'Y에 대해 공인[곧 Y가 공한-역자] X'는 계속 존재한다. 『반야경』이 공이라는 상태에서 원래부터 '색'이 본질적으로 존재하지 않는 것을 보여주고자 한 것에 비해, 『소공경』에서 유래하는 공성 해석에서는 어떤 것이 존속할 수 있는 여지가 남아 있다. 이 구조는 3성설과 통한다. 실제로 『중변분별론』에서는 『소공경』의 한 구절을 인용하여 의타기성인 허망분별에 변계소집성인 인식 주체와 객체가 존재하지 않는 것이 공성이고, 그 상태에서도 허망분별은 남아 있다고 설하고 있다. 이와 같이 유가행파는 『반야경』 등 대승경전의 공사상에 촉발되면서도 독자의 관점에서 공성을 해석하고자 하였다. 이것이 3성설 성립의 밑바탕을 형성했을 가능성도 충분히 생각할 수 있다.

5사설

『해심밀경』은 5사설을 체계적으로 해설하지는 않는다. 그러나 『해심밀경』의 3성설에서 중심적인 역할을 수행하고 있는 '행의 상'이라는 개념이 분별의 대상이자 분별에서 발생한 것이라는 점에서 5사설의 상과 매우 유사한 특징을 갖고 있다. 또 '행의 상'은 원성실성과 통하는 개념인데, 그것은 진여라고 바꾸어 말할 수 있는 것이었다. 이와 같이 5사설의 중핵을 이루는 개념을 『해심밀경』에서도 3성을 규정하기 위해 사용하고 있는 것을 알 수 있다.

마찬가지 구조는 『반야경』 「미륵청문장」의 3성설에서도 볼 수 있다. 「미륵청문장」에서는 3성설을 설하기에 앞서 언어표현의 대상인 '행의 상'으로서 사물 vastu과 그것과 불가분 관계에 있는 언어표현할 수 없는 nirabhilāpya 계(界 dhātu)의 관계를 다음과 같이 설명하고 있다.

> 실로 미륵이여, 그 행의 상인 사물saṃskāranimittavastu은 결코 존재하는 일도 없고, 존재하지 않는 일도 없다. 왜 그런가. 미륵이여, 혹은 그 행의 상인 사물을 그대가 분별할 때는 그 행의 상인 사물이 분별을 바탕으로 파악되[기 때문이]다. 혹은 언어표현할 수 없는 계dhātu와 관련한 지혜의 활동에 몸을 둔 그대가 분별하지 않을 때는 무분별을 바탕으로 파악되기 때문이다. …… 그러나 그와 같은 경우 미륵이여, 그것에 대해 '이것은 색이다…….' 하는 우연적 명칭이 부여되는 행의 상인 사물은 분별일 뿐인 것vikalpamātra이다…….[59]

「미륵청문장」은 언어표현의 기체를 『해심밀경』과 마찬가지로 '행의 상인 사물'로 부르고 그것이 승의로서 언어표현할 수 없는 계와 다른 것도 아니고 같은 것도 아니라고 하고 있다. 그 내용은 〈보살지〉의 사물에 관한 교설이나 〈섭결택분〉의 5사설과 가깝다. 특히 행의 상으로서 사물은 5사설의 상에 해당하고, 언어표현할 수 없는 계는 진여에 해당한다는 것은 쉽게 이해할 수 있다. 이러한 술어는 그 직후 3성설의 설명에도 사용되고 있다. 「미륵청문장」의 3성설을 이해하기 위해 이것들이 전제가 되고 있다는 것을 알 수 있는 것이다. 이것은 『유가론』 〈섭결택분〉에서 〈보살지〉의 사물에 관한 교설이 먼저 5사설에 의해 분석되고, 그것에 이어서 3성설이 설해지고 있다는 구조와도 일치한다. 다시 말하면, 5사설 이해가 3성설 이해의 전제로 자리 잡고 있는 것이다.

1 袴谷(1982 : 53–54) 참조. 또 長尾雅人·梶山雄一·荒牧典俊(2005 : 440–442)에 관련 연구가 소개되어 있다.

2 長尾(1982 : I.26d) 및 長尾(1987 : III.18b) 참조.

3 兵藤(2000) 서론 참조.

4 자세히는 高崎(1989 : 해설, 특히 389–397) 참조.

5 관련된 상세한 선행 연구는 高橋(2005 : 3–5) 참조.

6 다섯 부분 각각의 자세한 내용은 袴谷(1982 : 58–62) 참조. 또 〈섭결택분〉은 *Viniścayasaṃgrahaṇī*, 〈섭사분〉은 *Vastusaṃgrahaṇī* 〈섭이문분〉은 *Paryāyasaṃgrahaṇī*라는 원제가 확인되어 있다. 〈본지분〉에 대해서는 *Maulī bhūmiḥ*가 원어로 보고되어 있다. 상세한 것은 高橋(2005 : 3–4) 참조.

7 勝呂(1989 : 267–268)은 다섯 부분 상호 간에 인용관계를 정밀히 조사하여 〈본지분〉 중에 〈섭결택분〉이 인용되어 있는 않은 사실에 근거해 '아마 〈섭결택분〉은 〈본지분〉이 성립한 후, 남은 문제를 보충하고 발전적으로 해명한 것이고, 이 점에서 〈본지분〉과 〈섭결택분〉은 형식뿐 아니라 내용적으로도 전후 관계에 있고, 양자 사이에는 사상의 발전 단계 차이를 인정할 수 있다'고 한다.

8 勝呂(1989 : 273–283) 참조.

9 여기서는 주요한 것만 든다. 상세한 것은 Silk(2001 : 151–158) 및 高橋(2005 : 5–6) 참조.
또 〈섭결택분〉에 대해서는 이하 부분 교정 텍스트가 있다.
Schmithausens, Lambert, *Der Nirvāṇa-Abschitt in der Viniścayasaṃgrahaṇī der Yogācārabhūmiḥ*, 1969, Wien.
Kramer, Jowita, *Kategorien der Wirklichkeit im frühen Yogācāra : der Fünf-vastu-Abschnitt in der Viniścayasaṃgrahaṇī der Yogācārabhūmi*, 2005, Wiesbaden. (〈보살지결택〉 중, 5사설에 관한 부분).

10 이른바 교정 텍스트는 아니지만, 산스크리트 원전과 여러 번역을 대조하고, 주석문헌도 붙인 일련의 연구로 이하가 중요하다. 『瑜伽論菩薩地』(チベット佛典研究叢書第一輯第一卷, 第二輯, 羽田野伯猷編, 1975~1976, 北辰), 『戒品』(チベット佛典研究叢書第二輯第一分册, 羽田野伯猷編, 1993, 法藏館), 『隋法·究竟·次第瑜伽處』(チベット佛典研究叢書第一輯第一卷, 第三輯, 磯田熙文·古坂紘一編, 1995, 法藏館), 『菩薩功德品』(チベット佛典研究叢書第二輯第九分册, 古坂紘一編著, 2007, 法藏館).

11 Schmithausen(1987 : 14) 및 勝呂(1989 : 303–304) 참조. 『유가론』의 내용은 다시 상세하게 분석할 수 있는 것이고, 이후 다시 연구가 필요한 분야라고 할 수 있다. Deleanu(2006) 참조.

12 小谷(1984) 참조.

13 예를 들면 제3장 제12송에 설해진 네 가지 진실은 〈보살지〉에서 설해진 것이다. 長尾雅人·梶山雄一·荒牧典俊(2005 : 291–293) 및 高橋(2005 : 151–156) 참조.

14 『현양론』의 개요 및 선행연구에 대해서는 早島(1997 : 23–52)에 자세하다. 또 그 이후의 연구에 대해서는 早島(2005 : 3–20) 등이 있다.

15 向井(1985 : 1–41) 참조.

16 長尾(1978 : 542–560) 참조. 그 외, 상세한 선행연구는 高橋(2005 : 166 n.27) 참조.

17 *Bodhisattvabhūmi* 荻原本 p.265,3~14 : 심원하고, 여래에 의해 설해진 공성과 관련한 경전에서 여래의 의도를 가진 의미를 이해하지 못하고, '제법은 무자성이다 [중략]' 하고 설하고 있는 모든 경전의 의미를 바르게 이해하지 못하고, '그것들은 여래에 의해 설해진 것이 아니다' 하고 방기해 버리는 사람들이 있다. 그와 같은 사람들조차 그 보살은 [법에] 따라 절묘한 방편에 의해, 그들 경전의 여래의 의도를 가진 의미에 바르게 순응시킨다. [중략] 곧 이들 제법은 전혀 존재하지 않는 것은 아니다. 그렇지만 언어표현을 본질로 하는 자성이 그들 [제법]에 있는 것은 아니다. 따라서 그들 제법은 무자성이라고 말하는 것이다 [하고 순응시킨다.]

18 高橋(2005 : 165) 〈보살지〉 일역 5.3.4.

19 高橋(2005 : 157) 〈보살지〉 일역 3.4.

20 Kritzer(2005).

21 *Yogācārabhūmi*, ed. by Bhattacharya, pp.118~160.

22 Ruegg(1962 : 137–140).

23 Bodhisattvabhūmi 荻原本 p.297,7ff.

24 高橋(2005 : 158) 〈보살지〉 일역 4.2, 4.6.

25 高橋(2005 : 160) 〈보살지〉 일역 4.7.

26 高橋(2005 : 161–162) 〈보살지〉 일역 4.10.

27 高橋(2005 : 18–33) 참조.

28 Conze & Iida(1968).

29 高橋(2005 : 34–41) 참조.

30 高橋(2005 : 38–41) 참조.

31 5사와 3성의 대응 관계에 관한 선행 연구는 高橋(2005 : 34, n.1 + 55, n.18) 참조.

32 『능가경』 : 바로 이(=5법 혹은 5사) 가운데, 3성, 8식, 2무아, 그리고 모든 불타의 교설이 포함된다 (eteṣv eva trayaḥ svabhāvā aṣṭau ca vijñānāni dve ca nairātmye sarvabuddhadharmāś cāntargataḥ/ 南條본 229,1–3). 『중변분별론』은 제3장 제13송에 언급된다. (長尾 等(2005 : 293–294) 참조.)

33 『해심밀경』의 3상의 정의는 高橋(2005 : 51) 참조.

34 高橋(2005 : 203) 〈섭결택분중보살지〉 抄譯 2.2.1–3 참조.

35 3상 상호관계에 대해서는 袴谷(1994 : 191–196), 승의무자성의 두 가지 해석에 대해서는 袴谷(1994 : 135–140) 참조.

36 兵藤(2010 : 318–319)에 해당 부분의 일역이 있다.

37 三枝(2004[1983]), 竹村(1995 : 65–91, 특히 78, 84) 및 兵藤(2010 : 316) 등 참조.

38 『대승장엄경론』 제11장 제38–41송. 長尾(2008 : 89–95) 참조.

39 『중변분별론』 제1장 제5송. 長尾 等(2005 : 237).

40 *Madhyāntavibhāga* 제3장 제16cd. 長尾 等(2005 : 298).

41 Gokhale(1947 : 29,1–6) : api khalu samāsataḥ skandhadhātvāyatanānāṃ prabhedas trividhaḥ parikalpitalakṣaṇaprabhedaḥ vikalpitalakṣaṇaprabhedaḥ dharmatālakṣaṇaprabhedaś ca// tatra parikalpitalakṣaṇaprabhedaḥ

katamaḥ/ skandhadhātvāyataneṣv ātmeti vā sattvo ... yat parikalpyate// vikalpitalakṣaṇaprabhedaḥ katamaḥ/ tāny eva skandhadhātvāyatanāni// dharmatālakṣaṇaprabhedaḥ katamaḥ/ teṣv eva skandhadhātvāyataneṣv ātmābhāvaḥ nairātmyāstitā//

[번역] 또 실로 온·계·처의 구별은 세 가지, (곧) 잘못 상정된 특징 parikalpitalakṣaṇa이라는 구별, 상정된 특징 vikalpitalakṣaṇa이라는 구별, 법성이라는 특징 dharmatālakṣaṇa이라는 구별이다. 이 중 잘못 상정된 특징이라는 구별이란 무엇인가. 온·계·처에 대해 '나' '중생'…라고 잘못 상정된 것이다. 상정된 특징으로서 구별이란 무엇인가. 바로 그 온·계·처다. 법성으로서 특징이라는 구별이란 무엇인가. 바로 그 온·계·처에서 '나'가 없는 것 … (곧) 무아가 존재하는 것이다.

42 Gokhale(1947 : 35.15–20) : yad uktaṃ vaipulye niḥsvabhāvāḥ sarvadharmā iti tatra ko 'bhisaṃdhiḥ/ ... / api khalu parikalpite svabhāve lakṣaṇaniḥsvabhāvatām upādāya paratantre utpattiniḥsvabhāvatām upādāya, parinișpanne paramārthaniḥsvabhāvatām upādāya/

[번역] 방광 vaipulya[경]에서 '모든 법은 무자성이다' 하고 설해진 것, 그것에는 어떤 의도가 있는가. … 또 실로 변계소집자성에서 상무자성인 것에 의해, 의타기[성]에서 생무자성인 것에 의해, 원성실[성]에서 승의무자성인 것에 의해.

이 인용부분은 『아비달마집론』 「결택분중법품」의 한 구절이고 이른바 12부경을 해설하고 있다. 12부경이란 ① 계경, ② 응송, ③ 기별, ④ 풍송, ⑤ 자설, ⑥ 연기, ⑦ 비유, ⑧ 본사, ⑨ 본생, ⑩ 방광, ⑪ 희법, ⑫ 논의를 가리킨다. 방광경은 열 번째에 해당하고 열한 번째 희법과 함께 보살장에 속한다고 간주된다(대정31, 686b25ff, 특히 686c1–2 참조 : 方廣, 希法, 此二菩薩藏中素怛纜藏攝). 이 부분은 산스크리트 원전이 결락되어 있다.

43 대정31, 557b10–14; 557b17–22.

44 대정31, 557b5–10 : 成空品中已成立衆生無我, 非法無我. 今爲成立法無我故說成無性. … 當知無性不離自性. 是故先說三自性義(「성공품」에서 중생의 무아는 논증했지만, 법무아를 논증한 것은 아니다. 이제 법무아를 논증하기 위해 「성무성[품]」을 설한다. … 무[자]성은 자성과 분리되지 않는다고 알아야 한다. 따라서 먼저 3자성의 의미를 설명한다.)

45 長尾(1982 : 275–284) 참조.

46 三枝(2004 : 186–187) 참조.

47 三枝(2004 : 287–294) 참조.

48 三枝(2004 : 296–312) 참조.

49 竹村(1995 : 49–63) 참조.

50 袴谷(1994 : 84–87) 참조.

51 袴谷(1994 : 135–140) 참조.

52 高橋(2005 : 161–162) 〈보살지〉 일역 2.2.3–4.

53 AKBh. chap. 3. v. 18a : nātmāsti skandhamātraṃ tu//

다만 이 인무아 이해는 반드시 아비달마에 특유한 것이 아니고 대승불교에 이르기까지 널리 보인다. 때문에 그 의미에서는 〈보살지〉에 이와 같은 이해가 등장하는 것은 특별한 것은 아닐지도 모른다(櫻部 1981 : 464–465).

54 高橋(2005) 〈보살지〉 일역 5.3.3.

55 平川(1974 : 40) 참조.

56 袴谷(1994 : 206ff.) 참조.

57 『대반야』(대정6, 1038b; 대정7, 414ab + 751a).

58 高橋(2005) 〈보살지〉 일역 5.4.2.

59 Conze & Iida(1968 : 237, 9–18).

참고문헌

나가오 가진(長尾雅人)

1978 『中觀と唯識』, 岩波書店.

1982 『攝大乘論 和譯と注解』 上, 講談社.

2008 『大乘莊嚴經論 和譯と注解 (2)』

나가오 가진(長尾雅人) · 가지야마 유이치(梶山雄一) · 아라마키 노리토시(荒牧典俊)

2005 『大乘佛典 15 世親論集』, 中公文庫.

다카사키 지키도(高崎直道)

1989 『寶性論』, 講談社.

다카하시 고이치(高橋晃一)

2005 『『菩薩地』「眞實義品」から「攝決擇分中菩薩地」への思想展開』, 山喜房佛書林.

다케무라 마키오(竹村牧男)

1995 『唯識三性說の研究』, 春秋社.

무카이 아키라(向井 亮)

1985 「『瑜伽師地論』攝事分と『雜阿含經』」, 『北海道大學文學部紀要』 33-2.

사이구사 미츠요시(三枝充悳)

2004(1983) 人類の知的遺産 シリーズ14), 講談社學術文庫.

스구로 신조(勝呂信靜)

1989 『初期唯識思想の研究』, 春秋社.

오다니 노부치요(小谷信千代)

1984 『大乘莊嚴經論の研究』, 文榮堂書店.

하야시마 오사무(早島 理)

1997 「『顯揚聖敎論』 研究序」 『長崎大學敎育學部社會科學論叢』 54.

2005 「「聖敎」の傳承について」, 『マンダラの諸相と文化 賴富本宏博士還曆記念論文集 下(胎藏界の卷)』, 法藏館.

하카마야 노리아키(袴谷憲昭)

1982 「瑜伽行派の文獻」,『講座·大乘佛教 8 唯識思想』, 春秋社.

1994 『唯識の解釋學『解深密經』を讀む』, 春秋社.

효도 가즈오(兵藤一夫)

2000 『般若經釋 現觀莊嚴論の研究』, 文榮堂.

2010 『初期唯識思想の研究 ―― 唯識無境と三性說』, 文榮堂.

히라카와 아키라(平川 彰)

1974[2011] 『インド佛教史』上, 春秋社.

Conze, Edward & Iida, Shotaro

1968 "Maitreya's Questions" in the *Prajñāpāramitā*, *Mélanges d'Indianisme* a la mémoire de Louis Renou, Paris.

Deleanu, Florin

2006 The Chapter on the Mundane Path (*Laukikamārga*) in the *Śrāvakabhūmi*, *Studia Philologica Buddhica Monograph Series* XX, Tokyo.

Gokhale, V.V.

1947 "Fragment from the *Abhidharmasamuccaya* of Asaṅga", *Journal of the Bombay Branch of the Royal Asiatic Society (New Series)* Vol. 23, pp. 13~38 esp.

Kritzer, Robert

2005 Vasubandhu and the *Yogācārabhūm i*: Yogācāra Elements in the *Abhidharmakośabhāṣya*, *Studia Philologica Buddhica Monogragh Series* XVIII, Tokyo.

Ruegg, D. Seyfort

1962 "Note on Vārṣagaṇya and the Yogācārabhūmi", *Indo-Iranian Journal* 4, pp. 137~140.

Schmithausen, Lambert

1987 *Ālayavijñāna*, on the Origin and the Early Development of a Central Concept of Yogācāra Philosophy, 2Vols, *Studia Philologica Buddhica Monograph Series* IV, Tokyo.

Silk, Jonathan

2001 "The Yogācāra Bhikṣu", *Wisdom, Compassion, and the Search for Understanding: The Buddhist Studies Legacy of Gadjin M. Nagao*, University of Hawai'i, Honolulu, pp. 151~158.

※『유가사지론』 교정 텍스트에 대해서는 본문 75~77쪽 일람표를 참조할 것.

제4장

중기 유가행파 사상

호리우치 도시오

1.
시작하며

이 장에서는 유식사상의 대성자라고 간주되는 무착(無着/無著 Asaṅga)과 세친(世親 Vasubandhu) 사상을 다룬다. 무착에 관해서는 주저인 『섭대승론』을 중심으로 그의 유식사상을 소개한다. 세친에 관해서는 먼저 『구사론』 작자 세친이 직접 지은 것이 확실하다고 인정되는 논서의 개요를 소개한다. 다음으로 그의 유식사상 특히 '[식]전변'설과 법무아설을, 그들 개념이 세친 사상에서 발전·전개하는 양상과정에 착목하면서 소개한다. 그 과정에서 세친과 경량부에 관한 최근 연구 성과를 소개하고, 세친 사상에서 그 의의도 검토한다.

2.
무착 저작

1) 무착과 세친

전설에 따르면 무착이 형이고 세친은 동생이라고 간주된다. 기원후 4~5세기 무렵 북인도에서 출생했다. 둘 다 부파불교 교단에 출가했다. 무착이 먼저 대승으로 전향했다. 세친은 처음에는 대승을 비방했지만, 형인 무착의 권유로 대승으로 전향했다고 한다.[1]

2) 무착 저작

무착의 저작으로는 『섭대승론』, 『아비달마집론』, 『현양성교론』, 『육문교수습정론』, 『해심밀경소』, 『금강반야론』, 『순중론』 등이 전한다(한역으로는 주로 대정 31권에 수록). 또 무착은 『유가론』 편찬에도 관여했다고도 간주된다.

『아비달마집론(아비달마의 집적)』은 삼장 곧 경·율·논장 중 논장 내용인 '아비달마(阿毘達磨 abhidharma 법(다르마)에 대한 연구, 모든 존재의 분석 판별)'를 유가행파 입장에서 해설한 저작. 알라야식이나 3성설이 언급되지만, 대승 특유의 교리는 별로 전개되어 있지 않다. 『현양성교론』은 『유가론』에 대한 간결한 강요서고, 한역으로만 남아 있다. 무착의 경우 후술하는 세친과는 사정이 달라 저작 사이의 관련이 보이지 않는다. 무착 저서는 이것뿐이다. 불교사상에서 가장 중요한 그의 저작은 『섭대승론 *Mahāyānasaṃgraha*[2]』(대승의 강요)이다.[3]

『섭대승론』의 골격은 『아비달마대승경』이라는 현존하지 않는 경전에 기초한다. 또 유식·유심설의 경증(교증, 경전상의 근거)으로 『해심밀경』이나 『십지경』을 인용한다. 나아가 미륵 Maitreya의 『중변분별론송』(2회), 같은 미륵의 『대승장엄경론송』(약 20곳, 약 50송) 등이 인용되어 있다. 그들 경론을 언급하면서 무착이 독자의 관점에서 유식사상을 정리한 것이 『섭대승론』이다.

3.
무착 사상 - 『섭대승론』을 중심으로

1) 『섭대승론』의 대강

먼저 『섭대승론』(이하 『섭론』)의 구성을 살펴본다. 『섭론』은 대승이 성문승에는 보이지 않는 '열 가지 도리'를 설하기 때문에 '불설'이라고 한다. 그 내용은 ① 알라야식, ② 3성(의타기성·변계소집성·원성실성), ③ 유식, ④ 6바라밀(여섯 가지 완성), ⑤ 보살 10지(열 가지 수행 단계), ⑥ 증상계(增上戒 탁월한 지계), ⑦ 증상정(增上定 탁월한 선정), ⑧ 증상혜(增上慧 탁월한 지혜=無分別智, 분별적 사고와 분리된 지), ⑨ 부주열반(不住涅槃 열반에 머물지 않는 열반), ⑩ 붓다의 3신(자성신·수용신·변화신)이다.

『섭론』은 이 열 항목을 상세하게 논하는 10장으로 이루어져 있다. 첫 두 장은 유식의 이론면을 논하고 이하 여러 장은 실천면을 논한다. 특히 제3장은 3성의 이해로서 유식을 설하고, 유식의 이론과 실천을 함께 논한다.

이하 이 논서의 주요 교리인 연기, 알라야식설, 문훈습 聞熏習, 3성, 허망분별 虛妄分別, 입무상방편 入無相方便, 2분의타를 주로 『섭론』 제1장～제3장 기술에 기초하여 소개하면서 무착 사상을 살펴보고자 한다.

2) 연기

『섭대승론』의 특색은 첫째 '연기 pratītyasamutpāda'를 중심으로 유식을 체계화했다는 점이다. 그리고 둘째 『섭론』이 말하는 연기란 유식설에 기반을 둔 식 vijñāna의 상호인과 혹은 전통적으로 말하는 '동시상호인과'라는 점이다.

첫째에 대해서는 『섭론』이 앞서 서술한 '열 가지 도리'가 그 순서대로 설해졌다는 것을 설명하는 가운데, ①~③의 도리 곧 알라야식과 3성과 유식에 대한 다음 서술로부터 알 수 있다.

> ① 보살은 먼저 최초로 모든 존재諸法의 원인[과 결과]에 대해 숙달하고, 그것에 의해 연기에 관한 숙련지를 획득해야 한다. ② 그것에 이어 없는 것을 있다고 오인增益하거나 있는 것을 없다고 오인損減하는 [양] 극단의 오류를 없애는 것에 숙달하고, 그것에 의해 연기적으로 생기하고 있는 모든 존재의 [진실의] 상에 관한 숙련지를 획득해야 한다. ③ 이상과 같이 수행한 보살은 충분히 잘 파악한 그 [진실의] 상에 다시 통달해야 한다(서품 5).

둘째에 대해서 『섭론』은 다음과 같이 말한다.

> 연기를 설한 것은 "모든 존재는 언어에 의한 훈습으로부터 생기하고, 또 후자는 마찬가지로 전자로부터 생기한다" 하고 설해져 있는 것이다. 곧 이숙식과 모든 전식 양자는 상호 간에 조건이 되어 일어나기 때문이다(2.32B).

외계 대상물의 실재를 인정하지 않는 유식설 입장에서 말하면, 연기란 잠재식인 알라야식(=이숙식, 전생 업의 결과인 식)과 표층식인 모든 전식(=안·이·비·설·신·의 6식과 말나식=현행)의 상호 인과관계에 다름 아니다. 이 두 가지 식의 관계는 다시 '동시 존재고, 상호 간에 한쪽이 다른 쪽의 원인이 된다(1.17)'고도 한다. 곧 '알라야식으로부터 모든 전식이 발생할 뿐 아니라, 역으로 모든 전식이 원인이 되어서 알라야식 안에 종자를 훈습한다'[4]는 것이다. 이것을 '종자생현행 種子生現行 현행훈종자 現行熏種子'라 한다.

여기서 훈습과 알라야식의 관계를 서술하면, 먼저 '훈습(熏習 vāsanā)'이란 향이 옷에 향기를 남기는 것처럼 업(행위)이 자신의 세력을 남겨두는 것이다. 훈습은 '습기 習氣'(잠재력)라고도 번역한다. 종자와 동의어다. 나중에 결과를 산출하는 가능력, 관습력이라고 해도 좋다. 스스로 행한 선악 행위는 그때뿐 아니라, [운명을 조종하는 신 등이 없이도] 나중에 반드시 자신에게 영향을 미친다는 것이 불교의 기본원리다. 그 구조를 유식설에서는 훈습으로 설명한다. (다른 설명원리로서는 나중에 세친에 대해서 서술하는 가운데 다루는, 유부가 채택하는 '3세실유'설도 있다.) 다른 한편 알라야식은 '모든 종자를 가진 이숙식을 본질로 한다. 3계에 속하는 모든 신체와 모든 생존영역 趣이 그 안에 포섭되어 있다(1.21)' 하고 규정되어 있다. 종자를 저장하는 장소라고 생각해도 좋다.

이 훈습이 성립하기 위해서는 불교에서 전통적으로 인정해 왔던 6식 轉識 외에 알라야식의 존재를 인정해야 한다. 6식은 순간적인 것이므로 나중에 결과를 낳는 가능력·잠재력인 종자를 유지할 수 없기 때문이다. 따라서 종자를 보존하는 장소 – 종자와 알라야시은 불일불이(같지도 않고 다르지도 않다)라고도 한다 – 로서 알라야식의 존재를 인정해야 한다고 『섭론』은 설한다.

불교의 목적은 전미개오(轉迷開悟 미망을 돌려 깨달음을 엶)고, 그 메커니즘은 연기 혹은 더 정확하게는 훈습에 의해 설명된다. 곧 연기의 미망 측면이 알라야식 연기고, 깨달음 측면이 '문훈습 聞熏習'이다. 모든 존재(현상세계)는 언어에 의한 잘못된 훈습에 의해 형성되어 있지만, 그것이 '법계등류의 문훈습'(법계에서 흘러나온 가르침을 듣는 것에 의한 훈습)에 의해 깨달음을 이룬다는 것이 『섭대승론』이 설하는 연기의 기본구조다. 미망 측면은 앞서 서술한 알라야식과 모든 전식의 상호 인과다. 이하에서는 문훈습(듣는 것의 훈습)에 대한 설명을 살펴본다.

문훈습은 출세간(세간을 넘어선 청정한 깨달음)의 마음이 어떻게 발생하는가 하는 문맥에서 언급된다. 알라야식은 앞서 서술한 대로 '모든 종자를 가진 식'이지만, 그것은 번뇌에 의한 오염의 원인이다. 우리들은 무한한 과거로부터 청정심이나 출세간의 정견을 일으킨 적이 없다. 때문에 알라야식 안에 청정심의 훈습이나 종자는 없다. 그렇다면 어떻게 정견인 출세간의 마음이 발생할 수 있는가. '매우 청정한 법계(법의 근원)로부터 흘러나온, 듣는 것에 의한 훈습을 종자로 발생한다.' 곧 대승의 가르침을 바로 듣는 것에 의해 발생한다. 문훈습의 종자는 오염의 원인인 알라야식을 대치(치료)하는 종자다. 따라서 알라야식 그 자체가 아니라 알라야식 안에 공존寄在하는 방식으로 발생한다.[5] 문훈습은 점차 증대한다. 그에 따라 알라야식은 점차 감소한다. 이윽고 '전의'(근거(자기존재)의 전환, 일종의 깨달음)에 이른다(이상 1.44–48의 개략).

나아가 『섭론』 제3장 첫 부분에도 '알아야 할 것의 특징의 이해'란 '많이 들음으로써 훈습된 근거 – 다만 알라야식에 포함되는 것은 아니다 – 가 알라야식[이 오염의 종자인 것]과 마찬가지로 [깨달음의] 종자가 되는 것이다(3.1)' 하고 서술한다. 대승불교(유식)의 가르침을 많이 듣는 것에 의해 자기존재가 훈습되고, 그것이 깨달음의 종자가 된다는 것이다.

이와 같이 문훈습은 깨달음의 종자다. 그것은 '의언'(意言 manojalpa 마음속 말) 종자라고도 한다. 거꾸로 말하면, 의언은 문훈습을 원인으로 발생한다(3.7A). 이 의언이란 '여리작의(如理作意 이치에 따르는 사색, 근원적 사유)에 속하고, 가르침이나 의미로 드러나고 발생하는 존재 방식을 가지고, 파악되어야 할 사물과 유사한, 보는 것을 동반한 모든 의언(3.1)'이라고 한다. 그것은 분별, 판단, 의식의 분별과 동의어다(長尾 1987: 5, 8).

그리고 이 의언[6]은 유식의 이해, 무분별지 획득의 중요한 계기가 된다. 불교 수행의 기본 구조는 '문·사·수' 곧 가르침을 듣고, 생각하고, 반복해서 명상을 수습하는 것이다. 『섭론』도 그것을 답습하고 있다. 그중 『섭론』이 말하는 다문이나 문훈습은 '문'에, 의언은 '사에 해당한다. 그리고 그 문훈습·의언을 동반한 여리작의는 '무분별지(nirvikalpajñāna 분별적 사고와 분리된 지, 깨달음의 지혜)의 근원'이라고까지 말한다(8.4). 이것을 도식화하면 이하와 같다.[7]

문훈습 → 의언 = 여리작의 = 무분별지의 근원

앞서 본 것처럼 현상적인 모든 식은 언어에 의한 훈습에서 발생한다. 문훈습 경우도 문훈습에 의해 식(의언)이 드러난다. 이상이 『섭론』이 설하는 미망과 깨달음 메커니즘의 기본 구조다(나아가 이 장 제4절 참조).

3) 3성설, 특히 허망분별에 대해

『섭대승론』에서 유식은 3성에 의해 기초 지어진다고 설한다. 따라서 이제 3성설을 다룬다. 앞서 지적한 대로 『섭론』은 연기를 그 교리의 골격에 놓고 있기 때문에 3성(svabhāva 자성) 또는 3상(lakṣaṇa 특징)설도 의타기성을 기축으로 전개된다.[8]

『섭론』은 '알아야 할 것의 상'이 요약하면 세 가지라는 것, 다시 말해 3상(=3성)을 서술한다. 곧 의타기상(다른 것에 의존하는 상), 변계소집상(망상된 상), 원성실상(완전히 성취된 상) 세 가지다. 그 3성(3상)은 그 존재 방식이 상호 간에 같지도 않고 다르지도 않다. 곧 의타기성이 어떤 관점에서는 의타기성이고 어떤 관점에서는 변계소집성이고 다시 어떤 관점에서는 원성실성이기도 하다.

그것은 어떤 '관점'인가. 의타기성은 훈습의 종자라는 다른 것으로부터 발생한다는 점에서 다른 것에 의존하고 있다. 그리고 같은 것이 분별구상의 원인이고 또 그 분별구상에 의해 망상된 것이 되기도 하므로 '변계소집성'도 된다. 나아가 의타기성이 어떤 의미에서도 그 분별구상된 것과 같이는 존재하지 않는다는 관점에서 같은 의타기성이 원성실성도 된다(이상 2.17). 요컨대 3성이란 의타기성을 다른 관점에서 본 것일 뿐이다.

의타기상이란 허망분별 (*abhūtaparikalpa 잘못된 구상분별), 표상 *vijñapti이다.

> 의타기상이란 무엇인가. 알라야식을 종자로 하고 허망분별에 포함되는 모든 표상[이 가진 상]이다(2.2).

이 정의 등에 의해 『섭대승론』은 3성과 유식을 처음으로 결합시킨 저작이라는 평가도 받는다. 여기서는 먼저 허망분별의 성격을 봐 두고자 한다. 『섭론』은 허망분별로 열한 가지 표상을 열거하고(다음 인용문에서 '모든 표상'은 이것을 가리킨다) 모든 존재를 그 표상에 포섭시킨다. 그중 '의식'만을 '분별구상하는 것'이라고 정의한다.

분별구상하는 것能遍計이 있고, 분별구상되는 것所遍計이 있을 때, 거기에 변계소집성이 있다.
의식이 분별구상하는 것이다. 분별[작용]을 갖추고 있기 때문이다. 그것은 의식 자신의 언어에 의한 훈습名言熏習의 종자로부터 발생한 것이고, 또 모든 표상의 언어에 의한 훈습의 종자로부터 발생한 것이다.

그리고 그 의식이 분별하는 대상은 바로 의타기성이다.

의타기성이 분별구상되는 것이다(이상 2.16).

허망분별은 인식대상(분별구상 되는 것)의 모습을 취하면서도, 인식대상을 보는 것이기도 하다는 복잡한 성격을 가진다. 그것은 이하 기술로도 알 수 있을 것이다.

현상적 식을 특징으로 하고 있는 [연기한] 모든 존재는 상이 나타나는 것과 보는 것이라는 두 가지를 가진 표상을 본성으로 한다(2.32C).[9]

허망분별은 주관과 객관의 측면을 함께 가진다고 할 수 있다.
요컨대 의타기성·허망분별이란 언어에 의한 훈습의 종자로부터 발생한 식이고, 보는 것·보이는 상으로서 나타나는 표상이다. 그 두 계기를 가진 허망분별로부터 의식이 다시 분별 작용을 한다. 곧 허망분별 중의 의식이 다시 거기에서 분별하는 것이다.
그 의식이 다른 의타기성을 분별할 때, 분별된 결과로서 나타난 외계의 대상물이 변계소집성이다.

의타기성이 어떤 형상으로 분별구상될 때, 그것 (어떤 형상)이 여기서 변계소집성이다(2.16).

만약 그것(의타기성)을 근거로 하여 존재하지 않는 대상물 *artha이 나타나고 있는 것이 변계소집성이라면(2.15B), …

의식으로 분별구상된 결과 나타나는 것은 실제로는 존재하지 않는 외계 대상물 세계다. 산스크리트어 'artha'는 다의어로서 '의미' '목적'도 나타낸다. 여기서는 외계의 대상물을 의미한다.

이상을 정리하면 허망분별·의타기성·표상 안에 분별구상하는 것과 분별구상되는 것이 있다. 그리고 의식이 허망분별을 분별한 결과 외계 대상물 세계가 나타난다.

4) 유식의 이해

그리고 그 대상물은 존재하지 않는다(=유식 *vijñaptimātra 다만 표상뿐).

유식을 이해하고자 이상과 같이 수행에 전념하고 있는 그 보살은 문자나 의미로 나타나는 그 의언에서 ① 문자에 의한 이름도 다만 의언일 뿐이라고 관찰한다. 그리고 ② 문자(이름) 위에 세워진 대상물도 다만 의언일 뿐이라고 관찰한다. 그리고 그 이름도 ③ 자성이나 ④ 속성으로 설정되어 있을 뿐이라고 관찰한다4尋思.

다음으로 그것을 다만 의언일 뿐이라고 보고, 이름과 대상과 자성과 속성을 구비하고 있다고 오인되는 대상의 상도 보지 않을4如實智 때, 그(보살)는 이 4심사와 4여실지로써 문자나 의미로 드러나는 그 의언에서 유식을 이해한다(3.7B).

우리는 사물에는 이름이 있고, 이름 지어진 사물(대상물)이 있다고 생각하고, 거기에 자성(본질)이나 속성이 있다고 생각한다. 그 네 가지를 의언(의식의 분별)일 뿐이고 임시로 개념 설정되어 있는 것에 지나지 않는다고 관찰하는 것이다. 앞서 서술한 '의언'이 유식 이해의 계기가 되어 있는 것에 주의해야 한다.

나아가 『섭론』은 의식의 분별작용이 완전히 멈춘 상태에서 무분별지가 발생하는 것을 설한다.[10] 『중변분별론[세친석]』(1.6)에서도 설해진 저명한 '입무상방편상(asallakṣaṇānupraveśopalakṣaṇa 무상을 이해하는 방법·수단의 상)이 그것이다.

이것은 일종의 단계론이다. 먼저 외계 대상은 의언일 뿐이고 비존재라는 것을 이해하고, 식뿐이라고(유식) 이해한다. 다음으로 대상이 없기 때문에 식도 없고, 그 '유식'이라는 상념도 타파하여 무분별지를 획득한다. 특히 후자 단계에 대해서는 '대상물의 상을 타파한 그 보살에게는 문법 聞法에 의한 훈습이라는 원인으로부터 발생한 의언이 실재하는 것처럼 외계의 대상물로 나타나는 일이 발생할 여지가 전혀 없다. 때문에 유식이라는 현현도 일어나지 않는다'(3.9)고 말한다(『섭론』이 설하는 유식관을 중심으로 한 수도론은 3.13에 설해진다).

그리고 분별이 없어진 단계 다음의 한 찰나(순간), 무분별지가 일어나는 때가 범부가 성자가 되는 단계다. 그 단계를 견도·초지·전의라고도 한다. 이 체험을 '법계에 접촉한다(3.18)'고도 표현한다.

> 이상과 같이 보살은 [초]지 *bhūmi에 들어가 견도를 얻고 유식성 *vijñaptimātratā을 이해한다(3.14).

앞에서는 '유식이라는 현현도 일어나지 않는다'고 되어 있어 유식이라는 것이 부정된 것처럼 보인다. 하지만 여기서 진리로서 유식=유식성은 부정되지 않는 점에 주의할 필요가 있다. 입무상방편상이 말하고자 하는 점은 '대상이 없기 때문에 유식이다' 하고 머리로 이해하는 것은 유식을 대상화하기 때문에 진정한 유식 이해가 아니라는 사실이다.

지금까지 설명에서는 의식의 분별이 멈춘 것뿐이고, 다른 의타기성(이 장 제3절 참조)이 어떻게 되는가 하는 것이 명확하게는 설해져 있지 않다. 무분별지로 의타기성을 인식했을 때 의타기성은 원성실성이 된다, 여기에 '2분의타'설이 등장한다.

이에 대해 '금토장 金土藏'이라는 비유가 있다. 금의 원석은 외견상으로는 흙덩이지만 정련하면 금괴가 되는 것을 비유한 것으로서, 3성을 설하는 것(2.29B)이다. 『섭론』은 무분별지를 불에 비유하고 그 불로써 표상 곧 의타기성을 태우면, 곧 인식하면, 거기에 원성실성이 나타난다는 것을 설한다. '2분의타'란 의타기성이 잡염(오염)분과 청정분이라는 2분을 갖고 있다는 것이다. 하지만 동시에 그 두 가지 측면을 갖고 있다고 하는 것은 아니다. 무분별지를 획득하기 전에는 의타기성이 잡염분(변계소집성)으로만 나타나고 있지만, 무분별지를 획득한 후에는 의타기성이 청정분(원성실성)으로만 나타나기 때문이다.

나아가 대승·보살도의 일대 특징인 '부주열반(열반에 머물지 않는 열반)'도 이 2분의타설에 의해 근거 지워진다. 『섭론』 제9장은 보살들에게 '단멸(수행의 결과, 번뇌의 단멸)'이란 부주열반 곧 잡염을 단멸하는 것과 더불어 윤회를 버리지 않는 것이라고 한다. 그리고 윤회란 잡염분에 속하는 의타기성이고, 열반이란 같은 의타기성이 청정분에 속하는 것이라고 한다. 또 부주열반을 전의라고도 한다. 전의의 ''전'이란 의타기성이 그 자체에 대한 대치가 일어났을 때, 잡염분임을 정지하고 청정분으로 바뀌는 것이다'(9.1) 하고 설한다.

이상 무착 사상으로 『섭대승론』의 중요 교리를 요약문을 인용하면서 제시했다.

4.
세친 저작

1) 세친 저작 목록

세친에게 귀속되는 저작은 매우 많다. 다만 그들 저작의 저자 문제가 아직 남아 있다. 여기에 관해서 역시 다루지 않으면 안 되는 것이 프라우발너 E. Frauwallner가 제기한 이른바 '세친 2인설'이다. 무착의 동생으로 『중변분별론』 등에 주석을 단 유식 학승 세친(고세친)이 『구사론』 작자인 세친(신세친)과는 별개 인물이라는 이 충격적 설(1951년 발표)은 '오늘날 특히 일본에서는 지지되지 않는다'는 상투적 수식어 뒤에 소개되는 경우가 많다. 그러나 어디까지나 결과적이기는 하지만, '세친작'이라고 간주되는 논서를 액면 그대로 받아들이고 그 유사성에만 착목하여 세친을 연구하는 것의 불확실함에 주의를 환기시킨 점, 무엇보다도 세친 사상의 본질이나 일관성은 무엇인가 하는 문제를 제기한 것이 되었다는 점에서 프라우발너 논문은 따끔한 교훈으로 명기되어야 할 것이다.[11]

또 세친 저작의 순서라는 문제에 획기적으로 공헌한 것이 처음으로 『연기경석론』을 세친의 저작 중에 정확히 위치지어 본격적인 연구를 야기한 마츠다 가즈노부 松田和信의 여러 업적이다.[12] 그에 따르면 세친 저작 목록은 인용 관계 등에 기초하여 다음과 같은 순서로 확정할 수 있을 것이다.

『구사론』 – 『석궤론』 – 『성업론』 – 『연기경석론』 – 『이십론』 – 『삼십송』

이하에서는 위 저작의 특색을 간략히 서술해 둔다.

2) 저작 개요

세친의 첫 저작은 인도철학 일파인 상캬(수론) 학파 사상을 비판한 『칠십진실론』이었던 것 같다. 이 저작은 유감스럽게도 현존하지 않는다. 그 내용은 알려져 있지 않지만, 후술하는 '전변'설 비판이 포함되어 있었을 가능성은 있다.

다음 작품으로 지목된 『구사론』은 계界·근根·세世·업業·수면隨眠·현성賢聖·지智·정定·파아破我라는 9품(장)으로 이루어진다. 세친은 유부(說一切有部 Sarvāstivāda)로 출가하여, 그 학설 강요서인 이 『구사론』을 '이장위종理長爲宗' 입장에 기초하여 저술하였다. 하지만 자주 경량부설에 가담하여 여러 가지로 [유부설을] 비판하였고,[13] 그 후 대승·유식으로 전향했다고 간주되어 왔다.

『석궤론』(경전해석 방법)은 경전을 해석하는 자를 위해 경전 해석이나 설법 방법을 서술한 것으로서, 5장으로 이루어져 있다.[14] 거기서는 ① 목적, ② 요의, ③ 구의, ④ 관련, ⑤ 논란과 대답이라는 다섯 항목으로 경전을 해석해야 한다고 서술하고 있다. 『석궤론』 자체도 그 순서로 구성되어 있다. '논란과 대답' 설명 중 제4장에서 대승불설론이 상세하게 논의된다. 거기서는 성문승과 대승의 차이가 명료히 의식되어 있고, 세친은 대승설로 '법무아'설과 불신론(다만 자성신과 변화신 2신뿐)을 상세히 전개하고 있다. 그 의미에서 세친은 적어도 『석궤론』 집필 당시에는 확실히 대승인이었다고 할 수 있다. 또 『해심밀경』으로부터 '3무자성'설을 설하는 문장과 모든 법이 '이언離言'이라고 설하는 문장을 인용한다. 나아가 '외계 대상물은 없고, 다만 마음뿐이다' 등을 설하는 게송을 '요의설'(언어 그대로의 의미인 가르침)로 인용하고 있지만, 세친 자신은 유식설을 전개하지 않고, 알라야식에 대한 언급도 없다. 약 열다섯에 이르는 대승 경전을 인용하고 있다.

『성업론』(업의 성립·논증)은 제목에서 엿볼 수 있는 것처럼, 신·어·의 3업(몸, 말, 마음의 행위)의 특징을 논한 논서다. 거기서는 불교 내 다른 학파(유부, 정량부 등) 업설을 상세히 비판한다. 『연기경석론』은 『연기경』에 설해진 무명·행·식·명색·6처·촉·수·애·취·유·생·노사라는 12연기를 상세히 해석한 논서다. 『유가론』을 인용하고, '유가사지론자(*yaugācārabhūmika 『유가론』과 관련한 자)'라는 말도 보인다.[15] 『성업론』 첫 부분에는 불교 중심교리인 '연기'를 다른 학파와 차이를 부각시키면서 설명하고 있다.

『성업론』과 『연기경석론』은 이숙식(알라야식, 아다나식) 존재의 경증으로 『해심밀경』을 인용하고 있지만, 유식설·외계부정 논의는 보이지 않는다.

세친이 유식을 논한 것으로 만년작으로 간주되는 이하 두 논서가 있다. 『이십론』은 22송과 산문 자주 自註로 이루어지고, 외계 대상물 artha 부정에 무게를 둔다.[16] 『삼십송』은 게송만 남아 있는 작품이다. '식전변'(vijñānapariṇāma 식의 변화)이라는 술어 아래 유식설, 알라야식설과 3성설을 체계화한 저작이다.

이 외에 미륵의 『대승장엄경론』, 『중변분별론』에 대한 주석, 무착의 『섭대승론』에 대한 주석, 나아가 『오온론』, 『삼성론』, 『대승백법명문론』 등도 세친에게 귀속되어 있지만, 저자 문제가 남아 있다.[17]

이하 세친 유식설을 개관하는 중에 특히 키워드로서 '전변'설을 들어 『구사론』 이래 그 술어의 사상적 발전을 추적하고자 한다. 또 『석궤론』부터 『이십론』, 『삼십송』에 공통된 술어인 '법무아'로, 세친사상의 일관성과 발전을 보고자 한다.

5.
세친 유식사상

1) 유식의 논증

『이십론』과 『섭대승론』

세친이 외계실재설을 비판하고 유식을 논증한 첫 저작은 『이십론』이다. 이 장의 주제와 관련하여 무착의 『섭대승론』에서 세친에 이르는 관계에 착목할 경우, 『이십론』의 배경 하나로 『섭대승론』이 지적되어 있다는 사실을 상기할 수 있다.[18] 이하 『이십론』의 첫 부분 특히 꿈 비유가 나타나는 곳을 소개해 둔다.

『이십론』은 처음에 대승에서는 3계에 속한 것은 '유식 唯識'(표상뿐 vijñaptimātra)이라고 정립되어 있다고 서술하고, '3계 유심 唯心'을 설하는 경전을 경증으로 인용한다. 나아가 심 citta · 의 manas · 식 vijñāna · 표상 vijñapti이 동의어이기 때문에 같은 경전에서 말하는 '유심'이란 '유식'을 의미한다고 한다. 또 유심(다만 마음뿐)이라고 해도 심소(caitta 심작용)까지 부정하는 것은 아니다. '유 唯'라는 것은 어디까지나 외계 대상물 artha의 존재를 부정하기 때문이라고 서술한다.

이에 대해 반론자(외계실재론자)로부터 이른바 '4사 事의 비판'이 제기된다. 이것은 '만약 표상이 대상물을 가지지 않는다면', 곧 만약 색(모양과 색깔) 등의 대상물이 없이 색 등의 표상이 발생하는 것이지 색 등의 대상물로부터 표상이 발생하는 것이 아니라면, ① 어떤 특정한 장소에서, ② 어떤 특정한 시간에, ③ 한 사람에게가 아니라 많은 사람에게 표상(인식)이 발생하는 일은 없을 것이고, ④ 작용이 이루어지는 일도 없을 것이다.

『이십론』(제4송ab)은 장소와 시간의 한정은 꿈에서와 같이 성립하고 있다는 꿈의 비유를 제출한다. 꿈에서와 같이 깨어 있을 때도 대상물 없이 인식이 성립한다는 비유다.

> 꿈에서는 대상물이 없어도 어떤 특정한 장소에 어떤 마을·정원·남·여 등이 보이지 모든 곳에서 보이는 것은 아니다. 그리고 그 장소에서도 어떤 특정한 때에 보이지 언제나 보이는 것은 아니다.

꿈 비유는 『섭대승론』에도 나타난다. 이것이 『이십론』의 배경이 되었다고 간주된다.

> '이 표상들은 대상물을 가지지 않기 때문에 유식이다' 하는 이 사실에 어떤 비유가 있는가. 꿈 등의 비유가 있다고 보아야 할 것이다(『섭대승론』 2.6).

표상이 대상물을 가지지 않는다는 표현은 『이십론』에도 보이고 꿈 비유와 함께 확실히 『섭대승론』을 계승한 것이다.

『이십론』은 이 대상물 artha 부정에 무게를 둔다. 『이십론』에는 '대상물이 없을 때도' '대상물 없이도' 다양한 사상 事象을 설명할 수 있다고 논하고 있다. 나아가 '만약 식만이 색 등의 현현을 갖고(색 등으로 현현하고) 있고, 색 등의 대상물이 그런 것은 아니라면' 하는 표현도 있다. 특히 'artha' 없이도 꿈속에서 다양한 것을 본다고 설하고 있는 것에 주의한다면 'artha'는 단순한 대상이 아니라, 외계 대상물을 의미한다고 생각할 수 있다. 꿈속에서 보이는 것도 어떤 대상 경계이기 때문

이다.[19]

첫 부분에서 '유식'을 선언하여 외계 대상물을 부정하고, 나아가 극미(물질의 최소 요소)가 성립하지 않는 것을 설하며(제11송~제15송), 또 외계 대상물이 존재하지 않아도 인식이 발생한다는 사실을 설하고 있는 점에서 『이십론』은 외계 대상의 존재를 부정한 논서라고 볼 수 있다. 유식이란 유식무경, 곧 존재하는 것은 다만 표상뿐이고 외계 대상물은 존재하지 않는다는 설이다.

다음으로 『삼십송』의 기술에 눈을 돌리면 제17송에 유식설이 설해진다.

> 이 식전변(識轉變 vijñānapariṇāma)은 분별이다. 그것(분별)에 의해 분별된 것은 존재하지 않는다. 그러므로 이 모든 것은 유식이다.

그러면 여기서 말하는 '식전변' 그리고 '전변'이란 어떤 것인가. 이하에서는 '식전변'설의 성립에 이르기까지 세친 사상의 발전을 '경량부'의 위치에 착목하면서 살펴보자.

상속전변차별과 식전변

'식전변 vijñānapariṇāma'은 세친이 처음으로 사용한 술어로 간주된다. 그중 '전변 pariṇāma'이라는 말 자체는 '변화'를 의미하고, 불교 이외 문헌에서도 널리 보인다. 다만 세친 저작 안에서는 '상속전변차별 相續轉變差別' 혹은 '식전변'이라는 형태로 『구사론』, 『성업론』, 『연기경석론』, 『이십론』, 『삼십송』에 널리 등장한다. 게다가 중요한 문맥에서 나오기 때문에 세친 사상을 일관하는 술어로서 이 '전변'을 들 수 있다.[20]

'식전변'설의 성립배경을 대강 서술하면 『구사론』(혹은 『칠십진실론』) 이래 상캬 학파 '전변'설 비판, 『구사론』 이래 '상속전변차별' 개념, 『석궤론』에서 '가설의 소의'를 인정해야 한다는 문제의식, 나아가 유식사상 등을 생각할 수 있다. 먼저 상속전변차별에 대해 살펴보자.

상속전변차별

상속전변차별(개체 상속의 특수한 변화 saṃtati(saṃtāna)-pariṇāmaviśeṣa)이라는 술어는 업(karma 행위)이 어떻게 과보를 초래하는가 하는 문제를 불교의 기본 입장인 연기·무아·무상 혹은 찰나멸을 전제로 하면서, 게다가 유부와 같이 '3세실유'설에 입각하지 않고 설명하기 위해 세친이 호감을 보이는 경량부가 도입한 것이라고 파악할 수 있다.[21]

'삼세실유 三世實有·법체항유 法體恒有'가 유부라는 불교 부파의 종의로 간주되고, 그것에 대해 경량부는 '현재유체 現在有體·과미무체 過未無體'를 설했다고 간주된다. 여기서 3세실유란 과거·현재·미래 3세 곧 유위법(만들어진 것)은 실유라는 것을 의미하고 있다.[22] 언뜻 보기엔 특이한 유부 주장의 논거는 경증을 제외하면 주로 이하 두 가지다. 먼저 ① 인식대상을 갖지 않는 식을 인정하지 않는 것, 반대로 하면 인식이 있으면 반드시 대상이 있다는 논거다. 예를 들면 과거나 미래의 색도 인식대상이 되기 때문에, 과거나 미래의 색이 존재해야 한다는 것이다. ② 과거 업이 어떻게 미래에 결과를 낳는가 하는 업의 인과의 설명 원리가 필요하다는 논거다. 과거 업이 존재하지 않는다면 과거에 행한 업이 나중에 결과를 초래하는 일은 없을 것이라는 주장이다.

두 번째 논점, 곧 업과 그 결과 문제에 관해, 『구사론』에서 경량부는 '특수한 개체 상속'이라는 말을 도입하여 이하와 같이 설명하고 있다.

> 경량부 사람들은 결코 과거의 여러 업으로부터 결과가 발생한다고 설명하지 않는다. 그러면 어떻게 [발생하는가.] 과거 여러 선행하는 업을 가진 특수한 상속saṃtānaviśeṣa으로부터 결과가 발생한다고 「파아[품]」에서 우리들은 설할 것이다(『구사론』 300.19–21).

「파아품」에서는 '자아 ātman가 존재하지 않을 때 이미 소멸한 업으로부터 어떻게 미래에 결과가 발생하는가' 하는 논의 맥락에서 '우리는 결코 소멸한 업에서 미래에 결과가 발생한다고는 말하지 않는다'고 서술하고 다음과 같이 말한다.

> 그 상속전변차별saṃtatipariṇāmaviśeṣa로부터 결과가 발생한다. 종자와 열매처럼. '종자로부터 열매가 발생한다'고 말할 수 있는 것과 같다. (중략) 그러면 상속이란 무엇이고 전변이란 무엇이며 차별이란 무엇인가. 선행하는 업을 가진 연속적인 마음의 생기가 '상속'이다. 그것이 다르게 발생하는 것이 '전변'이다. 나아가 직후에 결과를 낳는 능력은 다른 전변보다 특수하기(우월하기) 때문에 '특수한 변화(전변차별)'다(『구사론』(Lee), 158ff.).

그 외 세친은 「업품」에서 보시를 한 자에게 복덕이 늘어나는 것을, '보시받는 자를 인식대상으로 하는 보시의 의도에 훈습된 개체 상속이 미세한 전변차별을 획득하고, 전변차별에 의해 미래에 많은 결과를 성취하기 위한 능력이 있다'고 설명한다(『구사론』 197). 이 경우도 이 상속전변차별은 업의 인과관계를 설명하는 술어라는 사실이 주목된다.[23] 요컨대 상속전변차별이란 행해진 업의 여습이 개체상속에 변화를 주면서 보존되어, 때가 되면 마침내 결과를 야기하기까지 잠재적인 과정을 설명하는 것이다.

나아가 『성업론』에도 벼 등의 종자[로부터 벼 등이 나는] 것처럼 상속전변차별로부터 여러 업이 결과를 낳는다고 서술하고 있다. 이것은 3세실유설에 근거한 유부 업론을 대치하는 것이다(『성업론』 16.12–15). 『연기경석론』(Muroji, p.93)에서도 '과거 업으로부터 결과가 발생한다'는 유부설이 비판되고 있고, 상속전변차별설이 등장한다.

그러나 이 두 논서는 알라야식설을 제시하고 있고, 상속전변차별 개념에 발전이 보인다. 그 논의는 다양하게 확장한다. 이 절과 관련하여 한마디 하면, 6식 이외에 '모든 종자를 가진 식'으로서 이숙식·알라야식을 인정하지 않으면 여러 가지 불합리가 발생한다. 그럼에도 불구하고 알라야식은 자아 ātman가 아니다. 자아는 단일하고 전변하지 않지만, 알라야식은 상속을 가지고 전변하며 조건에 따라 변화하는 것이다. 그와 같은 알라야식에서만 습기가 훈습되고 전변차별도 있다. 결국 세친은 '특수한 의도(=업)에 의해 훈습된 알라야식으로부터 나중에 결과가 발생한다'고 주장한다(『성업론』 49.23–51.8).[24]

식전변

다른 한편 『이십론』은 '식전변'이라는 말을 유식 문맥에서 사용하고 있다. 『이십론』(제6송)에는 지옥 옥졸에 대한 논의가 있다. 먼저 옥졸은 중생이라고 하는 의견이 논파되고, 다음으로 외계 실재론에 입각한 다른 대론자로부터 의견이 제출된다. 세친설과 대비하면 다음과 같다.

> 대론자 : 옥졸은 지옥 중생의 업에 의해 특수한 존재 요소(지수화풍 4대종)가 발생한 것이다.
>
> 세친 : 옥졸은 중생의 업에 의해 식이 전변한 것일 뿐, 존재 요소를 상정할 필요는 없다.

여기서는 존재 요소, 곧 통상 우리가 외계 대상물이라고 생각하는 것을 식전변이 대치하고 있는 것을 알 수 있다. 『구사론』과는 달리, 여기서 전변설은 유식설 아래 설해지고 있다.

또 유식이어도 타자와 교류가 성립한다는 논의 중에 상속전변차별이 '특수한 대상물'을 대치하고 있는 이하 표현도 마찬가지 관점에서다.

> 만약 자신의 상속전변차별로부터 svasaṃtānapariṇāmaviśeṣād 만 중생들에게 대상물로 현현하는 모든 표상이 발생하는 것이고, 특수한 대상물로부터 arthaviśeṣāt 발생하는 것이 아니라고 한다면,(『이십론』 제18송ab 자주)

세친이 얼마나 이 개념을 중시했는가 알 수 있다. 최종적으로 이것은 『삼십송』에서 '식전변 vijñānapariṇāmaviśeṣa'이라는 세친 특유의 술어로 결실을 맺었다고 보인다.

> 실로 다양한 아와 법의 가설(upacāra 이차적·비유적 표현)이 이루어지지만, 그것은 식전변에서 [이루어진다.](『삼십송』 제1송abc)

『삼십송』에는 자주가 없기 때문에 세친의 의도는 알기 힘들다. 하지만 이 게송은 주로 안혜 등의 주석에 따라 '가설의 근거(언어표현·개념설정의 근거)'를 서술한 것이라고 간주할 수 있다.[25]

그것은 먼저 불교사상사에서 유가행파의 사상사적 자리매김이라는 관점에서 이해할 수 있다. 초기 대승경전의 대표적 존재인 『반야경』이 제창한 공사상·공성설 혹은 일체법 '무자성'설은 대승을 특징짓는 교리다. 그러나 그것을 문자 그대로 잘못 받아들여 '모든 것은 존재하지 않는다'고 이해한 '악취공'(공성을 잘못 이해한 자들)도 나타나게 되었다. 그들에 대해 유가행파는 공성·무자성이란 모든 법에는 언어표현된 대로 자성이 존재하지 않는다는 것을 의미할 뿐이고, '이언'(離言 언어표현 되지 않는 것)을 본질로 하는 법은 부정되지 않는다고 주장한 것이다. 이른바 가설의 근거로서 이언인 법이 존재하는 것, 혹은 이언을 본질로 하는 (언어로는 표현할 수 없는) 것으로써 모든 법의 존재를 주장했다는 것이다.[26]

> 모든 법은 이언을 본질로 한다(〈보살지〉「진실의품」 5.1, 6.1).[27]

> 이와 같이 이언인 모든 법에 대해 왜 언어표현이 적용되는가. 왜냐하면 언어표현 없이는 그 이언의 법성을 다른 사람에게 말할 수도 없고 다른 사람이 들을 수도 없기 때문이다(〈보살지〉「진실의품」 7).

> 성자들은 그 사물(기반 vastu)을 성지와 성견에 의해 이언이라고 깨닫고, 바로 그 이언의 법성을 깨닫게 하기 위해 '유위'와 '무위'라는 명칭을 붙인 것이다(『해심밀경』 1·5).

세친 자신도 『석궤론』 제4장에서 이 문제의식을 계승한다. '일체법 무자성설'을 말 그대로 이해하여 '세속은 언어표현일 뿐이다' 하고 주장하는 '일부 대승인들'에 대해 '세속도 어떤 것은 반드시 실질적으로 승인되어야 할 것이다' 하고 반박한다. 그리고 '모든 법은 이언을 특징으로 하는 것이다' 하고 주장하고, 나아가 『해심밀경』을 인용하여 언어표현(세속)은 이언의 법을 기반으로 한다고 주장하기도 한다.

> 언어표현은 사물(기반)을 갖지 않는 것도 아니다. 그 사물이란 무엇인가. 성자들에 의해 성지와 성견에 의해 '이언'으로서 정등각된 것이다(『해심밀경』 1.2).

또 유식이라는 관점에서 본 경우, 『삼십송』의 '식전변에서' 중 '에서'라는 처격은 가설의 근거라기보다는 단순한 근거(장소)를 의미한다고 생각한다. 가설의 근거라고 하면 여전히 가설의 본체를 상정할 수 있다. 그러나 유식 입장에서는 '식전변'은 분별이고 의타기성이므로, 그것은 단순히 거기에서 아와 법의 가설이 일어나고 있는 장소라고 이해할 수 있기 때문이다. 자기 존재나 모든 존재는 식과 분리해서 존재하는 것이 아니라 상정된 것, 식에서 일어나는 것일 뿐이다. 그 점에서 아직 유식설이 설해져 있지 않은 〈보살지〉나 유식이 설해져 있어도 의타기성은 연기한 제법으로 간주되는 『해심밀경』보다 『삼십송』의 기술이 발전한 것이다.

이와 같이 『석궤론』에서 '가설의 근거'로서 이언의 법을 인정해야 한다는 설과 『삼십송』에서 유식설에 입각하여 '아법의 가설은 식전변에서 [발생한다]'고 하는 설에는 변천도 보인다. 하지만 가설에는 뭔가 근거를 인정해야 한다는 문제의식 – 그것은 유가행파에게 중요한 사상이다 – 을 계승하고 있다고 이해할 수 있을 것이다.

『성유식론』(권2)이 '식전변'을 설하는 『삼십송』 제1송을 설명할 때, 세친이 『석궤론』에서 인용하고 있는 게송 – 『능가경』「게송품」에 대응하는 것이 발견된다 – 과 같은 게송을 인용하고 있는 것도 일찍이 지적되어 있다. 『석궤론』에 인용되는 일련의 게송은 외계 대상을 보는 분별이 변계소집성이고, 분별은 조건에서 발생한 본질(의타기성)이라고 서술한다. 또 '외계 대상을 보는 것은 잘못이다. 대상은 없고 마음뿐이다' 등으로 서술한 후 다음과 같이 말한다.

> 범부들에 의해 분별된 것처럼 외계 대상은 존재하지 않는다. 습기習氣에 의해 착란된, 대상물의 현현을 가진 마음이 발생한다(『석궤론』 제4장, 『능가경』 X.154cd–155ab).

이 『능가경』을 고려하면 『삼십송』 제1송은 '식전변(분별, 마음)이 있고 그것이 습기에 의해 착란되며 그 식전변 가운데 아·법의 가설이 전개한다'라고도 이해할 수 있을까.

어쨌든 식전변은 '분별'이고 의타기성이라고 간주된다.[28] 그 분별 곧 의타기성에 의해 분별된 것은 변계소집성이고(『삼십송』 20송), 존재하지 않는다는 것이 『삼십송』에서 설하는 유식설이다.

그런데 여기서 세친 사상에서 '전변'설의 의의를 요약해 두자. 『구사론』 등에서는 경량부의 '상속전변[차별]'이 유부에 의한 3세 실유설에 기반을 둔 업의 인과 설명 원리를 대치한다. 『이십론』에서는 '식전변'이 외계실재론에 입각한 업설 등을 대치하고 있다. 문맥이나 대론자를 달리하면서도 전변설이 대론자를 비판하고 세친 자신의 입장을 천명하는 중요한 술어로 등장하고 있는 것을 알 수 있다.

이 같은 이유에서 세친 개인의 사상 편력에서 경량부설의 중요성이 지적되어 온 것이다.

그리고 『삼십송』에 이르러 '식전변'은 술어화한다. 그것은 알라야식·말나식·전식(6식)이라는 세 가지 전변이고, 또 의타기성이고 분별이라고 간주된다. 그리고 이 전변설은 유식설 아래 완성되었다.

2) 법무아의 수도론 – 『석궤론』에서 『이십론』으로

이상 세친 저작에서 횡적으로 등장하는 '전변'설을 중심으로 설명했다. 마찬가지 술어에 '법무아'가 있다. 이 절에서는 세친 저작에서 유식·유가행파의 수도론을 특히 법무아설에 착목하여 살펴보고자 한다.

세친은 『삼십송』 이전 이미 『석궤론』에서 보살 수도론을 전개하고 있다. 대론자(성문승)가 '만약 법무아성을 설시하지 않아도 모든 번뇌를 끊을 수 있다면 왜 보살들에게 법무아성을 설했는가' 하고 질문한 것에 대해 세친은 대답한다.

> 윤회를 염리하지 않기 위해, 그리고 잡염을 제거하기 위해서다. 그리고 모든 소지장을 끊기 위해서다. 그 보살들이 법무아성을 승해勝解하는 준비행을 수습하여 완성할 때, (중략) 궁극의 적정삼매를 완성하고 금강유정 직후에 모든 번뇌장과 소지장을 끊음으로써 모든 법에 대한 일체종지一切種智를 얻는다(『석궤론』 제4장 2.1.1.3).

여기서 세친은 유식설은 도입하지 않지만 법무아 이해를 축으로 보살 독자의 수도론을 이미 전개하고 있는 것에 주의해야 한다.

다른 한편 『이십론』에서 법무아 이해는 유식의 설시에 의한다고 서술한다. 『이십론』은 색처 rūpa_āyatana 등이 설해진 것은 그것들이 실재하기 때문이 아니라, 성문들로 하여금 '인무아'를 이해하도록 하기 위해서라고 서술한 후 이하와 같이 말한다.

다시 다른 방식으로 설시[가 이루어진 것에 의해] 법무아의 이해가 있다.

'다른 방식'이란 유식의 설시다. 어떻게 법무아의 이해가 있는가. "이 유식(표상뿐)이 색 등의 법의 현현으로 발생하는 것이고, 색 등을 특징으로 하는 법은 결코 존재하지 않는다" 하고 아는 [방식]이다.

【반론】 그렇다면 만약 모든 방식으로 법이 존재하지 않는다면, 그 유식도 존재하지 않는데 어떻게 유식을 설정할 수 있는가.

【세친의 대답】 모든 방식으로 법이 존재하지 않는다고 생각하는 방식의 법무아 이해가 있는 것은 결코 아니다. 그런 것이 아니라, 구상분별된 본성에 관하여 어리석은 자에 의해 능취(파악주체)나 소취(파악대상) 등으로 제법의 자성이 구상분별되고 parikalpita, 그 구상분별된(변계소집) 본성에 대해 그 제법의 무아가 있는 것이다. 제불의 대상경계인 이언(離言 anabhilāpya)의 본성에 대해 제법이 무아인 것은 아니다.

마찬가지로 유식에 대해서도 다른 표상에 의해 구상분별된 본성에 관한 무아를 이해하는 것이기 때문에 유식의 설정에 의해 모든 법이 무아인 것(법무아)을 이해하는 것이지, 모든 방식으로 그 (모든 법의) 존재를 과도하게 부정하는 것에 의해서는 아니다. 그렇지 않다면 표상에 대해서도 다른 표상이라는 대상물이 있을 것이기 때문에 유식은 성립하지 않을 것이다. 모든 표상이 대상물을 가지게 되기 때문이다(『이십론』 6.9-22).

마지막 단락의 의미는 유식이란 다른 표상에 의해 구상분별된 본성에 관한 무아이고, 때문에 유식의 설정에 의해 법무아가 있다는 것이다. 이것은 유식이라는 설을 듣고 모든 것은 유식이라고 머리로 이해해도, 그와 같이 생각하고 있는 한 바른 유식 이해는 아니라는 의미로 이해할 수 있다. 유식이라는 것이 어떤 종류의 대상물이 되기 때문이다. 거슬러 올라가면 앞서 본대로 『중변분별론』, 『섭대승론』에도 설해지고, 나아가서는 『삼십송』의 27～28게송에도 이어지는 '입무상방편상'을 설하는 것일 게다(세친 유식 수도론은 『삼십송』(26～30송)에 이르러 완성을 본다).

또 여기서는 유식을 설하면서도 '이언'의 본성을 가진 법의 존재가 부정되지 않는 사실이 주목된다. 유사한 표현은 타심지를 논하는 곳에도 보인다. 세친은 타인의 마음을 아는 것과 자신의 마음을 아는 것 모두 여실한 것은 아니라고 한다. 그것은 '이언을 본성으로 하고 있는 것 nirabhilāpyena-ātmanā이 제불의 활동영역인 것과 같이는 알지 못하기 때문'이라고 한다. 그렇다면 여기서 이언의 존재 방식을 가진 것은 표상 곧 마음의 본래 모습과 같은 것이라고 보아야 할 것이다. 『이십론』 말미에서 '제불의 활동영역'이라고 간주되는 것은 '유식성'이다.

'이언'에 대한 이와 같은 파악방식은 〈보살지〉, 『해심밀경』, 『석궤론』의 해석보다 발전한 것이다. 법무아 이해가 대승·보살에게 근간이 되는 것은 『석궤론』 이래 세친의 일관된 자세로 보인다. 법무아 곧 변계소집성의 비존재와 이언을 본질로 하는 법의 존재가 유가행파 그리고 세친에게 공통적인 중요 사상이라고 할 수 있다.

부론 : 경량부에 대해

경량부(經量部 sautrāntika 經部라고도 한다)에 관해서는 가토 준쇼 加藤純章 『經量部

の研究』(春秋社 1989)가 필독서다. 그는 다음과 같이 말한다.

경량부는 기원 4세기 중반 무렵 활약했다고 생각되는 슈릴라타가 처음으로 사용한 명칭이다. 그것은 이른바 부파명이 아니라 '유부 3세실유설에 반대하는 자' '도리에 합당한 자' '멋진 사람'이라는 비유적 의미가 있고, 따라서 그 후 '현재유체·과미무체' 설을 공유하는 논사들이 각자 주장에 자의적으로 씌운 명칭일 뿐이다.

이후 『구사론』에 등장하는 '선궤범사(先軌範師 pūrvācārya 과거의 스승)' 설이 『유가론』으로 추적되는 예나, 경량부설이 『유가론』에도 발견되는 예가 하카마야 노리아키 袴谷憲昭, 미야시타 세이키 宮下晴輝, 야마베 노부요시 山部能宜, 로버트 크리쳐 Robert Kritzer, 하라다 와쇼 原田和宗 등에 의해 지적되어, 최근 경량부 연구는 새로운 단계를 맞았다. 그리고 그 테마에 관한 이제까지 연구를 집대성한 성과가 "Kritzer, Robert, *Vasubandhu and the Yogācārabhūmi Yogācāra Elements in the Abhidharmakośabhāṣya*, The International Institute for Buddhist Studies, 2005"다. 이 책은 왼쪽에 『구사론』 본문, 오른쪽에 『유가론』 관련 부분을 실은 노작이다. 관련 연구는 같은 책 xxvii쪽에 자세하다. 이 문제와 관련하여 세친은 『구사론』 집필 당시부터 유가행파 사상가 혹은 대승인이었다는 견해가 제기되고 있다. 그러나 효도 가즈오 兵藤一夫는 이 견해에 대해 다음과 같이 지적한다.

확실히 『구사론』 그 자체가 『유가론』 등 유가행파 논서와 깊은 관련을 갖고 있는 점이 발견된 것은 바수반두 사상을 고려할 때 중요하다. 그러나 그것이 곧바로 바수반두가 『구사론』 저작 단계부터 유가행파였다는 사실이 되지는 않을 것이다(「經量部

師としてのヤショーミトラ」『櫻部建博士喜壽記念論集 初期佛教からアビダルマへ』, 315~316, 平樂寺書店, 2002).

이것은 온당한 평가일 것이다. 『석궤론』에서 세친이 명료하게 정의하고 있는 대승설이 『구사론』에서 발견되지 않는 것을 보아도 세친이 『구사론』 집필 당시에 대승인이었다고 할 수는 없다. 『구사론』에 『유가론』과 대응하는 설이 보인다는 지적은 '이장위종(理長爲宗 도리가 뛰어난 교리를 종의로 한다)'에서 '이장 理長'의 하나로서 『유가론』 설이 있었다는 의미를 갖는 것으로 평가할 수 있다.

그러면 그 후 세친 사상에서 경량부설의 위치는 어떤 것일까. 앞서 그와 관련하여 '상속전변차별'설을 다루었다. 여기서는 실유설 비판의 중요성을 지적해야 한다. 범위를 주석자들이 인정하는 '경량부'설까지 넓히지 않고 세친 자신이 명기하는 경량부로 제한하면, 전변설과 나란히 주요 특색으로 들 수 있는 것은 실유설 비판이기 때문이다. 곧 유부가 실유(개별존재 dravyasat)라고 주장한 많은 법을 경량부는 가유(假有 prajñaptisat)일 뿐이라고 주장했다. 여기서 '실유'란 '다른 것과 구별되는 본성을 가진 개별 존재, 개별적 사물'이고, '가유'란 그와 같지는 않은 것이다. 경량부는 특정한 상태일 뿐인 것을 별개의 법(존재요소)으로 구별할 필요는 없다고 비판한 것이다(또 상속전변차별 개념을 도입한 것이 실유설 비판, 3세실유설 비판과도 깊이 관련되어 있는 것은 본론에서 서술한 그대로다). 그때 실유설 비판의 하나인 중동분 비판이 알라야식설 도입과 연결되고, 상속전변차별이 이후 식전변설로 발전해 가는 것을 생각하면, 세친이 경량부설이라고 명기하는 학설의 의의를 알 수 있을 것이다(개요는 Horiuchi Toshio 2011: (145)~(151), IBK 참조).

1 무착과 세친의 전기 자료로는 三枝充悳, 『世親』(講談社學術文庫, 2004. 『ヴァスバンドゥ』「人類の知的遺産 14」, 講談社, 1983을 저본으로 한 것) 등. 무착은 견도·초지까지 도달한 역사상 소수 인물로 간주된다(그 외는 보통, 용수(Nāgārjuna)를 들 뿐). 이에 대해 세친은 초지까지 도달하지 못했다고 전한다. 船山徹, 「龍樹, 無着, 世親の到達した階位に關する諸傳承」 『東方學』 105輯(2003)에 자세히 나와 있다.

2 *은 상정된 산스크리트어를 나타낸다. 본론은 산스크리트 원전이 존재하지 않고, 티베트어역과 한역만 남아 있다.

3 본론에 대한 친절한 역주와 해설 성과가 長尾雅人, 『攝大乘論 和譯と注解』(약호 중의 『섭대승론』 참조. 이하 長尾로 인용)이다. 이 역주는 티베트어역 교정 텍스트를 포함한다. 최근 연구성과로는 勝呂信靜·下川邊季由, 『攝大乘論釋(世親釋, 玄奘譯)』(新國譯大藏經, 大藏出版, 2007)이 있다. 서두의 해제는 본론의 사상을 적확하게 소개하고 있다. 무성의 주석(티베트어역과 한역으로 남아 있다)에 대해서는 原田和宗, 「蛇縄色等の比喩と入唯識性 (2) – MSU III. 8–9の和譯と譯註」 『九州龍谷短期大學紀要』 43, 1997에 선행연구가 상세하다. 또 티베트어역으로만 남아 있는 **Vivṛtaguhyārthapiṇḍavyākhyā*라는 주석(『섭대승론』 제1장의 약 4분의 3(1.49까지)에 대한 주석)에 대해서는 大竹晋에 의한 일련의 역주 연구가 있다(「*Vivṛtaguhyārthapiṇḍavyākhyā*における部派佛教說 : 『攝大乘論』 I.28–38に對する註釋から」 『東方學』 116, 2008 등).

4 長尾(1982: 173).

5 長尾(1982: 223–224)는 여기서 『섭론』이 문훈습은 '이숙식 안에서 일어난다'고 하지, '알라야식 안에서 일어난다'고 하지 않는 이유를 이숙식 개념이 알라야식보다 넓은 것에 유래할 것이라고 설명하고 있다. 結城令聞, 「『攝大乘論』に於ける正聞熏習論」(『結城令聞著作選集 第一卷 唯識思想』 春秋社, 1999) 등 참조.

6 '의언' 혹은 '언 jalpa'은 이미 미륵의 『대승장엄경론』(14·23, 14·7, 6·6–9)에 설해진다. 거기서도 '유심 cittamātra' 이해의 중요한 계기로 위치 지워지고 있다. 특히 마지막 부분은 『섭론』(3·14)에도 인용되고 있다. 다만 미륵논서와 비교할 경우(미륵에 관한 여러 문제는 이 책 佐久間 논문 참조) 『섭론』의 큰 특징 하나는 이 의언과 문순훕 양자를 중시하는 것이다. 또 미륵·무착·세친 유식사상의 차이를 논하는 것으로 鈴木宗忠, 『唯識哲學概說』 明治書院, 1957(『鈴木宗忠著作集』 第1卷, 1977)이 중요한 통찰을 포함하고 있다.

7 長尾(1987: 250).

8 木村牧男, 『唯識三性說の研究』(春秋社, 1995), p.79ff. 참조.

9 이른바 '見識'과 '相識'. 보는(주관) 표상과 상이 나타나는(객관) 표상.

10 무분별지는 이와 같은 엄밀한 수습 단계를 거친 후에 획득되는 것이고, 단순한 무념무상이 아니다. 이것은 『섭론』 8.2에 설해진다. 나아가 무분별지의 인식대상은 '모든 존재가 이언이고, 무아·진여인 것(8.5)'이라고도 설해진다.

11 각 저작에 대한 엄밀하고 망라적인 연구가 필요하지만, 필자는 현재 세친이 복수 있었다고 보고 있

다. 堀内(2009) 참조.

12 松田和信, 「Vasubandhu研究ノート(1)」『印仏研』 32-2, 1983 등.

13 다른 한편, 그 『구사론』을 유부 입장에서 철저하게 비판한 저작이 중현 Saṅghabhadra의 『순정리론』이다. 이제까지 『석궤론』과 『순정리론』에는 대략 네 곳에서 동일문장·유사문장이 발견되었다고 지적되었다.

14 山口益, 本庄良文, Peter Skilling 등에 의해 착실히 연구가 진행되고 있는 문헌이다. 선행연구와 관련 문헌은 堀内 (2009) 참조.

15 산스크리트 원전이 일부 남아 있다. 松田和信, 『大谷學報』 64-2(1984)가 그 시점에서 자신의 연구 성과를 정리하고 있다.

16 兵藤一夫, 『唯識ということ-『唯識二十論』を讀む』(春秋社, 2007)가 이 논서에 대한 최근의 우수한 일역과 해설이다.

17 관련 문헌은 『梵語佛典の研究』(平樂寺書店, 1990) 참조.

18 結城令聞, 『世親唯識の研究 上』, 大藏出版, 1986(青山書院, 1956).

19 제17송ab에 대한 주석 중 '꿈에서 표상은 존재하지 않는 대상물을 대상경계로 한다 svapne vijñaptir abhūtārthaviṣayā'는 표현이 그것을 단적으로 보여주고 있다.

20 横山紘一, 「世親の識轉變」 『講座 大乘佛教 8 唯識思想』(春秋社, 1982)가 불교 내외의 전변 사상을 개관하면서 세친에게 '상속전변차별'이나 '식전변'의 의미를 찾고자 하는 논문이다. 또 Lambert Schmithausen의 1967년 논문(『佛教學セミナー』 37, 1983에 加治洋一의 일역이 있다)은 '전변'이라는 술어에서 세친 저작의 일관성을 발견하고자 하고 있다.

21 宮下晴輝는 『구사론』에 보이는 3세 실유설 비판으로 '본무금유'론을 『유가론』에서도 찾을 수 있다고 지적했다(『佛教學セミナー』 43, 1986). 또 山部能宜는 『구사론』에 보이는 종자설이나 상속전변차별 중의 '상속'에 관한 논의도 『유가론』으로 거슬러 올라갈 수 있다고 지적했다(IBK, 38-2, 1990). 둘 다 『구사론』과 『유가론』의 관계라는 새로운 관점을 연 논문이다.

22 加藤純章, 『經量部の研究』(春秋社, 1989), p.296, n.1.

23 또 「근품」에서 유부는 성자와 범부를 구별하는 지표가 되기도 하는 '得'이라는 별개의 법이 존재한다 實有고 주장한다. 세친은 그와 같은 것을 인정하지 않고 득(구유) 대신 종자나 상속전변차별을 언급한다. 「근품」(『구사론』 90)도 참조.

24 또 여기서는 『구사론』의 이른바 '色心互熏'설로부터 발전도 보인다.

25 그리고 근거가 없는 nir-ādhāra 가설은 있을 수 없기 때문에, 거기에서(yatra=처격) 아와 법의 가설이 일어나는 식전변이 반드시 실질적으로 존재한다고 승인되어야 한다(안혜 『삼십송석』 제1송 주석).

26 横山(1982), 最勝子, 『瑜伽師地論釋』 제1권(대정31 No.1580). 또 袴谷憲昭, 『唯識の解釋學 - 『解深密經』を讀む』(春秋社, 1994), 특히 서설 참조.

27 nirabhilāpyasvabhāvā sarvadharmā 이 품의 주장명제는 이 한 구절에 모두 포함되어 있다.

28 '한편 의타기성은 연에 의해 일어나는 분별이다 paratantrasvabhāvas tu vikalpaḥ pratyayodbhavaḥ'(제21송ab).

약호

D : *The Tibetan Tripiṭaka, Sde dge edition*.

IBK (『印佛研』) : *Journal of Indian and Buddhist Studies* (『印度學佛教學研究』 日本印度學佛教學會).

P : *The Tibetan Tripiṭaka, Peking edition*.

大正 : 大正新修大藏經.

『緣起經釋論』(*Pratītyasamutpāda-vyākhyā*) : D No.3995, P No.5496.

『緣起經釋論』(Muroji) Muroji Yoshihito (1993) *Vasubandhu's Interpretation des Pratītyasamutpāda Eine kritische Bearbeitung der Pratītyasamutpādavyākhyā* (*Saṃskāra- und Vijñānavibhaṅga*), Stuttgart. ('행'과 '식'의 분별장을 교정하고 독역한 것을 포함한다.)

『俱舍論』(*Abhidharmakośabhāṣya*) : P. Pradhan ed., Patna, 1967.

『俱舍論』(Lee) : *Abhidharmakośabhāṣya of Vasubandhi CHAPTER IX: ātmavādapratiṣedha*. Jong Choel LEE ed., with critical notes by the late Prof. Yasunori EJIMA., Tokyo: Sankibo Press, 2005. (「파아품」 교정본)

『解深密經』(*Saṃdhinirmocana-sūtra*) : Lamotte, Étienne ed., Paris, 1935.

『三十頌』(*Triṃśikā*) : 텍스트는 『二十論』 참조.

『三十論釋』(*Triṃśikāvijñaptibhāṣya*) : 텍스트는 『二十論』 참조.

『釋軌論』(*Vyākhyāyukti*) : D No.4061, P No.5562. 그 외에 제4장에 관해서는 堀内俊郎 『世親の大乘佛說論 ── 『釋軌論』 第4章を中心に』, 山喜房佛書林, 2009가 교정과 일역을 포함하고 있다.

『攝大乘論』(*Mahāyānasaṃgraha*) : 長尾雅人 『攝大乘論 和譯と注解 上・下』, 講談社, 1982, 1987.

『成業論』(*Karmasiddhiprakaraṇa*) : 室寺義仁 (Muroji, Yoshihito) 『成業論 チベット語譯校訂本』 (私家版), 1985.

『成唯識論』 大正卷31, No.1585.

『大乘莊嚴經論』(*Mahāyānasūtrālaṃkārabhāṣya*) : Mahāyānasūtrālaṃkāra ── Exposé de la Doctrine du Grand Vehicle selon le Systéme Yogācāra, Tome 1; Texte, Lévi, Sylvain ed., Paris, 1907.

『二十論』(*Viṃśatikā / Viṃśikā*) : *Viṃśatikā Vijñaptimātratāsiddhi*, Deux Traités De Vasubandhu, Viṃśatikā (La Vingtaine) Accompagnée D'une Explication en Prose, et Triṃśikā (La Trentaine) Avec le Commentaire de Sthiramati. Lévi, Sylvain ed., Paris, 1925.

「菩薩地」 眞實義品 : 高橋晃一 『『菩薩地』眞實義品から「攝決擇分菩薩地」への思想展開 ── vastu概念を中心として』, 山喜房佛書林, 2005 (「진실의품」의 교정과 일역 있음).

『楞伽經』(*Laṅkāvatārasūtra*) : Nanjyo, B. ed., Bibliotheca Otaniesis 1, Kyoto, 1923.

『中邊分別論[世親釋]』(*Madhyāntavibhāga[bhāṣya]*) : Nagao, G. ed., Tokyo, 1964.

(*) 이 장에서 텍스트 인용에 대해 : 원전으로부터 번역에는 ( )나 [ ]를 사용하여 어구를 바꾸거나 보충하는 것이 보통이지만, 읽기 쉽게 하기 위해 적절하게 그 기호들을 생략했다.

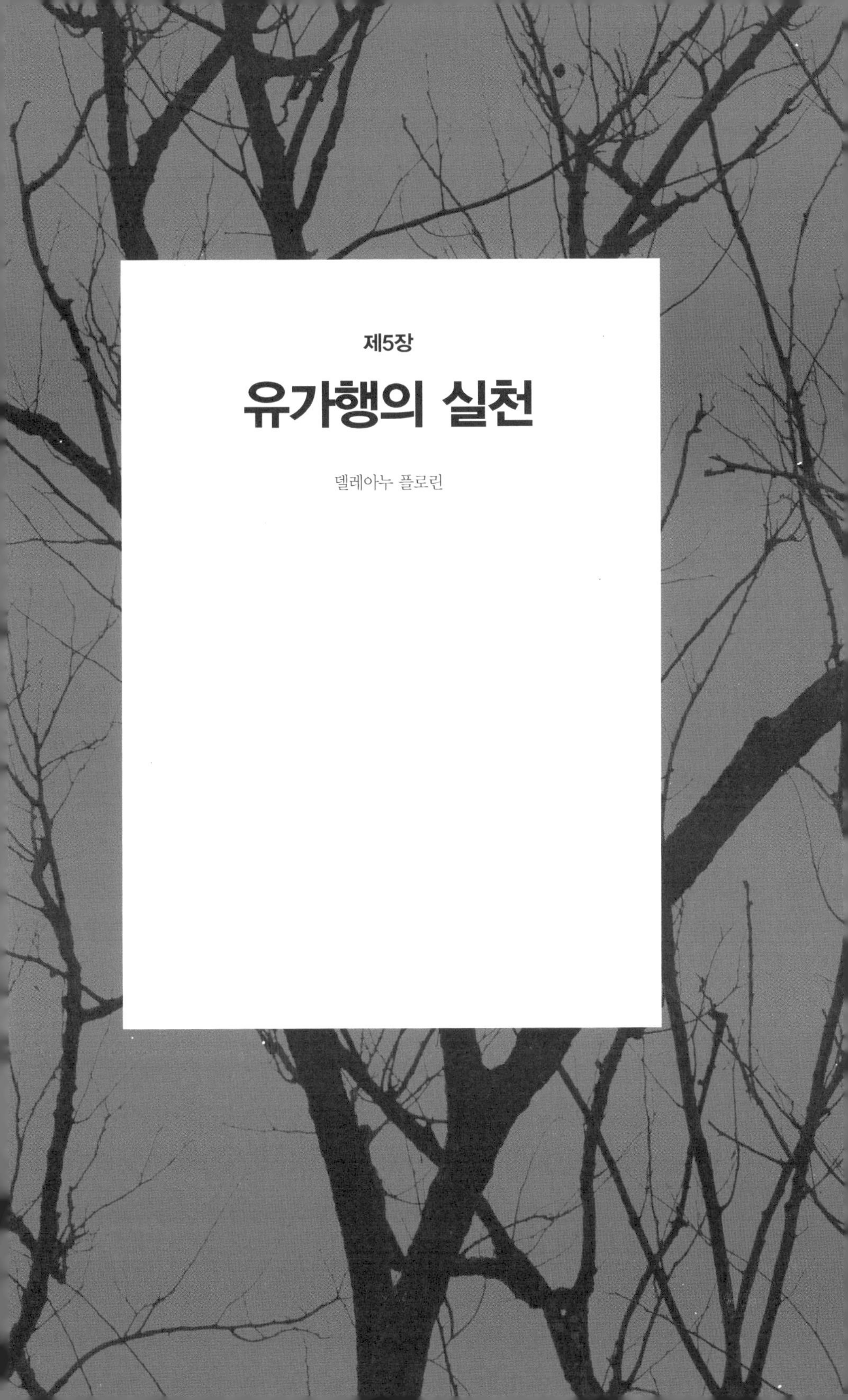

제5장

유가행의 실천

델레아누 플로린

1.
시작하며

유가행파 Yogācāra 곧 '수행을 [항상] 행동으로 하는 자'라는 일파의 기원이나 특징은 선정 다시 말해 명상 실천과 밀접한 관계가 있다. 유가행파의 불전이나 논서에도 수행이나 명상 관련 교리가 자주 상술되어 있다. 이하 유가행파의 선정 이론과 그 실천에 대해 기원부터 고전 체계의 형성까지 간결한 사상사적 복원을 시도하고자 한다.

이를 위해 먼저 유가행파 성립 이전에 눈을 돌려 이 파의 기원에 관계 깊은 부파와 그 수도론을 약술한 후, 대승불교 특히 반야경전이나 『십지경』 등의 선정사상을 개관한다. 유가행파의 여명기는 아마 기원후 1~2세기 무렵이라고 추측된다. 다음으로 최초기 유가행파 대표 문헌인 〈보살지〉(『유가사지론』 〈보살지〉)와 『해심밀경』의 수도론을 고찰하고, 그 독자적 접근의 탄생을 밝히고자 한다. 역사적으로 이것은 3세기부터 4세기 전반까지라고 생각한다.

마지막으로 『대승장엄경론』이나 『유식삼십송』, 『성유식론』에 초점을 맞추어 유가행파 특유의 수행체계를 부각하고자 한다. 이들 논서는 고전기 유가행파를 대표하는 것이다. 『대승장엄경론』의 성립에 관해서는 여러 설이 있다. 전통적으로는 운문은 미륵 Maitreya 보살 조로서 그것을 무착 Asaṅga이 세상에 펴고, 산문 주석은 세친 Vasubandhu 작이라고 간주된다. 어쨌든 『대승장엄경론』의 운문 부분은 이른바 '미륵·무착 문헌군'의 대표작이고, 아마 4세기 중반부터 후반에 걸친 것이라고 추측된다.

세친의 『유식삼십송』이라는 일대 걸작의 찬술 연대는 대략 5세기다. 지극히 간결한 시로 쓰여 있는 『유식삼십송』의 의미를 밝히기 위해, 중국이나 일본의 법상종에서 가장 권위 있는 주석서라고 간주되는, 호법(護法 Dharmapāla 6세기 중반)의 설을 중심으로 정리한 『성유식론』도 참조하여 고전 유가행파 수도론을 해설하고자 한다.[1]

2.
유가행파 수도론의 기원과 역사적 배경

1) 유가행 유식파 이전의 유가사

최초기 불교교단은 출가승이 오로지 수행에 정진하는 선정 중심의 생활을 보내고 있던 집단이었다고 생각된다. 하지만 교단이 확대하고 인도 각지와 그 주변에 불교가 전파함에 따라 그 운영은 번잡함을 더하고 다양한 종교적 수요에 대응해야만 하였으며 사회에서 역할도 점차 변화해 갔다. 동시에 오로지 선정 수행에 철저한 승니도 서서히 줄어든 것은 아닐까 한다. 아쇼카 왕 이후에 현저한 성장을 이룬 불교 교단에서는 출가자가 곧 명상전문가라는 등식이 조금씩 무너졌다. 명상 중심의 길을 완고하게 계속 지켰던 승려는 '수선자(修禪者 jhāyin)'나 '유가사 yogācāra' '유가비구 yogācārabhikṣu' 등 특수한 용어로 불리게 되었다. 이러한 명상전문가 집단은 아마 기원전에 출현하여 여러 계보를 형성하였다. 기원 전후부터는 많은 불교 부파에서 그 존재가 명확히 인식되었을 것이라고 추측한다.

당초 '유가사'라는 명칭은 주로 북부 인도에서 사용되어, 특정 부파 사상을 함의하지 않고 널리 수행자를 가리키고 있었던 듯하다.[2] 이와 같은 명상전문 수행자는 많은 부파에 존재하고 있었다고 추측된다. 나중에 유가행 유식파의 모체가 된 집단은 아마도 설일체유부 가운데 활약한 유가사로 보인다. 기원후 2세기 중반 무렵 편찬되어 설일체유부 내외의 교리를 음미하고, 유부 정통설의 확립을 목표로 한 『대비바사론』은 대략 140곳에서 '유가사'를 언급하고 있다. 많은 경우 이들 유가사의 견해가 인정되고, 때로는 유부 정통설의 근거로 간주되었다. 예를 들면 '일체법비아행상一切法非我行相'이라는 논의에서 『대비바사론』 자신의 해석을 입증하는 부분이다. 여기서는 경전에서 설하고 있는 증거敎證가 무엇이든 '유가사가 관행을 닦을 때 이 행상을 일으키기 때문'(대정27, 45a22–24)이라는 이유로 유가사의 견해가 경전보다도 우선되고 있다. 또 『대비바사론』에 묘사된 유가사의 구체적인 명상법이나 일체 중생의 안온을 원하는 자비 정신, 그리고 '공성'을 대상으로 하는 수행법 등의 중요성을 고려하면, 이들 유가사에게는 이후 유가행 유식파와 공통성이 느껴진다.

유가행파의 전사를 이야기하는 또 하나의 자료는 인도문학사상에 그 이름을 남긴 시인, 마명(馬鳴 Aśvaghoṣa 50~150)의 『단정한 난다 *Saundarananda*』라는 장편시다. 깨달음을 향한 주인공 난다의 정신적 분투를 묘사하고 있는 후반부는 당시 유가행자의 사상이나 실상을 선명히 반영하고 있다고 생각된다. 그중에서 유가행파 특히 그 최초기 문헌인 〈성문지〉(『유가사지론』 〈성문지〉)와 유사한 문장이나 교리가 많이 인정된다. 같은 계통의 기원 하나를 전하고 있는 것을 추측할 수 있다.[3]

또 '선경禪經'이라고 불리는 일군의 문헌 중에도 원시 유가행파의 일단을 볼 수 있다. 선경의 원형은 아마 서북 인도나 서역에서 활약한 수행승의 명상 체계를 전하고 있었던 것으로 보인다. 그것은 대략 기원후 1세기부터 6세기 무렵까지는 계속 찬술·편찬되었다. 이들 문헌은 몇 가지 사상 계통을 반영하고 있다. 유가행 유식파와 가장 직결되어 있는 경전은 『수행도지경(修行道地經 *Yogācārabhūmi*)』이라고 생각된다. 승가라찰(僧伽羅刹, Saṅgharakṣa 50~150 무렵)이라는 설일체유부 고승이 찬술한 이 저작은 〈성문지〉 수행체계와 유사성이 많이 인정된다. 예를 들면 선정이나 신통력 획득만을 목적으로 하는 '범부선'과 4성제를 깨닫는 것을 목적으로 하는 불제자의 수행이라는 구별은 〈성문지〉 등에도 채용되어 있는 '세간도'와 '출세간도'의 구별을 상기시킨다. 또 공성관법의 강조 등이 후대 대승불교와 접근을 촉진한 측면도 생각할 수 있다.[4]

2) 부파불교의 수도론 – 『구사론』을 중심으로

유가행파의 실천 과정을 이해하기 위해 먼저 그 모체가 된 설일체유부 수도론의 기본적 구조를 파악해야 한다. 이를 위해 설일체유부 수행 체계의 대강을 다루고 있는 세친의 『구사론 *Abhidharmakośabhāṣya*』 모델을 극히 간단히 보고자 한다.

① 수행의 초석

본격적인 수행을 시작하기 위해 먼저 몇 가지 예비 조건을 만족해야 한다.

㉠ '순해탈분선 順解脫分善'은 윤회의 고통을 혐오하고 해탈을 원하는 마음을 가리킨다.

㉡ '계에 머무름 住戒'은 출가자로서 계를 지키는 것을 보여주고 있다.

㉢ '문소성혜' 및 '사소성혜'는 먼저 설법이나 전수를 잘 듣고, 그것에 대해

사량하고, 이해를 깊게 하는 것이다. 이들 지혜는 이른바 '3혜'에 포함된다. 그중 세 번째는 '수소성혜'라고 불리고 선정 수습에 의해서만 도달되며 해탈로 이끄는 것이라고 간주된다. 이것이야말로 본격적인 수행의 시작을 의미하고, 이하 바로 그 과정을 묘사하고 있다.

② 가행도 prayogamārga

㉠ 수행승은 '부정관' 곧 사체 등을 보고 떠올리는 관상법, 혹은 '지식념' 곧 호흡에 집중하는 명상법에 의해 기초적인 선정 수행에 들어간다.

㉡ '4념주'라는 초기 경전 이래 알려져 있는 수습법에 의해, 수행자는 '인과관계에 의해 형성되어 있는 사물의 무상성, [번뇌의] 오염의 고통, 그리고 모든 현상의 무실체성'(Pradhan 1975 : 341)이라는 모든 사물의 공통 특징 共相을 관조한다.

㉢ '순결택분'에서는 4성제와 4념주 수습을 기초로, 수행승은 '4선근' 곧 '난 煖'·'정 頂'·'인 忍'·'세제일법 世第一法'이라 불리는 4단계를 거쳐서 진리 통달에 다가간다.

③ 견도 darśanamārga

이것은 수행자가 청정한 지혜에 의해 4성제를 꿰뚫어보는(abhisamaya 現觀) 단계를 말한다. 견도는 확실히 수행도에서 중심 위치를 점한다. 하지만 그것은 영원불변하는 '자아'의 존재를 상정하는 사견이나 의문 등의 번뇌, 곧 잘못된 판단이나 인식이라는 잠재적 악습(anuśaya 隨眠)밖에 제거할 수 없다.

④ 수도 bhāvanāmārga

지적 번뇌와는 달리 '탐'이나 '진' '무명' 등 마음 깊은 곳에 잠재해 있는 번뇌는 수도라는 긴 과정에서 단멸해 가는 것이다. 이것은 끊임없이 반복하여 4성제의 통찰을 깊게 하는 것에 의해 달성된다. 최종적으로 모든 번뇌가 영원히 끊어지면 해탈의 경지(아라한과)를 얻을 수 있다.

⑤ 무학도 aśaikṣamārga

> 마지막 번뇌의 단멸에 도달하여 수행자에게 모든 오염이 소멸했다는 확실한 인식이 일어날 때, 더 이상 수행을 필요로 하지 않는 아라한이 된다(Pradhan 1975 : 365).

위에서 서술한 과정은 수행자가 명상대상을 여실하게 관찰하고 그 본질을 꿰뚫어 보는 것을 목표로 하는 이른바 '관'(觀 vipaśyanā), 곧 관찰 명상법에 속하는 수행이 중심 역할을 담당하고 있다. 그러나 불교에는 최초기 이래 관찰적 접근과 나란히 '지'(止 śamatha)라고 불리는 명상법도 있다. 이것은 '4선 禪'이라는 네 단계로 나아가 마음을 가라앉힌 후, 욕망이나 잡념은 물론 좌선 중에 일어나는 '희'와 '락'이라는 긍정적 감정마저 버리고 정적 捨의 경지에 도달하는 선정이다.

또 초기불전에는 '공성주'(空性住 suññatāvihāra) 등으로 불리는, 관찰적 접근과는 또 다른 독립된 명상법도 인정된다. 그 목적은 구체적인 표상 saññā을 제거하고 이른바 단일 표상 단계에 도달한 후, 다시 모든 특징 nimitta을 동반하지 않는 정신통일 animittocetosamādhi의 경지에 안주하는 것이다(Chalmers 1977[1899] : 104–109).

그런데 '관'과 같은 관찰적 명상법과 '지'나 '공성주' 등 비관찰적 수도법을 어떻게 조합해야 할 것인가. '지관쌍운' 등의 문구에서도 알 수 있듯이 일단 많은 경전에서는 양쪽을 균형 있게 나아가는 것을 이상적인 수행도로 들고 있다 그러나 문헌이나 부파에 따라서는 중심적인 접근을 선택하는 데 치우침이 보이거나 우열을 짓기도 한다. 불교 수행도론의 역사는 관찰적 명상법과 비관찰적 명상법의 우열이나 조합의 변화 그리고 그 해석의 변천이라 해도 과언이 아니다.

설일체유부 수도론은 관찰적 명상법을 중심으로 하는 모델로 보인다. '지' 등의 수습이 부정될 리는 없지만, 그 역할은 이차적 그리고 수의적일 뿐이다. 그 점에 관해서는 『구사론』도 마찬가지다. '4선'이나 '4무색정' 수습은 '세간도 laukikamārga'라 불리고 수행자의 선택지의 하나로 용인되어 있다. 그러나 그것만으로는 가장 높은 천계에 왕생은 가능하되, 궁극 목표인 열반에는 도달할 수 없다. 그것에 대해 '출세간도 lokottaramārga' 곧 '4념주'나 '4성제' 등 '관'을 중심으로 하는 수행은 틀림없는 해탈의 왕도다. 확실히 '4선' 등의 실천도 어느 정도 평가되어, 그것에 몰두하는 수행자는 더 일찍 아라한과를 얻는 것이 인정되어 있다. 그러나 관찰적 명상법이 불가결한 것에 대해, '지'는 수의적이고 그것에 대한 본격적인 체험이 없어도 열반의 경지에 도달할 수 있다고 간주된다.

3) 초기 대승불교의 수도론 – 반야계 삼매 및 10지 사상을 중심으로

유가행 유식파가 대승불교를 대표하는 철학인 이상, 그 많은 교리나 실천의 기원은 당연히 대승의 역사에서 구해야 한다. 특히 반야경전의 삼매 수행 및 『십지경』 보살도의 '10지'나 '3계유심' 사상은 가장 큰 영향을 미쳤다고 생각한다.

수도론에 관해서 말하면 반야경전의 공헌은 새로운 수행법을 창출했다고 하기는 어렵다. 그보다는 종래의 선정 목록에서 자신의 철학이념에 가까운 것을 선택하고, 새로운 해석이나 독자의 정신에 기반을 두어 그 수행에 철저한 것이었다고 생각한다. 반야경전에서 '삼매 samādhi'라는 말은 빈번하게 사용되고 있다. 하지만 많은 경우 그것은 구체적인 명상법을 가리키는 것이 아니라, 이상적인 경지나 교리를 나타내는 용어로 이해하는 쪽이 타당할 것이다.

실제 수행으로서 특히 주목할 것은 '공삼매' '무상삼매' 및 '무원삼매'라는 초기 불교 이래 일련의 명상법이다. '3해탈문'이라고도 불리는 이들 '3삼매'는 보살의 최고 수행법이라고 간주되어 반야바라밀 수행과 동일시된다. 『이만오천송반야 *Pañcaviṃśatisāhasrikā*』에 따르면 '공삼매'는 '모든 현상이 독자의 특성을 결여하고 있는 것을 자세히 관찰하고', '무상삼매'는 '모든 현상에 독자의 특징이 없는 것을 자세히 관찰하고', 그리고 '무원삼매'는 '어떤 현상도 구하지 않는 [경지]를 자세히 관찰한다'(Dutt 1934 : 208)는 관법이다.

반야경전의 특색은 수행도상 그들 삼매를 중시한 점뿐 아니라, 그 해석에도 현저히 나타나 있다. 모든 현상이 공이고, 실재하지 않고, 마술과 같고, 꿈과 같다고 주장하고 있는 반야경전의 환영설에서 본다면, 실체화한 공성선관도 결국 마찬가지로 취급되어야 한다. 그러나 수행 그 자체가 부정되고 있을 리는 없다. 오히려 수행하면서 수행에 집착하지 않는다고 하는 정신만이 해탈과 중생 구제를 달성할 수 있다고 한다. 『팔천송반야 *Aṣṭasāhasrikāprajñāpāramitā*』의 말을 빌려서 말하면 '[어떠한 현상에도 집착하지 않는다고 하는] 이 삼매에 안주하는 보살 대사는, [……] 모든 여래에 의해 위없고 완전한 깨달음[을 얻는다]고 예언되어 있다. 그러나 [그 보살은] 이 삼매[를 수습하는 것]조차 의식하지 않는다. [……] 그와 같이 그에게는 어떠한 방식으로도 어떤 의미에서도 어떤 것도 실재하지 않는

다.'(Wogihara 1932-1935 : 60-61)

보살은 어떠한 외적·내적 현상의 특징에도 집착하지 않고 언어나 개념을 넘은 궁극의 경지에 안주하면서, 그 경지조차도 실체적으로는 파악하지 않고 집착하지 않는 것을 목표로 하고 있다. 이와 같은 경지는 모든 중생은 물론 모든 현상이 차별되지 않고 동일하다는 것으로부터 '일체법평등성'이라 불린다. 그리고 그것을 실천하는 선정은 '삼매의 왕'이라고 칭송되고 있다(Wogihara 1932-1935 : 987).

삼매수습은 확실히 깨달음으로 향하는 과정의 초석이다. 하지만 그것과 나란히 (혹은 그것 이상으로) 중요한 것이 모든 중생을 구제하는 보살도다. 반야경전류를 시작으로 다른 불전에서도 그 정신이나 보살도 단계를 설하는 곳은 많이 보이지만, 유가행파와 가장 직결되어 있는 것은 『십지경 *Daśabhūmikasūtra*』이다. 이 경전에서 설하는 열 단계 수행 과정 十地은 〈보살지〉에서 이 경명이 거명되면서 거의 그대로 사용되어 이후 유가행파 보살도의 핵심이 된다. 차례로 '환희지' '이구지' '발광지' '염혜지' '난승지' '현전지' '원행지' '부동지' '선혜지' '법운지'로 불리는 이 10지는 각각 열 가지 '완성'(pāramitā 波羅蜜)이라는 실천 항목에 배당되어 중생제도(이타) 및 자신의 수행(자리) 도정을 상세하게 묘사하고 있다. 10지 중 '난승지'는 주로 '명상의 완성 dhyānapāramitā'에 배당되어 있지만, 선정 수행은 결코 이 단계에만 한정되어 있는 것은 아니다. 예를 들면, '발광지'에서는 보살은 4선이나 4무색정 등을 습득하고, '난승지'에서는 4성제를 관상한다. 또 '현전지'에서는 3해탈문으로써 공성의 여러 측면을 통찰하고, 모든 현상의 열 가지 '평등성'을 이해한다. 수행 내용을 보면 『십지경』은 확실히 대승 특유의 관법이나 수도의 구조를 보여주고는 있지만, 초기불교나 부파불교의 전형적인 실천도 채택하고 있다.

나아가 『십지경』은 '삼계유심' 사상을 통해서도 유가행파의 형성에 영향을 미쳤다고 보인다. '이 3계(윤회 세계)에 속하는 [모든] 것은 오직 마음뿐이다'(Rahder 1926 : 49) 하는 간결한 이 한 구절이 외계 실재를 부정하고 있는지는 논의의 여지가 남아 있지만, 반야경전의 환영설과 더불어 유식설의 선구가 되었던 것은 충분히 생각할 수 있다.

3.
최초기 유가행파 수도론

1) 〈보살지〉

최초기 유가행파 사상을 가장 충실히 전하고 있는 문헌은 『유가사지론 *Yogācārabhūmi*』이다. 수도론을 중심으로 전개하고 있는 이 방대한 논서는 아마도 몇 단계를 거쳐 성립한 것이라고 추측된다. 그중에서 가장 오래된 부분은 〈성문지 *Śrāvakabhūmi*〉와 〈보살지 *Bodhisattvabhūmi*〉라고 하는, 아마도 본래 단독 문헌으로 찬술된 텍스트다. 사상적으로 〈성문지〉는 부파계 유가행자의 수행 체계나 그 교리를 반영하고 있고, 유식사상은 물론 대승 특유의 교리는 보이지 않는다. 그 선정 체계는 몇 가지 독자의 접근을 포함하면서 부파불교 특히 설일체유부 수도론을 집대성한 것이다. 그중에서는 이후 유가행파에 의해 계승된 것도 적지 않다.[5]

한편 〈보살지〉는 대승보살이 수행자로서 또 모든 중생의 구제자로서 걸어야 할 길을 서술하고 있다. 전형적인 부파 사상에 입각한 〈성문지〉가 왜 대승 이념을 전면적으로 들고 있는 〈보살지〉에 접근하고 합류함으로써 『유가사지론』의 기반을 형성했는가는 수수께끼에 둘러싸여 있다. 거기에는 몇 가지 가능성을 상정할 수 있다. 아마도 〈성문지〉의 배경에 있었던 성문승 계통의 유가행자가 대승의 가르침에 강하게 이끌려 그 사상을 점차 받아들였던가, 혹은 〈성문지〉 유가행자의 대승에 대한 관심에 상응하여 대승의 실천자 측에서도 〈성문지〉의 훌륭한 수도론에 대한 높은 평가도 있고 그것을 흡수하려는 움직임도 있었던 것은 아닐까 하고 생각한다. 어쨌든 종종 〈보살지〉는 〈성문지〉 등에서 설한 부파불교계의 선관을 기반으로 하고 있는 것은 확실하다.

〈보살지〉 사상의 근저에 있는 것은 물자체(vastumātra 唯事)를 이해하기 위한 수행이다. 실제로 이 논서의 편찬 동기 하나는 반야사상에 대한 오해의 반성과 교정 시도라고 해도 과언은 아닐 것이다. 〈보살지〉에는 잘못 파악한 공성 惡取空과 바르게 파악한 공성 善取空이라는 구별이 이루어지고 있다. 전자는 일반 사람의 인식대상에 대한 오류투성이 파악 방법을 제거하면 실재하는 '사물'이라고는 아무 것도 남아 있지 않는 것을 공성이라고 믿는, 일종의 허무주의를 가리키고 있다. 이에 대해 개념적 인식을 초월하고 직관적인 파악에 도달한 시점에서, 거기에 '유사 唯事'가 실재하지만, 그것은 언어에 의해 표현되지 않는 궁극의 진실 離言眞如과 같다는 사고방식이 〈보살지〉가 선양하고 있는 '선취공'이다(Wogihara 1936 : 47).

그런 목적을 실현하기 위해서는 〈성문지〉 등에서 계승한 부파 계통의 선정법도 사용되지만, 〈보살지〉 독자의 접근이 중심적인 역할을 담당하고 있다. 후자의 대표로는 이른바 '4심사 尋思'와 '4여실지 如實智'를 들 수 있다. 이 관법에 의해 보살은 언어표현 nāma과 사물 vastu 관계를 꿰뚫고, 그것이 자의적으로 연결된 것이고 물자체의 본질은 언어에 의해서는 표현할 수 없다는 사실을 확신한다. 이렇게 언어는 사물에 대하여 반드시 바른 것이라고는 말할 수 없는 표상을 창출하고, 불필요한 개념적 속성을 부여하거나 역으로 그 배후에 실재하고 있는 물자체를 보지 못하게 한다. 그 왜곡된 인식을 바탕으로 범부는 이윽고 스스로 구축한 '사물'에 집착하고 윤회에 떠도는 계기마저 만드는 것이다.[6]

물자체에 대한 오인과 그 사견에 반드시 부속하는 집착을 끊기 위해서는 다시 유력한 수단으로써 〈보살지〉 특유의 해석에 의거하는 삼매의 실천이 주목된다. 그 수습법 하나는 명상대상에 대한 모든 표상을 제거하는 방법에 의해 물자체를 관상할 수 있다고 말한다. 게다가 〈보살지〉에 따르면 종래의 명상법에서는 그 대상에 대하여 실체적인 본질이 있다는 필요 이상의 지각增益이 작용하거나, 또는 그 대상 자체를 부정하는 지각損減이 발생한다고 한다. 증익과 손감을 넘어선 보살은 '[개념적] 증대(prapañca 戱論)[로부터 발생한] 모든 표상을 거듭 제거하고, [……] 비개념적인 마음으로 그 물[자체]에 크게 안주'(Wogihara 1936, 396)한다.

〈보살지〉는 유식설 등 유가행파의 전형적인 교리를 제창하고 있는 것은 아니지만, 그 토대를 정비하는 중요한 역할을 수행하고 있다. 그 유사唯事설은 일견 이 학파를 특징짓는 유심사상과 모순하는 것처럼 보인다. 그러나 실제로는 그것과 상통하는 점이 적지 않다. 〈보살지〉에서 말하는 '유사'는 범부가 알 수 있는 인식대상이 아니라 깨달음의 경지에 서서 처음으로 완전히 지견할 수 있는 궁극의 진실tathatā 그 자체다. 궁극의 진실 개념은 이후 유가행파 사상을 지지하는 핵심 교리다. 그것은 수행 그리고 깨달음 그 자체를 가능하게 하는 근본 원리로 간주되고 있다. 그것에 비해 범부가 지각하고 있는 사물은 결국 개념과 언어를 매개로 하는 잘못된 인식이다. 그것은 궁극의 견지에서 보면 그 모습대로는 존재하지 않고, 그것을 바탕으로 상정되어 있는 세계 또한 환상일 뿐이라고 말해도 좋을 것이다.

2) 『해심밀경』

유가행파 역사상 처음으로 '유식'이라는 용어를 끌어들이고, 관념론으로 보이는 설을 제시한 문헌이 『해심밀경 *Saṃdhinirmocanasūtra*』이다. 이 경전은 〈성문지〉나 〈보살지〉를 출발점으로 찬술되고 있던 『유가사지론』을 수지하고 있던 승단 주변에서 아마도 4세기 전반 무렵에 성립했다고 생각된다. 실제로 『해심밀경』에는 〈성문지〉나 〈보살지〉 교리나 실천을 바탕으로 하고 있는 문장이 적지 않게 인정되고 있다. 어떤 의미에서는 유식설도 〈보살지〉 사상을 더욱 발전시킨 당연한 귀결이라고 말할 수 있다.

『해심밀경』의 이른바 '유식단락'은 자세한 해설을 결여한 단문으로, 그 진의가 충분히 명백하다고는 말하기 어렵다. '식은 [그] 대상이 표상일 뿐[으로서] 나타나 있[다는 특징을 가진]다'(Lamotte 1935 : 91)는 새로운 교리의 핵심은 관념론적 의미에서 외계를 완전히 부정하고 있는가 하는 논의를 부르고 있다. 종래 불교학자 사이에는 관념론적 해석을 취하는 경향이 현저했지만, 최근에는 유가행 유식파 사상이 오히려 근현대 철학의 현상학 등의 입장에 가깝다고 하는 연구자가 늘어나고 있다. 이 난문은 졸고에서는 도저히 상술할 수 없지만, 나 자신은 종래 해석이 더 타당하다고 생각하고, 거기에 따른 형태로 고찰을 진행하고자 한다.

또 『해심밀경』에서 유식설은 외계부정이라는 철학적 의미를 내포함과 동시에, 수행 과정의 한 경지로 말해지고 있는 것도 잊어서는 안 된다. 『해심밀경』에도 유가행파의 다른 문헌에도 '유식'이란 단순히 이론상 만들어진 교리가 아니라 깊은 수행과 관련되어 있다. 그것은 실재하지 않는다고 확신한 모든 외계에 대한 집착을 버리기 위한 토대가 되고, 깨달음을 향한 과정에서 불가결한 종교체험이

기도 하다. 사실 『해심밀경』의 유식관은 바로 수행도를 설하는 문맥에서 나온다. 그것은 먼저 명상 대상에 적용되고 이윽고 모든 인식대상까지 확대되어가는 성격을 가진다. 이것은 아마 『해심밀경』의 배경에 있었던 유가행자의 선정체험을 바탕으로, 반야경전이나 『십지경』 등의 영향을 받으면서, 〈보살지〉의 연장선상에서 형성된 사상과 수행법의 소산일 것이라고 추측된다.

『해심밀경』은 지 止·관 觀이라는 전통 패러다임의 독자적 해석과 조합을 중심으로 수행도를 전개하고 있다.[7] 〈성문지〉에서 차용했다고 보이는 네 가지 '보편적 [명상] 대상 vyāpy ālambanam'에 대한 선정은 그 틀을 이루고 있다. 〈성문지〉(Shukla 1973 : 193–197)에서 이 분류법은 다음과 같이 해설되어 있다. ① '사고를 동반한 영상이라는 대상'에 대한 명상은 '관'에 해당한다. ② '사고를 동반하지 않은 영상이라는 대상'에 대한 선정은 '지'와 동일시된다. ③ '현상의 한계'는 5온 등 '실재의 범주' 및 '실재의 양태'를 가리킨다. ④ '행위의 완성'은 선정수행이 그 목표에 도달한 단계를 보여주고 있다. 『해심밀경』은 '현상의 한계'가 견도에 해당하는 것으로 간주하고, '행위의 완성'이 수도에 상당한다고 명언한다. 관과 지는 기본적으로는 명상 수습법 전체를 지시하는 것이 틀림없다. 하지만 아비달마적 수행 단계와 대조는 명기되어 있지 않다.

구체적인 수행으로서 지는 먼저 설법이나 가르침을 듣고 사량하고 좌선에 든다. 이후 점차 '끊임없는, 내적인 마음의 흐름을 유지하는 방법'을 얻은 후 마침내 심신의 '상쾌함'에 도달하는 과정을 가리킨다. 한편 관에서는 보살이 지에 의해 얻은 마음의 가라앉음에 의거하여, 명상대상인 영상에 대해 여러 각도에서 고찰을 거듭하여 철저하게 한다. 실제로 이 문맥에서 세존은 명상대상인 영상이 식에 의해 표상된 것일 뿐(唯識 *vijñaptimātra)이고 마음과 다르지 않다고 설한다. 게다가 그 범위를 다시 확대하여 '마음은 [그] 대상이 표상으로서만 나타난[다는 특징을 갖고 있]다고 선언한다. 다음으로 보살은 지과 관을 같은 마음의 흐름에서 융합 *yuganaddha시키고 완전한 정신통일 *cittaikāgratā을 얻어 '삼매의 영역인 영상이 다만 표상뿐이라는 것을 이해한 후 궁극의 진실 *tathatā로 마음을 향한다.'(Lamotte 1935 : 92)

수행과정 후반으로 나아감에 따라, 사상 事象에 대한 비개념적 파악을 목표로 하는 선정이 중심이 되어 간다. 수행자는 '명칭에 관해서는 [그] 명칭의 본질 *svabhāva을 파악하지 않고 또 [그 명칭의] 근거[가 되는 것]의 특징도 지각하지 않음으로써 [그 특징을] 제거한다.'(Lamotte 1935 : 105) 이렇게 하여 보살은 점차 미세한 특징이나 '무아' 등과 같은 대표적인 불교교리조차도 제거하고 개념적 인식의 제거에 이른다. 예를 들면 '전체성'이라는 인식대상을 파악하고자 할 때 '이것은 전체성이다' 하는 판단이 관여하면, 진정한 인식이라고는 말할 수 없다(Lamotte 1935 : 115).

비개념적 인식에 대한 장애를 완전히 초월한 마음은 정적의 경지 *upekṣā에 안주하고 그것에 의해 진여를 이해한다. 『해심밀경』에 따르면 이것은 견도에 해당하고, 보살도의 10지 중 '초지'에 도달하는 것도 의미하고 있다. 그 후 단계에서 보살은 수도에 들어간다. 그 긴 도정에서 모든 미세한 개념적 인식을 버리고 그것에 부수하는 악한 성질 *dauṣṭhulya 곧 번뇌도 단멸하며 마침내 완전한 깨달음의 경지에 도달한다(Lamotte 1935 : 115–116).

여기서 주목되는 것은 『해심밀경』의 또 다른 공헌 곧 아비달마적 수행과정과 보살도의 10지, 다시 말해 성문승과 대승의 수행도를 결합한 것이다.

4.
고전 유가행파 수도론

1) 『대승장엄경론』

『대승장엄경론 *Mahāyānasūtrālaṃkāra*』은 〈보살지〉나 『해심밀경』 사상을 다시 발전시켜 고전 유가행 유식파의 철학적 특징을 거의 갖추고 있다고 말할 수 있다. 수도론에 관해서도 유식관을 그 체계의 중심에 두는 등 대체로 유가행파 특유의 구조를 정비하고 있다고 봐도 좋다.[8] 실제 『대승장엄경론』에는 두 가지 수행 단계 모델이 설시되어 있다.

첫 번째 모델은 '5위 pañcāvasthā'나 '5도' 등으로 알려져 있다. 이것은 설일체유부 수도론에 의거하면서도 유식사상의 색채로 칠해져 구축된 것이다. 이하 『대승장엄경론』「진실품」 제6송~제10송(Lévi 1907 : 23-24; 岩本 1996b)과 그 주석에 나타난 5위에 대한 간결한 기술을 중심으로 '5위'를 살펴보기로 한다.[9]

① 집대취위(集大聚位 *saṃbhārāvasthā)[=자량도]

보살은 무수겁에 걸쳐 수행의 기초가 되는 여러 가지 필수 조건 saṃbhāra을 축적하고, 불법을 듣고, 그것에 대해 사유를 거듭하여 삼매 수습에 들고, 인식대상 artha이 단순히 '마음의 속삭임'(manojalpa 意言)에 의해 현현한 것이라는 이해를 향해 정진하기 시작한다. '마음의 속삭임'이란 발화하지 않았지만, 사고에 동반하는 언어표현을 가리킨다. 그것은 언어화된 개념적 인식의 대명사다.

ⓒ 경상(鏡像 ādarśa)

주석에서는 인식대상을 다만 '의언'에 지나지 않는다고 관찰하는 삼매라고 되어 있다. 안혜에 따르면 '견도' 및 보살도의 '초지'에 해당한다. 거울이 현실을 있는 그대로 반영하는 것처럼, 이 경지에 도달한 보살도 진실을 여실하게 반영하고 '3계유심'의 도리를 깨달아 객체·주체의 이원적 인식 구조를 야기하는 잘못된 인식과 그것에 대한 고집을 끊는다.

ⓓ 명오(明悟 āloka)

보살이 실재하는 것 有과 실재하지 않는 것 非有을 나누고 그 본질을 꿰뚫어 보는 것이라고 주석에서는 논하고 있다. 안혜는 이 단계를 '수도'라고 하고, 보살도의 제2지부터 제10지까지 과정으로 간주하고 있다. 또 '유·비유'를 '3성'이라는 해석 패러다임으로 해설하고 있다. 요컨대, '의타기성'과 '원성실성'은 존재하지만 有, '변계소집성'은 실재하지 않는다 非有고 한다.

ⓔ [전]의([轉]依 āśraya)

안혜에 따르면 수행 과정 그 자체를 가리키는 위 네 단계 =因 끝에 인간존재의 근거가 근원적인 변화 轉依를 이루어, 보살이 도를 완성하고 =究竟道 붓다의 경지 =果에 안주하는 것이다.

'5종 학경'과 '5위' 사이에는 표현상 차이나 강조하는 개념의 차이 등이 인정되지만, 기본적으로는 같은 수행과정을 묘사하고 있다고 봐도 좋다.[10] 여기서도 가장 주목해야 할 것은 유가행파의 모범이 되는 이 수행도에서, 구조적으로는 성문승계의 다섯 단계에 의거하면서도 내용적으로는 유식관을 체험시키는 일련의 선정 수습이 그 중심에 놓여 있다는 사실이다. 마음과는 별개로 실재한다고 상정되는 객체라는 잘못된 표상 및 그것에 대한 집착의 단멸은 물론, 주체 곧 마음 자체의 실재도 마찬가지로 부정되어 '무분별지'라는 경지에서 초월되어야 한다.[11]

2) 『유식삼십송』과 『성유식론』

유가행파의 철학체계를 집대성한 『유식삼십송 *Triṃśikāvijñaptimātratāsiddhi*』은 세친의 만년 저작이다. 이 간결한 시문의 마지막 다섯 송(Lévi 1925 : 15)은 수행도론의 요점을 훌륭하게 요약하고 있다고 말할 수 있다. '5위'라는 명칭은 사용하지 않지만 상정되어 있는 수행도는 그것에 상당한다고 봐도 좋다. 이하 『유식삼십송』의 해당 구절을 번역하고, 그 위에 『성유식론』(대정31, 48b-49a)의 주요한 해설을 더해 성숙한 유가행 유식파의 5위설을 천명하고자 한다.

① 자량위

> 인식하는 마음識이 '다만 표상뿐'이라는 경지唯識性에 안주하지 않는 한, [사물] 파악取의 2원성 [곧 객체·주체라는] 악의 잠재적 경향隨眠은 소멸하는 일이 없다(제26송).

세친은 구체적인 수행을 언급하기보다는 오히려 그 목적을 명확히 하고 있다. 『성유식론』은 수행의 근거가 되는 '네 가지 탁월한 힘 四勝力', 곧 ㉠ 깨달음의 '원인 因'이 되는 수행자로서 계통 種姓, ㉡ '좋은 스승 親友' 곧 붓다의 가르침과 만나는 것, ㉢ 바른 정신통일 作意의 수습, ㉣ 공덕 福과 지혜 智라는 '필수조건 資糧'을 들고 있다. '공덕과 지혜'는 '탁월한 행'이라고도 칭해지고 6바라밀과 동일시된다. 다시 자량위는 보살 10지 중 '승해지'로 불리는 계위에 상당한다고 간주되고 있다. 보살은 선관에도 정진하고 있지만, '지관의 힘이 미약해서 수면을 아직 극복하지 못한다. 이 계위에서는 유식이라는 진리 그 자체를 깨닫는 일은 [있을 수] 없다'(대정31, 49a2-3)고 한다. 자량위는 본격적인 유식관 수습보다, 수행의 초석과 함께 모든 중생을 구제하기 위해 갖추어야 할 공덕을 닦는 행위로 채워져 있다.

② 가행위

> 또 '이것이 유식이다' 하고 [개념을 관여시켜서] 인식하고 [있다면, 결국] 뭔가 [인식대상이 의식] 앞에 나타나 있는 것이다. [수행자는] 오직 이것[곧 유식이라는 경지]에 [아직] 안주하지 않는다(제27송).

이 게송은 표상의 표상조차 버려야 한다는 도리를 간결하게 전하고 있다. 『성유식론』은 4선근이라는 아비달마적 틀을 사용하면서, 『섭대승론 *Mahāyānasaṃgraha*』(대정31, 142c18-26)에 설시되어 있는 4심사 관법 모델을 기초로 그 과정을 상술하고 있다. 요컨대 '난' 단계에서는 '파악되는 언어표현 名 등 네 요소는 [어디까지나] 자기 마음의 전개 自心變고 임시로 가정된 것으로서 실제로 [실재하는 것으로] 인식되어야 하는 것이 아니다'(대정31, 49b6-7) 하고 보살은 이해한다. '정'에서는 그 심사를 심화시켜 인식대상이 실재하지 않는 것을 관조한다. 나아가 '인'에서 보살은 객체 所取가 실재하지 않는다면 실재하는 주체 能取도 있을 수 없다는 근본 원리를 이해한다. 그리고 '세제일법'에서 '소취·능취'라는 2원적 인식구조에는 실체가 없다 空性고 확신하는 것이다.

③ 통달위(=견도위)

> 그러나 지혜 智가 완전히 어떤 대상 所緣도 지각하지 않을 때 유식[의 경지]에 안주한다. 파악되는 사물이 없으면 그것을 파악하는 [자]도 없기 때문이다(제28송).

보살은 잘못된 지각이나 인식에 의해 일어나는 모든 특징을 결코 파악하지 않기 때문에, 대상 所緣境을 전혀 필요로 하지 않는 '무분별지' 곧 비개념적 인식을 구사한다. 무분별지가 완전히 작용하는 순간 보살은 유식이라는 진리 그 자체를 이해한다. 또 능취·소취라는 2원적 특징을 결여한 궁극의 진리를 경험할 수 있다. 그러나 진리를 이해할 뿐, 수행은 그것만으로는 완성할 수 없다. 성문승계 아비달마와 마찬가지로 견도는 주로 개념적 인식(분별)과 관련된 장애를 제거하는 역할을 수행한다. 마음 깊은 곳에 잠겨 있는 번뇌는 다음 단계에서 영원히 끊는다.

④ 수습위

> 이것은 마음[의 관념적 인식도] 없고, [주체·객체를] 지각하지 않고, 세속을 초월한 지혜 出世間智고, 두 가지 악한 성질 麤重을 제거한 것에 의해 [야기된] 인간 존재의 근거가 근원적으로 변화 轉依하는 것이기도 하다(제29송).

『성유식론』은 끊임없이 반복되는 선관에 의해 모든 번뇌가 영원히 단멸한다는 성문승계 이래의 해석에 기반을 두면서 무분별지라는 유가행파 특유의 내용도 강조하고 있다. '보살은 앞서 견도를 실현한 후 나머지 장애를 끊고, [궁극의 진리를] 깨달아 인간 존재의 근거가 근원적으로 변화 轉依하는 것을 획득하기 위해, 반복해서 비개념적 인식(무분별지)을 수습한다(대정31, 50c21-22).'

'나머지 장애'란 이른바 '2장'을 가리키고, 『유식삼십송』에서 말하는 '두 가지 악한 성질'이라고 해석되어 있다. '2장'이란 '자아'가 실재한다 實我薩迦耶見는 등의 사견이다. 그것은 중생을 괴롭히고 열반을 방해하는 '번뇌를 야기하는 장애(번뇌장)'와, 여러 현상 法에 실체가 있다고 잘못 상정하는 實法薩迦耶見 등의 오인으로서 깨달음을 방해하는 '인식대상과 관련된 장애(소지장)'다.

무분별지 수습에 의해 두 가지 악한 성질을 완전히 제거하고, 그 결과 '광대한 전의'를 획득한다. 이 과정은 두 가지 각도에서 이해된다. 한편으로 마음의 더러움 染 곧 번뇌가 변화하여 제거되는 것 轉捨이다. 다른 한편 '잘못 상정된 본질 虛妄遍計所執'이라는 망상이 없어지고 궁극의 깨끗함 淨이 변화하여 획득되는 轉得, '진실로 완성된 본질 眞實圓成實性'이라는 존재 방식이 달성된다. 이리하여 보살은 '번뇌[의 본질]을 변화시키는 것에 의해 대열반을 획득하고 인식대상과 관련된 장애[의 본질]을 변화시켜 최고의 깨달음에 도달한다(대정31, 51a7-8).'

⑤ 구경위

이것은 바로 오염이 없고 無漏, 사려할 수 있는 범위를 넘고, 선이고, 확고부동하고, 인락의 경지 界고, 해탈신이고, [또] 위대한 현자의 진리 法라고 불린다(제30송).

이 단계는 전의의 결과인 대열반과 최고의 깨달음에 안주하는 경지다. 2장을 영원히 끊은 각자 buddha는 근원적 진리 그 자체 法身의 경지에 도달한다. 그는 법신이 세 가지로 현현하는 존재방식(3신, 3상)을 통해 그 불가사의한 작용을 발휘한다. 또 이른바 '수용신'과 '변화신'에 의해 여러 가지 세계의 보살이나 무수한 중생을 안온과 구제로 이끌어 가는 사명을 완수한다.

5.
마치며

기원후 1~2세기 무렵 설일체유부 내부에서 활약하고 있던 유가사들이 교단 안에서 존경과 주목을 받고 확고한 지위를 구축했다. 그렇지만 그 수행과 교리는 대체로 모 부파 사상체계의 틀을 넘어서지는 않았다. 이 수행자들의 활동은 흥미 깊은 전개이긴 하지만, 역사가 그 흐름을 바꾸지 않았다면 아마 설일체유부 역사의 한 각주로 그쳐버렸을 것이다. 그러나 그 내적 전개와 함께 3세기 무렵 대승계 구도자와 만남에 의해 대승불교를 대표하는 일대 철학 체계가 태어나고, 인도 종교계뿐 아니라 아시아 전체의 정신문화에 절대적 영향을 미친 사조로 성장했다. 4세기부터 5세기에 걸쳐 완성된 고전 유가행 유식파 사상은 근저에 있던 성문계 교리에 기반을 두면서 대승불교 사상과 정신도 계승하고, 이 두 계통의 융합을 시도하면서 선정 실천이라는 모태를 바탕으로 독자의 철학과 그것을 살리는 수행도를 구축하는 데 이르렀다.

수행도론을 중심으로 그 특징을 극히 간결하게 정리하면 다음 세 가지를 들 수 있을 것이다.

1) 성문승 중 주로 설일체유부 수행단계에 의거하면서, 그 중심에 부파불교를 대표하는 4성제 관조리는 명상법 대신에 유식관이라는 완전히 새로운 사상과 실천 패러다임을 놓았다. 이것은 마음 바깥에 실재하고 있다고 잘못 상정된 인식대상을 제거하는 것뿐 아니라, 객체를 전제로 하는 주체도 제거하는 것이다. 나아가 그 과정 자체 곧 '표상의 표상' 조차 끊는다는 일종의 인식 혁명을 불러일으키는 수행도를 목표로 하고 있다. 이것에 의해 달성된 경지는 결코 허무가 아니라 궁극의 진실 그 자체다.

2) 이 근원적 변화를 가능케 하기 위해서 설일체유부에서 주류였던 '관' 등으로 대표되는 관찰적 명상법보다, 비관찰적 선정을 우선하고 개념적 인식방법을 초월하는 '무분별지'가 궁극의 인식법과 목적으로 간주되었다.

3) 종래 성문계 수행도와 보살 10지라는 대승적 단계를 결합시킨 결과, 선정 실천을 포함한 보살의 수행 목적을 자신의 보리와 열반뿐 아니라 모든 중생의 구제라는 숭고한 이념으로 확대하였다.

1 유가행파의 역사는 매우 복잡하고 아직 확연하지 않은 측면이 많다. 지면 관계상 이하에서 도식적으로 논하지 않을 수 없는 것도 많다. 이 파의 수행도를 언급하고 있는 논저는 매우 많다. 특히 深浦(1954, 下, 581–736), 勝又(1968), 早島(1973; 1974; 1982), 阿(1988a; 1988b; 1991), 小谷(2000 : 127–9), Schmithausen(2007), 芳村(2008) 등 참조. 또 『섭대승론』의 수행도에 대해서는 이 책 제4장 등 참조.

2 Silk(2000) 참조.

3 山部/藤谷/原田(2002) 참조.

4 山部(2011) 참조.

5 〈성문지〉의 수도론에 대해서는 毛利(1989), Schmithausen(2007 : 215–232) 등 참조. 또 〈보살지〉 등에 대해서는 이 책 제3장도 참조.

6 高橋(2005) 참조.

7 『해심밀경』의 수행도에 대해서는 藤田(1992)와 Schmithausen(2007 : 235–241) 참조.

8 『대승장엄경론』의 수행도에 대해서는 早島(1973), 小谷(1984 : 98–123), 岩本(1996a; 1996b), 長尾(2000) 등 참조.

9 이들 게송에서는 '5위'나 그 각 단계 이름은 보이지 않고, 주석에서도 5위 중 세 단계의 이름만 확인된다. 그러나 묘사되어 있는 수행 과정은 고전적 5위와 거의 동일하다고 생각해도 좋다. 이 구조를 더 선명하게 보여주기 위해 안혜 조 『대승장엄경석소』(D Mi 78b6–82a7)도 참조했다.

10 早島(1973 : 22–23; 1974; 1982 : 147–153) 참조.

11 세속적 인식의 2원 구조를 지양하는 과정은 문헌에 따라 다양한 묘사 방식을 하고 여러 명칭으로 불린다. 유가행파에서는 특히 '입무상방편상'이라는 『중변분별론 *Madhyāntavibhāgabhāṣya*』(Nagao 1964 : 19–20)의 표현으로 알려져 있다. 勝又(1966), 早島(1974; 1982), 阿(1988a; 1988b; 1991), 芳村(1988) 등 참조.

참고문헌

가츠마타 슌쿄(勝又俊教)

1968 「菩薩道と唯識觀の實踐――二位說·五位說の形成を中心として」, 西義雄編 『大乘菩薩道の研究』, 平樂寺書店.

나가오 시게키(長尾重輝)

2000 「「菩薩資糧」から「資糧道」へ」, 『大谷大學大學院研究紀要』 17, 27–50.

다카하시 고이치(高橋晃一)

2005 「四尋思·四如實智に見られる思想展開――『菩薩地』から『大乘莊嚴經論』を中心に」, 『佛教文化研究論集』 9, 24–44.

모리 도시히데(毛利俊英)

1989 「『聲聞地』の止觀」,『龍谷大學院研究紀要 人文科學』10, 37−54.

야마베 노부요시(山部能宜)

2011 「大乘佛教の禪定實踐」, 桂紹隆·齋藤明·下田正弘·末木文美士編『シリーズ大乘佛教 3 大乘佛教の實踐』, 春秋社.

야마베 노부요시(山部能宜), 후지타니 도시히로(藤谷隆之), 하라다 야스노리(原田泰教)

2002 「馬鳴の學派所屬について――Saundaranandaと『聲聞地』の比較研究(1)」,『佛教文化』12, 1−65.

오다니 노부치요(小谷信千代)

1984 『大乘莊嚴經論の研究』, 文榮堂.

2000 『法と行の思想としての佛教』, 文榮堂.

요시무라 히로미(芳村博實)

1988 「『攝大乘論』における入無相方便相――『中邊分別論』との比較において」,『印度學佛教學研究』36 (2), 336−343.

2008 「インド唯識におけるヨーガの實踐」, 楠淳證編『唯識――こころの佛教』, 自照社出版.

이와모토 아케미(岩本明美)

1996a 「『大乘莊嚴經論』の修行道――『大乘莊嚴經論』は「五道」を說くか?」,『禪文化研究所紀要』23, 1−22.

1996b 「『大乘莊嚴經論』第6章第6~10偈について――テキストの訂正および「五道」に對する疑問」,『印度學佛教學研究』44 (2), 137−140.

하야시마 오사무(早島 理)

1973 「菩薩道の哲學――『大乘莊嚴經論』を中心として」,『南部佛教』30, 1−29.

1974 「瑜伽行唯識學派における入無相方便相の思想」,『印度學佛教學研究』22 (2), 108−117.

1982 「唯識の實踐」, 平川彰·梶山雄一·高崎直道編『講座大乘佛教 8 唯識思想』, 春秋社.

호토리 리쇼(阿 理生)

1988a 「初期瑜伽行派の入無相方便相」,『印度學佛教學研究』36 (2), 85−89.

1988b 「瑜伽行派の佛道體系の基軸をめぐって(1)」,『日本佛教學會年報』54, 29−42.

1991 「瑜伽行派の佛道體系の基軸をめぐって(2)」,『伊原照蓮博士古稀記念論文集』, 伊原照蓮博士古稀記念會.

후지타 요시미치(藤田祥道)

1992 「教法にもとづく止觀――『解深密經』マイトレーヤ章管見」,『佛教學研究』48, 40−63.

후카우라 세이분(深浦正文)

1954 『唯識學研究』, 京都: 永田文昌堂.

Chalmers, Robert

1899[1977] Vol.III. London : Pali Text Society.

D = *sDe dge* 델게판 티베트어 대장경

Dutt, Nalinaksha ed.

1934 *Pañcaviṃśatisāhasrikā Prajñāpāramitā*, London : Luzac & Co.

Lamotte, É.

1935 *Saṃdhinirmocanasūtra : L'explication des mystéres*. Louvain : Université de Louvain.

Lévi, Sylvain

1907 *Asaṅga Mahāyāna-Sūtrālṃkāra : Exposé de la doctrine du Grand Véhicule selon le système Yogācāra*, Tome I : Texte, Paris : Libraire Honoré Champion.

1925 *Vijñaptimātrātāsiddhi*, Paris : Imprimerie Nationale.

Nagao, Gadjin M.

1964 *Madhyāntavibhāga-bhāṣya*, Tokyo : Suzuki Research Foundation.

Pradhan, P.

1975 *Abhidharmakośabhāṣya of Vasubandhu*. Patna : K.P. Jayaswal.

Rahder, J.

1926 *Daśabhūmikasūtra et Bodhisattvabhūmi Chapiters Vihāra et Bhūmi*. Paris : Paul Geuthner.

Schmithausen, Lambert

2007 'Aspects of Spiritual Practice in Early Yogācāra', 『國際佛教學大學院大學研究紀要』 11, 213-244.

Shukla, Karunesha ed.

1973 *Śrāvakabhūmi of Ācārya Asaṅga*. Patna : K.P. Jayaswal.

Silk, Jonathan

2000 'The *Yogācāra Bhikṣu*', In Jonathan Silk ed. *Wisdom, Compassion, and the Search for Understanding : The Buddhist Studies Legacy of Gadjin M. Nagao*. Honolulu : University of Hawai'i Press.

Wogihara, U.

1932-1935 *Abhisamayālaṃkārālokā Prajñāpāramitāvyākhyā (Commentary on Aṣṭasāhasrikā-Prajñāpāramitā), The Work of Haribhadra, Together with the Text Commented* on, Tokyo : The Toyo Bunko.

1936 *Bodhisattvabhūmi*, Tokyo : Sankibo Buddhist Book Store.

제6장

알라야식론

야마베 노부요시

1.
알라야식에 관한 연구사

알라야식(Skt. ālaya-vijñāna, Tib. kun gzhi rnam par shes pa, Ch. 阿賴耶識, 阿黎耶識)이란, 우리들 마음 가장 깊은 무의식 레벨에서 활동하고 있다고 간주되는 식이다. 그것은 잠재적 자아의식인 염오의(染汚意 Skt. kliṣṭa-manas, Tib. nyon mongs pa can gyi yid, 『성유식론』 등에서는 末那識)와 더불어 유가행파에 특징적인 개념이다. 이 알라야식이라는 개념이 어떤 경위로 도입되었는가에 대해서는 여러 논의가 있고 오늘날에도 정설은 없다. 지면과 시간 제약 때문에 망라적 소개는 어렵지만, 이 장에서는 그와 같은 초기 알라야식설을 둘러싼 몇 가지 주요한 연구를 개관해 보고자 한다.

일본에서 이 문제에 관한 선구적 연구로는 우이 하쿠주 宇井伯壽,[1] 유키 레몬 結城令聞[2]에 의한 것이 먼저 떠오른다. 이 성과는 연구사 상에서 매우 중요한 것이지만, 초기 유가행파의 중요 문헌인 『유가사지론 *Yogācārabhūmi*』(이하 『유가론』) 및 『해심밀경 *Saṃdhinirmocana-sūtra*』에 관해서는 한역만 참조했다는 한계가 있다는 것은 부정할 수 없다. 일본 학계에서 이 문제에 관하여 산스크리트·티베트어 문헌을 참조한 비교적 이른 시기의 문헌학적 연구는 스구로 신조 勝呂信靜와 하카마야 노리아키 袴谷憲昭에 의한 것이 특히 중요할 것이다.

스구로는 먼저 『유가론』 내부에서 상호인용을 정밀하게 조사하였다. 그는 〈본지분 *Maulī Bhūmiḥ*〉[3]이 〈섭결택분 *Viniścaya-saṃgrahaṇī*〉에 선행하고 〈섭결택분〉은 〈본지분〉을 전제로 하고 있지만 그 역은 없다고 지적한다. 그리고 『해심밀경』은 〈본지분〉과 〈섭결택분〉 중간에 성립했다고 생각한다[4](이 점은 나중에 서술하는 슈미트하우젠의 견해와 대체로 같다). 그 위에 『유가론』 및 『해심밀경』에서 알라야식의 용법을 검토한다.[5] 스구로는 유식학파 이전부터 '알라야'라는 말이 갖고 있던 '집착'이라는 의미를 알라야식도 그대로 물려받았다고 하고, 최초기 알라야식은 아집의 의미를 갖고 있다고 한다. 조금 늦게 '말나식'(염오의 manas) 개념이 성립하자 아집의 작용은 '말나식'에 귀속시켰지만, 그 후에도 알라야식의 어의는 아집과 계속 관계를 갖고 있다고 주장한다.[6]

하카마야의 초기 알라야식 연구로 특히 중요한 것은, 『유가론』〈섭결택분〉 중 〈오식신상응지의지〉의 첫 부분에 보이는 '알라야식 8논증'의 산스크리트 원문을 『아비달마잡집론 *Abhidharma-samuccaya-bhāṣya*』 범본으로부터 회수하고, 현장역 『잡집론』 및 티베트역의 대응부분을 대조한 후, 일역·역주·고찰을 더한 논문이다.[7] 그리고 그것에 이어 산스크리트 원전이 없는 부분(후술하는 '유전분'과 '환멸분')의 티베트어역을 현장역 『유가사지론』 및 진제역 『결정장론』의 대응부분과 대조한 후, 일역·역주·고찰을 더한 논문이다.[8] 둘 다 관련 문헌을 정리하고 이후 연구에 큰 편의를 제공한 중요한 연구다.

이 두 논문의 주안점은 문헌 자료의 소개에 있기 때문에 알라야식의 기원에 관하여 반드시 정리된 논의가 이루어진 것은 아니다. 그럼에도 불구하고 다음 제안은 주목할 만하다.

> 이 논증의 간결한 소박함은, 아마도 논증 이전에 먼저 알라야식이라고 불린 의식의 흐름 전체가 직관되어 믿어지고 있었다고 생각하게 한다.[9]

이것은 하카마야 자신에게는 엄밀한 학문적 견해라기보다는 오히려 감상에 가까운 것이었을 게다. 그럼에도 꼼꼼하게 문헌을 검토한 전문 연구자의 솔직한 인상으로서 무시할 수 없는 중요성을 갖는다. 하카마야는 이러한 관점에서 다음과 같이 말하는 우이의 이해(곧 알라야식이 이론적 요청으로 도입된 설명 원리라는 이해)에 위화감을 드러낸다.

> 이 점에서도 아뢰야식이 윤회의 주체라고 예상한 것이 드러나 있어서, 아뢰야식으로서는 이것이 근본적인 요청이라고 생각할 수 있다.[10]

이 하카마야의 견해는 필자 자신의 입장에도 가까운 것이다. 이 점에 관해서는 나중에 다시 논하고자 한다.

또 하카마야는 이후에 이른바 '비판불교'라고 알려진 일련의 논고 중에 마츠모토 시로 松本史朗의 'Dhātu-vāda론'을 참조하면서 알라야식을 비판적으로 논평하고 있다.[11] 현 단계에서는 이 측면도 언급해야 하카마야 알라야식론 전체를 소개한 것이 된다. 하지만 이번에는 지면의 제약도 있고, 또 시점은 다르지만 마츠모토의 'Dhātu-vāda론'에 관해서는 자세히 검토한 적도 있으므로,[12] 여기서는 이 문제에 관해서 언급을 삼가한다.

스구로 및 하카마야의 성과와 나란히 참조해야 할 것이 요코야마 고이치 横山紘一의 연구다.[13] 요코야마는 이하에 소개하는 몇 가지를 고찰하고 있다. 알라야식은 육체를 유지 執受하는 것인데, 그 때 알라야식과 육체 사이에는 '안위동일(安危同一 eka-yogakṣema)'이라고 불리는 관계가 인정된다.[14] '안위동일'이란 마음과 그 기능(citta-caitta 心心所)에 의해 육체가 부패되지 않고, 또 육체에 이익 anugraha 또는 손해 upaghāta가 있다면 심심소에도 이익과 손해가 있다고 하는 이른바 심신의 유기적 연관 관계를 가리키는 것이다. 이 학파에서 육체를 유지하는 '심심소'란 단적으로 말해 알라야식(및 그 심소)이기 때문에, 이것은 알라야식과 육체가 밀접한 심신 상관관계에 있는 것을 보여주는 것일 게다. 또 알라야식 발견의 '직접 요인은 요가의 실천에서 심리 체험, 심리분석이었다'고 서술하고,[15] 멸진정이나 무상정 같은 무심정에서도 미세한 식이 활동하고 있다는 체험이 알라야식의 발견을 초래했다고 서술하고 있다.[16]

2.
그리피스의 알라야식론

이상에 이은 초기 알라야식설 연구로는 폴 그리피스 Paul J. Griffiths의 연구가 주목된다.[17] 본 서는 멸진정을 둘러싼 상좌부·설일체유부·유가행파의 이해를 검토한 것이다. 유가행파설을 논하는 제3장은 위에서 서술한 하카마야 논문[18]이 다룬 '알라야식 8논증' 연구를 중심으로 한 것이기 때문에 실질적으로는 알라야식 연구라고 간주해도 좋다. 이 장에서 그리피스는 알라야식설이 불교 무아설에서 인격의 연속성과 업인업과 관계를 설명하기 위해 편의적으로 도입한 설명상의 개념이라는 기본적 견해를 먼저 제시한다.[19] 다음으로 그 관점에서 '8논증'을 해석하고자 한다. 이 기본 이해는 위에서 서술한 우이의 이해와 매우 가까운 것이다.[20] 하지만 그리피스의 견해는 종자설의 교리사적 의의에 대한 이론적 고찰로부터 도출된 것이고, 자설의 제시에 앞서 알라야식설 도입기의 유가행파 문헌으로부터 구체적인 근거를 제시하지 않는다. 그는 먼저 자기 테제를 제시한 후, 그 테제가 '8

논증' 내용에 의해 지지된다고 주장하는 것이다. 다시 말하면 『유가사지론』에 관한 한 그의 논법은 연역적인 것이지, 귀납적인 것은 아니다.[21]

무아설이 가진 여러 이론적 곤란을 해결하기 위해 요청된 것이 알라야식설이라는 이해는 이론적으로는 당연히 가능한 상정이다. 일본의 학계에서도 우이 하쿠주 이래 자주 보이는 견해다. 다만 일찍이 하카마야가 지적한 대로,[22] 알라야식설을 도입한 당시 유가행자의 사고 회로가 현대에 사는 우리들의 그것과 같다는 보증은 없다. 따라서 알라야식 도입의 본래 문맥을 명확히 하기 위한 논의는, 선입관을 버리고 초기 유가행파 문헌을 가능한 한 허심탄회하게 읽는 것에서 시작해야 할 것이다. 환언하면 나는 이런 종류의 논의는 귀납적이어야 하고, 여기에 연역적인 방법을 가지고 오는 것은 위험하지 않을까 하는 인상을 갖고 있다. 내가 그와 같은 인상을 갖는 이유는 그리피스의 논의에서 그가 전제로 하는 이론적 틀이 '8논증' 이해에 크게 영향을 미치고, 나아가 문헌 이해를 왜곡하고 있는 것은 아닐까 하고 염려하기 때문이다. 여기서는 몇 가지 예를 들어 그가 가진 이해방식의 문제점을 지적하고자 한다.

첫 번째 논증은 만약 알라야식이 없고 6식신(안식·이식·비식·설식·신식·의식의 총칭. '6식신'의 '신 kāya'은 '모임'이라는 뜻)만 있다면 '소의'(所依 āśraya 여기서는 '신체'라는 뜻)의 '집수(執受 upādāna)'가 불가능한 이유를 1) 6식신은 현재 조건에 의존하고, 2) 선악의 성질을 가지고, 3) 업의 과보로 얻은 윤리적으로 중성인 것 異熟無記이 아니고, 4) 특정한 감관에 의존하고, 5) 중단하는 일이 있기 때문이라는 다섯 가지로 설명하는 것이다.[23] 여기서 그리피스는 '소의의 집수'를 결생상속에서 새로운 신체를 취하는 것 appropriating a new body으로 해석한다. 6식신은 현재 조건에 의존하여 생기하는 것이기 때문에 6식신이 새로운 신체를 취한다고 하면 과거 업의

과보를 설명할 수 없다. 따라서 알라야식을 필요로 한다고 이해한다.[24]

그러나 『섭대승론』이 명시하는 대로[25] 유가행파에서 '집수'는 결생상속에서 새로운 신체를 취하는 것 이외에 일생 동안 신체를 생리적으로 유지한다는 의미가 있다. 『유가론』의 첫 번째 논증에서 윤회전생이나 결생상속은 전혀 언급되지 않기 때문에 그것과 관련짓는 것은 곤란하다. 따라서 후자의 의미에서 이해해야 할 것이다.[26] 곧 여기서 서술하고 있는 것은 특정한 감관에 의존하고, 자주 상태가 변화하거나 중단하는 6식신이 전신을 계속적으로 유지하는 일은 불가능하고, (예를 들면 안식은 안근에 의존하는 것이므로 안식과 관계없는 이근을 유지하는 일은 있을 수 없다) 특정한 감관에 의존하는 일이 없이 안정적으로 존속하는 알라야식만이 전신을 유지할 수 있다는 취지라고 생각한다.[27]

이 논증에서 다섯 가지 이유 중 첫째는 알라야식은 전생의 행(=업)을 원인으로 하는 것이지만, 전식(轉識 pravṛtti-vijñāna 표층식, 여기서는 6식신)은 현재의 여러 조건을 원인으로 하는 것이기 때문에, 전자만이 신체를 집수할 수 있는 것이라는 사실이 서술되어 있다. 그리피스는 이 구절이 전생에서 금생으로 윤회 전생하는 것을 언급하는 것으로 해석한다.[28] 그러나 여기서 포인트는 현재 조건에 응하여 끊임없이 상태를 변화하는 6식신이 아니라, 전생의 업에 의해 기본 성질이 결정되어 금생에는 성질이 크게 변화하는 일이 없는 알라야식만이 일생 동안 계속적으로 신체를 유지할 수 있다는 것이다.[29] 여기서 문제가 되는 것은 윤회전생에서 업의 인과 연속성이 아닌 것이다.

두 번째 논증은 알라야식의 존재를 인정하면 한 중생에게 여러 식이 동시에 활동할 수 있다는 사실을 인정하는 것인데(유부 교학에서는 용인되지 않는다), 그것이 문제가 되지 않는다는 점을 서술하기 위한 것이다. 그것은 이 논증의 서두에 명시되어 있다. 그것을 증명하기 위해 [알라야식을 인정하지 않는다면] 동시에 다른 종류의 인식을 하고자 하는 중생에게는 [6식신 중] 어떤 하나의 식이 먼저 발생할 수 없다고 주장한다. 이것을 그리피스는 만약 알라야식을 인정하지 않고 6식신만 인정한다면 1) 여러 감관 sense-organ으로 어느 한 대상 a particular object을 동시에 인식할 수 없고, 2) 결생상속이나 일상생활에서 최초 식의 생기도 설명할 수 없다고 이해한다.[30]

하지만 이 읽기도 문제가 많다. 먼저 이 논증은 전체가 연속한 논의다. 이와 같이 전후를 별개의 논점으로 나누어 이해할 필요는 없다. 게다가 불교 교리 체계에서 5온에 여러 식이 동시에 인식하는 '어느 한 대상'이 존재할 수 있는가도 의문이다. 예를 들면 안식의 대상이 되는 '색'과 이식의 대상이 되는 '성'은 별개의 다르마로 이해되는 것이 불교 교리에서 통칙이지 않을까. 또 별고에서 지적한 대로[31] 결생상속의 문맥에서 이 두 번째 논증을 이해하는 것은 일본에서서도 자주 보이는 이해지만[32] 필자는 그럴 필요는 없다고 생각하고 있다. 먼저 무엇보다도 해당 문헌이 이 문단에서 결생상속을 전혀 언급하지 않는다. 일상 인식에서 여러 식(예를 들면 안식과 이식)에 인식 성립을 위한 여러 조건이 동시에 주어졌을 때, 그 식들이 동시에 생기하지 않는 것은 불합리하다는 사실(다시 말하면 동일하게 생기의 조건이 주어져 있는 여러 식 중 어느 것이 먼저 생기하는가를 결정하는 것은 불가능하다는 사실)을 서술하고 있는 것에 불과하다. 곧 이 논증은 알라야식설에 필연적으로 동반하는 여러 식의 동시생기를 논증함으로써 간접적으로 알라야식의 존재를 논증하고자 하는 것이다. 그것 이외에 뭔가 특수한 것을 말하고 있는 것은 아니다.

또 그리피스는 여러 식에 대해 알라야식이 동시에 등무간연 等無間緣이 되기 때문에, 여러 식의 동시생기가 가능하다는 것을 강조하고 있다.[33] 그러나 『유가론』

〈본지분〉 중 〈오식신상응지 *Pañcavijñānakāya-saṃprayuktā Bhūmiḥ*〉[34] 및 〈의지 *Manobhūmi*〉[35]에서 식의 등무간의(等無間依 samanantara āśrayaḥ)는 마나스(manas 어떤 식 직전에 소멸한 식)[36]고, 알라야식은 종자의(種子依 bījāśraya)라는 것이 반복해서 명언되는 이상, 알라야식을 등무간연이라고 이해하기는 곤란할 것이다[37]

그리피스는 또 자설을 보강하기 위해, 『유식삼십송안혜석 *Triṃśikā-vijñaptibhāṣya*』[38]에서 아래 한 구절(파도의 비유)을 원용한다[39](이하 필자에 의한 해당 부분 요약).

> 【문】 안식 등 5식과 동시에 소연연所緣緣이 구비되어도, 등무간연은 동시에 복수로 존재할 수 없고 하나의 식이 여러 식의 등무간연이 되는 것도 있을 수 없기 때문에, 알라야식으로부터는 하나의 식밖에 생기할 수 없지 않은가. 그렇지 않고 여러 식에 연이 구비되면 여러 식이 생기할 수 있는가.
>
> 【답】 [『해심밀경』에] '흘러가고 있는 홍수에 만약 하나의 파도가 일어나는 연이 있다면 하나의 파도가 일어나고, 다수의 파도가 일어나는 연이 있다면 다수의 파도가 일어난다. 마찬가지로 하나의 식이 생기하는 연이 구비될 때는 알라야식으로부터 하나의 식이 생기하고, 여러 식이 생기하는 연이 구비될 때는 알라야식으로부터 여러 식이 생기한다'고 한다. 등무간연은 소연연처럼 식에 고유한 것이 아니기 때문에 여러 소연연이 있을 때 하나의 식을 등무간연으로 하여 복수의 식이 생기해도 문제는 없다.

이와 같이 확실히 이른바 '등무간연이라는 외나무다리'[40] 이론이 부정되는 것은 사실이다. 또 안혜는 '모든 식이 생기할 때는 [그 식은 다른] 모든 식에 대해 등무간연이 될 수 있다'[41]고 서술하기 때문에, 알라야식이 전식의 등무간연이 되는 것도 상정되어 있을 것이다. 그러나 위에서 서술한 『유가사지론』의 기술을 근거로 하면 제일의적으로는 알라야식은 종자의로 간주되고, 등무간연은 전식 상호간에 상정되어 있는 것으로 이해해야 할 것이다.[42]

다섯 번째 논증은 식의 동시생기가 없다면 식의 작용을 설명할 수 없다는 것이다. 곧 외계(bhājana 器[世間]), 신체(āśraya 所依), 자기(aham 我), 인식대상(viṣaya 境)에 대한 네 가지 인식(vijñapti 了別)이 순간순간 동시에 이루어지는 것이 경험된다. 하지만 하나의 식이 동시에 이와 같이 다른 인식작용을 이루는 것은 있을 수 없다. 여기에 관해 그리피스는 이 네 가지 인식이 연속적으로 행해지고 있는 것이라고 간주하고, 그 모두가 알라야식에서 행해지고 있다고 생각하는 경우만 그 연속성은 가능하다는 주장이라고 이해하고 있다. 따라서 이들 인식을 동시에 생기할 수 없는 별개의 식에 귀속시키는 것은 불가능하다고 주장하는 것이다.[43]

그러나 이것은 납득할 수 없는 이해 방식이다.[44] 이 논증 서두의 기술로 보아 여기서는 두 번째 논증과 마찬가지로 알라야식설에 동반하는 여러 식의 동시 생기를 논증하고자 하는 것이라고 이해해야 한다. 그럼에도 불구하고 이 네 가지 인식작용을 동일한 알라야식에 귀속시킨다면 논의의 전제 자체가 무너지고 만다.[45] 여기서도 알라야식은 중생의 연속성을 설명하기 위해 도입된 것이라고 하는 그리피스의 선입관이 문헌 독해에 영향을 주고 있는 것은 아닌지 염려된다.

여섯 번째 논증은 어떤 사람의 [표층] 마음이 어떠한 상태에 있든 신체에서 다종다양한 감수가 경험되는데, 알라야식이 없다면 그것은 있을 수 없다는 주장이다. 그리피스는 다양한 종자를 갈무리하고 있는 알라야식이 있기 때문에 다양한 신체적 감수가 있을 수 있다는 의미라고 이해하고 있다.[46]

이 부분은 본문의 기술이 간결해서 언뜻 보기에 의도가 반드시 명백하지는 않다. 하지만 적어도 거기서 종자가 전혀 언급되지 않는 것은 확실하다. 필자는 식이 집수(생리적 유지)하기 때문에 신체가 감각을 가진 것으로서 기능한다고 하는 교리와 관련지어서 이해해야 한다고 생각한다.[47] 요컨대 첫 번째 논증이나 후술하는 여덟 번째 논증과 같은 방향으로 취할 수 있는 것이다. 표층식이 어떠한 상태에 있든 그것과 관계없이 신체에서 여러 가지 감수가 인정된다. 이것은 알라야식이 전신을 집수하고 감각을 가진 것으로서 유지하고 있기 때문이라는 취지일 것이다. 이것은 하카마야가 인용하는 부퇸의 『잡집론』 주석서 *Chos mngon pa kun las btus kyi ṭīka rnam bshad Nyi ma'i 'od zer zhes bya ba*의 이해와도 합치하고,[48] 슈미트하우젠의 이해와도 가까운 것이다.[49] 다시 말하면 이것은 극히 구체적인 신체 감각에 근거한 주장이다. 그리피스가 말하는 것처럼 알라야식이 이론적인 문제의 설명을 위해 '가정되었다 postulated'[50]는 주장을 지지하는 것은 아닐 것이다.[51]

여덟 번째 논증은 다음과 같다. 어떤 사람이 죽을 때 식은 신체의 상부에서 하부로 식어가면서 [신체를] 버린다. 의식이 그 사이 계속 생기할 리는 없기 때문에[52] 신체를 집수하고 있는 알라야식이 이탈하는 것에 의해 신체의 냉각과 무감각이 있다고 주장하는 것이다. 이것에 대해 그리피스는 죽음의 순간에 어떤 대상의 인식은 있을 수 없기 때문에, 죽음의 순간에 신체로부터 떠나는 것은 대상 없이 기능하는 알라야식뿐이라는 주장이라고 이해하고 있다.[53]

여기서 알라야식이 대상이 없이 활동한다는 이해의 타당성 문제는 물론이거니와,[54] 인식대상을 둘러싼 논의가 이 논증의 본문 안에 전혀 나타나지 않는 것에 주의해야 한다. 죽음에 이르러 신체의 상부 혹은 하부로부터 식어가는 것이 언급되는 점으로 보아, 이것은 명확히 〈본지분〉 중 〈의지〉에서 죽음의 과정에 대한 기술과 같은 문맥이다.[55] 〈본지분〉과 〈섭결택분〉이 모두 전제로 하고 있는 것은 알라야식에 전신을 집수하는 기능이 있다는 사실이다.[56] 그러므로 알라야식이 기능을 정지한(혹은 신체로부터 떠난) 부분부터 식기 시작하는 것이다. 여기서 대상 인식 문제는 직접 관계없다고 할 수밖에 없다.[57]

이상 지면의 제약도 있고 포괄적인 검토는 없었지만 그리피스의 이해가 가진 문제점을 어느 정도 보여주었을 것이다. 필자는 불교 연구에서 이론적 고찰의 중요성을 조금도 부정하지 않는다. 하지만 그것이 사상사 연구로서 단순한 자신의 철학 신조를 드러내는 것이 아니라면, 모든 주장은 문헌을 허심탄회하게 읽는 것에 의해 지지되어야 할 것이다. 논의의 서두에 자기의 교리 이해에 기초한 결론을 제시하고, 이하 문헌의 기술을 그 결론에 짜 맞추어 해석하고자 하는 연구방법이 유익한 것이라고는 생각할 수 없다. R.M.L. 게씬 Gethin은 이 책 서평에서 유부와 유가행파 고찰은 빈틈없이 엄밀하지만, 상좌부 이해에는 문제가 많다고 말하고 있다.[58] 그러나 실제로는 이 책은 유가행파 부분이야말로 문제가 많다. 그리피스의 논의는 많은 오해에 근거하고 있어 이후 알라야식 연구의 출발점이 될 수는 없을 것이다.

3.
슈미트하우젠의 알라야식 성립론

그러한 상황에서 현 단계에서 가장 상세하면서 중요한 알라야식 성립론으로 역시 람버트 슈미트하우젠 Lambert Schmithausen의 저서를 들지 않을 수 없다.[59] 이하 그 논의의 개요를 소개하고자 한다.

슈미트하우젠은 초기 유가행파 사상 연구에서 『유가론』을 매우 중시한다. 그는 『유가론』이 신구 요소로 이루어진 편찬물이어서 대략 이하 세 층으로 분석할 수 있다고 한다(1.6.6).

1) 〈본지분〉 중 〈성문지〉 〈보살지〉 등 알라야식을 전혀 언급하지 않는 부분 및 〈섭사분〉.
2) 〈본지분〉의 나머지 부분. 알라야식은 가끔 언급하지만, 『해심밀경』은 언급하지 않는다.
3) 〈섭결택분〉. 발전한 알라야식설을 갖고, 『해심밀경』을 전제로 한다.

잘 알려진 대로 유가행파가 주된 전거로 삼는 대승경전은 『해심밀경』이다. 슈미트하우젠에 의하면 이것은 문헌사적으로는 〈본지분〉과 〈섭결택분〉 중간에 들어가는 것이다. 따라서 유가행파 최고의 문헌은 『유가론』 〈본지분〉이다(1.6.7). 이 점은 전술한 대로 기본적으로 스구로의 견해와 궤를 같이하는 것이다.

따라서 알라야식이 도입된 본래 문맥을 결정하기 위해서는 〈본지분〉에서 알라야식의 용례를 검토하지 않으면 안 된다. 〈본지분〉에 알라야식은 몇 회 언급된다. 그들 중 하나가 알라야식 도입의 본래 문맥이었다고 인정하기 위해서는 종래의 식과는 다른 새로운 식을 도입하는 필연성을 이해할 수 있고, '알라야식'이라는 이름을 선택한 이유를 이해할 수 있어야 한다는 두 가지 조건을 만족시킬 필요가 있을 것이다(1.7). 그와 같은 조건을 만족시키는 것이 〈삼마희다지〉의 한 구절이다(2.1). 그것 이외는 알라야식이 도입된 본래 문맥을 보여주는 것이 아니고, 나중에 원래 알라야식을 포함하지 않았던 기술에 부가되었을 가능성이 높다고 생각된다(6.).

〈삼마히다지〉에서 알라야식설의 출발점을 보여주는 용례(Initial Passage '최초의 구절')는 멸진정에 들어서 통상의 심작용이 정지했을 때도 신체에 알라야식이 존속하여 표층심 轉識의 종자를 유지하고, 식이 신체를 떠나는 일이 없이 멸진정에서 나갈 때에 [그로부터] 전식이 다시 생기한다고 한다(2.1).[60] 이것은 멸진정에서도 생명력(āyus 壽)과 체온(uṣman 煖)을 잃어버리지 않고 감각기관(indriya 根)이 손상되지 않으며 식 vijñāna이 신체로부터 떠나지 않는다고 하는 근본설일체유부가 전하는 『법시비구니경 Dharmadinnā-sūtra』의 기술에 근거한 것이다(2.3.4).[61] 여기서 알라야식은 본래 '신체에 잠재하고 신체에 부착하는 식'이라는 의미였다(2.7). 이 단계에서 알라야식은 신체에 있는 종자를 실체화한 것에 지나지 않고 충분한 식으로서 기능을 가진 것은 아니었다(2.13.1). 다만 명언되지는 않았지만, '최초의 구절'이 전제로 하는 『법시비구니경』의 문맥으로 보아, 알라야식이 신체를 생리적으로 유지하는 기능도 가지고 있다고 간주되었을 것이다(2.13.4).

본래 알라야식은 멸진정이라는 마음의 중단상태를 잇는 것 gap-bridger일 뿐이었지만(3.0.2), 그 후 무상정·무상천(3.21.2), 결생상속(3.3.0), 이숙(3.31.4) 등의 개념과 관련되어 기능을 확대해 간다. 그리고 알라야식은 멸진정에만 한정되지 않는 연속적인 것으로 간주되고(3.3.2.2), 그에 따라 일체종자식(3.4.2) 개념과도 결합한다. 알라야식이 연속적인 것이라고 간주되는 것과 더불어, 알라야식은 일생 동안 신체를 유지하는 것이 된다(3.5). 이 신체에 내재하고 편만하여 생리적으로 신체를 유지하는 기능이 〈섭결택분〉의 '8논증'에는 알라야식의 중심 기능이 된다(3.7.1). 또한 『아비달마잡집론』에도 인용된 『현양성교론』의 기술에 따르면, 초선과 이선에서, 알라야식은 신체를 쾌적함(praśrabdhi 輕安)으로 가득 채운다고 간주된 듯하다(3.7.2). 또 알라야식이 연속적으로 기능하는 것에 동반하여, 필연적으로 전식과 알라야식은 동시에 존재하는 것이 된다. 〈본지분〉에는 인정되지 않았던 여러 식의 동시 존재는 '8논증'에서는 적극적으로 인정된다(3.8.1–3).[62] 그리고 결생상속과 관련하여 (신체가 존재하지 않는) 무색계로 전생을 고려하면, 알라야식은 단순히 신체에 의존하는 것이 아니라 그것 자체가 중생의 소의로 간주되고(3.9.2.6), 마침내 중생의 기본적 구성요소가 된다(3.10.3). 또 알라야식은 집착의 대상(3.11.4.1), 이숙 異熟(3.12)으로 간주된다.

원래 알라야식은 생명을 유지하는 긍정적인 것이었다. 하지만 불교에서 생은 무상하고 고통으로 가득 찬 것이고 추중 麤重을 동반하는 것이다(4.1.1–2). 유가행파에서 추중은 종자와 동일시된다. 그것을 보존하는 알라야식은 필연적으로 부정적인 측면을 갖게 되어(4.1.3–4), 유취식 有取識 sopādāna-vijñāna 개념에 접근한다(4.3). 『해심밀경』「심의식상품」에서 유취식은 생리적인 생명유지와 윤회적 생존의 집착이라는 두 가지 기능을 갖는다(4.4.2.1–2). 그것을 계승하여 〈섭결택분〉의 '유전분 Pravṛtti Portion'에서는 알라야식이 아견의 대상으로 간주되고(4.6), '환멸분 Nivṛtti Portion'에서는 모든 잡염의 근본으로 간주된다(4.7.2). 한편 출세간법의 종자도 알라야식에 있는 것이라고 간주되지만, 잡염의 근본인 알라야식에 청정의 원인을 포섭시키는 것에는 이론적 난점이 남는다(4.8.1–4).[63] 그 때문에 〈섭결택분〉 중 〈유심지〉에서는 잡염의 근본이라는 기능은 말나식으로 이전된다(4.10.1).

한편 알라야식을 독립된 식으로 취급하기 위해서는, 아비달마의 정의에서 보는 것처럼, 대상(境, 所緣)을 인식하는 것과 함께 심작용 心所을 동반해야 한다(5.2). 〈본지분〉에서는 특별히 그 문제가 논해지지 않지만, 알라야식이 이숙이라고 간주되는 것과 관련하여 중성적 감수 捨受와 관련되는 일은 있다(5.4.1). 한편

〈섭결택분〉의 '알라야식 8논증'에서 알라야식은 신체적 감각 身受과 관련되어 있다(5.4.2). 이것은 알라야식이 추중, 때로는 경안과도 관련된 것과 관계가 있었을 가능성이 있다(5.4.2.1). 또 '8논증'에서 알라야식은 외계 器世間와 신체 所依를 인식대상으로 한다고 간주되고(5.6.2), '유전분'에서는 습기 習氣도 대상으로 간주된다(5.6.3.2). 다만 무의식 상태에 있는 멸진정에서도 존속하는 알라야식의 인식은 미세한 것으로 간주된다(5.7).

심작용에 관해서는 '유전분'에 이르러 가장 보편적이고 기본적인 다섯 가지 심작용 遍行, 곧 대상과 접촉 觸, 감수 受, 관념화 想, 의지 思, 주의 作意와 결합한다고 간주되는데, 이것도 미세한 것이다(5.9). 미륵에게 귀속되고 대승적 색채가 농후한 여러 논서(『대승장엄경론』, 『중변분별론』, 『법법성분별론』)에서는 '알라야식'이라는 말 그 자체가 회피되고 있다(5.11.1–3). 아비달마적 경향이 강한 무착의 『섭대승론』, 『아비달마집론』(특히 전자)에서는 알라야식이 중요한 개념으로 취급되지만, 그 인식대상이나 심작용 心所에 대한 논의는 거의 나타나지 않는다. 거기서 알라야식은 기본적으로 종자의 총체에 지나지 않는다(5.12.1–2). 이것은 세친의 주석 문헌이나 『삼성론』에서도 마찬가지다(5.13.1). 한편 『구사론』 저자인 세친의 저작(『성업론』, 『연기경석』, 『오온론』)도 알라야식의 식으로서의 측면을 상세히 설명하는 일은 없다. 알라야식의 인식대상이나 심작용 문제를 상세히 논하는 것은 『삼십론』뿐이다(5.14.1–2).

이상 슈미트하우젠의 논의는 매우 엄밀하고 상세한 것이고, 오늘날 참조 가능한 것 중에서 가장 높은 수준으로 평가하는 것에 아마도 이견은 없을 것이다. 이후 알라야식설을 논하는 연구자들은 찬성하든 이견을 서술하든, 반드시 이 슈미트하우젠의 업적을 참고한 후에 자기의 논의를 전개하지 않으면 안 될 것이다. 그와 같은 논의의 예로서 여기서는 윌리엄 월드론 William S. Waldron,[64] 마츠모토 시로,[65] 할무트 부셔 Hartmut Buescher[66]의 설을 간결하게 소개하고자 한다.[67]

4.
알라야식 성립론의 전개

1) 월드론 설

월드론의 연구는 알라야식 도입 경위 그 자체에 관해서는 슈미트하우젠의 논의를 답습하면서, 알라야식설의 교리사적 배경을 밝히고자 한다. 월드론에 따르면, 초기불교의 12지 연기설에서 이미 식은 윤회전생의 과정을 통해 존속하는 잠재적인 '윤회적 식 saṃsāric viññāṇa'과 특정한 대상에 대해 작용하는 여섯 가지 인식六識을 가리키는 '인식적 식 cognitive consciousness' 두 가지 측면을 갖고 있었다. 초기불전에는 번뇌의 잠재적 경향성인 '수면(隨眠 anuśaya)', 성자에게도 남아 있는 미세한 자아의식(我慢 asmi-māna)의 잔재라는 잠재적인 요소가 보인다. '윤회적 식'과 '인식적 식' 사이에는 상호인과 관계가 인정되고 있다.

한편, 아비달마 단계에는 동시에 존재하는 찰나멸의 다르마 상호 관계를 분석하는 '공시적 분석'과 다르마가 찰나멸로 간주되는 가운데 인과의 연쇄나 시간적 연속성을 설명하고자 하는 '통시적 분석' 두 가지 주요한 관점이 있었다. 법의 분석(공시적 분석)에 주안을 둔 설일체유부에게 수면은 번뇌와 동일시된다. 잠재적인 것은 인정되지 않아 업의 인과는 3세를 통해 다르마의 실재에 의해 가능하게 된다. 업의 결과가 특정한 중생에게 귀속되는 것은 심불상응행법인 '득(得 prāpti)'에 의해 설명된다. 한편 경량부는 '종자 bīja'라는 잠재 요소에 의해서 이들 문제를 설명한다. 상좌부에서는 통상의 심이 작용하지 않을 때, 그 중단을 연결하는 '유분심(有分心 bhavaṅga-citta)'이라는 개념이 있었다.

이들 초기불교·아비달마불교의 문제의식을 기반으로 잠재적 심의 존재를 명확화·조직화하고, 그것이 표층식 轉識과 동시에 활동하면서 상호인과 관계에 있는 것을 명시한 것이 유가행파의 알라야식설이었다고 한다.

2) 마츠모토 시로 설

마츠모토는 먼저 『해심밀경』 「심의식상품」 알라야식 정의에 나타나는, 알라야식이 부착하는 대상으로서 '신(身 Tib. lus)'의 원어를 'kāya'가 아니라 'ātma-bhāva'였다고 상정한다. 그리고 그것을 단순히 '신체'가 아닌 아집의 대상이 되는 '기체'로 해석한다. 그 후 가지야마 유이치 梶山雄一[68]나 사사키 요도 佐々木容道[69]의 성과를 참조하면서 원시불전에서 연기설과 관련하여 설해지는 '4식주 識住'나 '식식 識食' '유취식 有取識'설과 알라야식설과의 연속성을 중시하여, 『해심밀경』에서 알라야식은 'ātma-bhāva'에 집착하는 것이었다고 주장한다.

한편 마츠모토에 따르면 『해심밀경』에서 알라야식은 '종자를 가진 것'이 아니라 '종자 그 자체'고, 'ātma-bhāva'에 집착하면서 잠재하는 것, 곧 '초기체 超基體' 였다. 한편 같은 「심의식상품」에 나타나는 '아다나식(=알라야식)에 의존하고 머무는 6식신이 발생한다 pravartante'라는 표현을 계기로 전식 pravṛtti-vijñāna 개념이 성립하고 알라야식은 초기체에서 기체로 바뀌어간다. 그것에 동반하여 새로운 아집의 주체로 '염오의 kliṣṭa-manas'가 도입되었다고 한다. 알라야식 개념을 최초로 도입한 것은 『해심밀경』이고, 슈미트하우젠이 말하는 '최초의 구절'은 '전식'과 '6식신'을 동일시하는 '8논증'보다 성립이 늦은 것이었다고 논증하고 있다.

3) 부셔 설

부셔도 또한 슈미트하우젠설을 비판적으로 검토하고 슈미트하우젠의 '최초의 구절'은 알라야식설이 최초로 도입된 곳일 수 없다고 한다. 심신 활동의 중단을 설명하는 것으로는 알라야식을 전제로 하지 않는 색심호훈色心互熏 설 쪽이 멸진정에서 마음의 중단뿐 아니라 무색계에서 신체의 중단도 설명 가능하다는 점에서 더 우수하고, 알라야식설은 오히려 이론적으로는 후퇴해 있기 때문이다.[70] 또 '최초의 구절'에는 새로운 개념을 소개한다는 태도가 보이지 않고 오히려 이미 알려져 있었던 알라야식이라는 개념을 전제로 한다. '최초의 구절'은 〈본지분〉의 다른 부분과는 이질적인 발전단계를 보여주는 것이고 그 자체가 삽입이라고 생각된다. 따라서 이 '최초의 구절'을 출발점으로 하여 알라야식을 고찰하는 것은 불가능하다고 한다.

그렇다면, 알라야식설을 도입한 것은 『해심밀경』이었다고 할 수밖에 없다. 알라야식설은 유식설과 같은 대승적 교리와는 직접 관계없고, 오히려 아비달마적 문맥 안에서 도입된 것이라고 생각하는 슈미트하우젠과는 달리, 부셔는 대승적 문맥을 중시한다. 그에 따르면 『해심밀경』에서 3성설·3무성설·유식설이라는 대승적 교리는 상호 간에 밀접하게 관련되고, 전체로서 새로운 존재론적 모델을 형성하는 것이다. 그 모델 특히 유식성 교리가 전제조건이 되는 '일체종자식' 곧 알라야식의 도입을 불가피한 것으로 했다고 생각한다.

이상 월드론, 마츠모토, 부셔의 논의는 모두 꼼꼼하고 상세한 것이다. 본래는 이 논의를 검토한 후에 자설을 제시해야만 하지만, 그것을 위해서는 방대한 시간과 지면을 필요로 하여 이 장의 범위를 넘어서고 만다.[71] 이번에는 불충분하지만, 필자는 순수하게 교리사적·문헌학적인 이 연구들과는 약간 다른 관점에서, 슈미트하우젠의 학설에 대하여 약간의 비견을 서술하고자 한다. 필자는 초기에는 유가행 유식학파 연구를 전문으로 했지만 최근에는 선관 연구를 중심으로 하고 있다. 따라서 지금 곧바로 알라야식 기원론에 관하여 엄밀한 논증을 거친 학적 주장을 전개할 만한 준비는 없다. 이하 서술은 이후 연구의 개략도라는 의미도 담아 잠정적인 사견에 그치는 것을 양해해 주기 바란다.

5.
알라야식 연구에 관한 사견

사상사 연구는 문헌에 대한 치밀한 분석에 기초하지 않으면 안 된다는 것이 슈미트하우젠의 기본 입장이다. 이것은 필자 자신이 그리피스의 연구와 관련하여 주장했던 것과 궤를 같이하는 것이기도 하다. 이와 같은 방법론을 실천하고 있는 슈미트하우젠의 연구에는 깊은 경의를 느끼고 있다. 같은 이유로 알라야식설의 기원에 관한 모든 논의는 최초기 유가행파 문헌에 그 근거를 두지 않으면 안 된다고 하는 그의 주장에 필자는 기본적으로 동의한다.

다만 나 자신의 선관 경전 연구 경험으로부터, 문헌에 모든 것이 기록되어 있을 리는 없다는 측면도 고려해야 하지 않을까 하는 것도 느끼고 있다. 이 점에 관하여 필자가 이제까지 연구대상으로 해왔던 것은 중앙아시아에서 선관 경전과 그것에 관한 벽화의 성립 문제다. 적어도 그 문헌에서는 여러 가지 문헌과 미술이 구두 전승이라는 큰 흐름의 종종 다른 측면을 개별적으로 기록하고 있다고 생각하지 않으면 설명할 수 없는 사례가 발견되었다.[72] 선관과 같은, 기본적으로 일대일의 개인 관계 안에서 이어 받아온 실천의 세계에서 구두 전승이 차지하는 위치가 커진다는 것은 쉽게 상상할 수 있을 것이다. 물론 중앙아시아 상황을 곧바로 인도에 적용할 수는 없다. 그래도 종래에 없던 새로운 개념이 도입되는 것과 같은 큰 변혁기에는 문헌에 기록되지 않은 무대 뒤의 많은 사건이 있었을 가능성은 높을 것이다. 만약 그 개념이 선정 실천과 깊은 관계에 있었던 것이었다면 한층 더 그럴 것이다. 슈미트하우젠은 알라야식이 멸진정을 둘러싼 이론적 문제의 해결을 위해 도입된 것이고 직접체험에 근거한 것은 아니라고 생각하고 있다(7.4). 그럼에도 불구하고 멸진정이라는 선정체험과 깊이 관계하고 있다고 생각하는 것에는 변함이 없다.

물론 훨씬 시대가 떨어져 있는 인도 유가행자들의 실천 내용을 알기 위한 실마리는 문헌 자료 이외는 없기 때문에 문헌 자료에 남아 있는 기술을 바탕으로 당시 수행자들의 실천을 추측하는 노력은 거듭되어야 한다. 그러므로 '구두 전승'을 방패막이로 자의적인 논의를 전개해서는 안 된다는 것은 말할 것도 없다. 문헌 중에 모든 것이 서술되어 있을 리는 없다고 하더라도, 문헌 중에 기록되지 않은 실천의 양태를 재건축하기 위한 실마리는 역시 문헌 안에서 구하지 않으면 안 될 것이다.

다만 가령 어떤 그룹의 수행자들이 어떤 내적 종교 체험에 의해 이제까지 말해지지 않았던 새로운 (이 경우 알라야식의 존재라는) 종교적 확신을 얻었다면, 그들은 그 확신과 그 배경에 있는 체험을 처음부터 모두 노골적으로 공개했을까. 오히려 처음에는 오해를 피하기 위해 사람들에게 익숙한 말로 다소 완곡하게 말하기 시작해, 그것이 어느 정도 사람들의 귀에 익숙해졌을 때, 비로소 핵심적인 체험을 말하는 순서를 취하는 것도 충분히 생각해 볼 수 있는 것은 아닐까(적어도 '자아라고 오해되는 것을 꺼려서 미숙한 자들에게는 아다나식[=알라야식]을 설하지 않았다'고 하는 『해심밀경』「심의식상품」의 유명한 게송은 그 같은 방향을 시사하고 있는 듯하다).[73]

그와 같이 생각한다면, 가령 슈미트하우젠이 말하는 대로 『유가론』〈본지분〉 중 〈삼마희다지〉가 알라야식을 언급하는 현존하는 가장 오래된 자료라고 해도, (혹은 마츠모토나 부셔가 주장하는 것처럼 알라야식을 최초로 도입한 문헌이 『해심밀경』이었다고 해도) 거기에 알라야식설 도입의 동기가 모두 말해지고 있다고 생각할 필요는 없다. 특히 〈삼마희다지〉의 짧고 고립된 기술에 근거하여 알라야식 도입 배경의 전체상을 해명하는 것에는 상당히 곤란한 점이 있지 않을까.[74] 필자는 초기 알라야식의 성격을 밝히기 위해서는 문헌성립사에 관한 슈미트하우젠의 엄격한 기준을 조금만 느슨하게 해서, 알라야식에 대한 조직적인 논의로는 현존하는 가장 오래된 자료인 〈섭결택분〉 서두 부분 ('8논증' '유전분' '환멸분') 특히 '8논증'을 보다 적극적으로 고려할 필요가 있는 것은 아닐까 하고 생각한다.

'8논증'에 관해서는 슈미트하우젠 자신이 지적하는 것처럼, 신체를 생리적으로 유지한다는 측면이 매우 중시되고 있는 것은 명백하다. 나아가 이것도 슈미트하우젠이 말하는 것처럼, 거기서 언급되는 '신체적 감수'란 구체적으로는 선정에 의해 획득되는 경안을 가리키고 있었을 가능성이 있다(5.4.2.1). 체계화한 유식 교리에 따르면, 알라야식은 이숙이고 항상 중성적 감각 捨受과 상응하는 것이라고 간주된다.[75] 알라야식을 경안(혹은 사수 이외의 어떤 감수)과 관련짓는 기술은 교리적 입장에서는 약간 부자연스러운 것이다. 그러나 이와 같은 교리적으로는 부자연스러운 기술이야말로 체계화하기 이전, 유가행자의 체험에 기반을 둔 이른바 '속마음'의 일부가 남아 있을 가능성은 없는 것일까.

위에서 서술한 것처럼 하카마야는 '8논증'과 관련하여 논증 이전에 알라야식이 직관되어 있었을 가능성을 시사하고 있다.[76] 슈미트하우젠은 이것에 대해, 그것이 구체적으로 어떤 체험을 가리키는지 명확하지 않고 어쨌든 〈본지분〉에는 그와 같은 체험을 가리키는 기술이 없다고 논평한다(7.4). 논의의 논거를 〈본지분〉에 한정하는 것에 관한 내 사견은 위에서 말한 대로다. 그러나 직관의 구체적 내용으로는 바로 이 알라야식과 밀접히 관계하는 신체적 감수 특히 경안(및 그 대개념인 추중)을 직접 경험하는 것이 고려되지는 않았을까. 슈미트하우젠은 요코야마의 논의에 대한 코멘트 중에 알라야식의 존재를 추리하게 하는 신체적 감수는 신비체험 그 자체는 아니고 그 배경이 되는 체험일 뿐이라고 서술하고 있다(7.4). 이 점에 관해서는 필자는 견해를 달리한다.

요코야마[77]나 사쿠마 히데노리 佐久間秀範[78]가 지적하는 대로 유가행파에서 전의의 기본구조는 초기에는 심신 양면에서 추중(=akarmaṇyatā 부자유한 상태)으로부터 경안(=karmaṇyatā 자유롭게 활동하는 상태)[79]으로 전환하는 것으로 이루어져 있다. 그렇다면 신체에서 경안을 감수하는 것은 유가행자에게 전환 경험의 근간을 이루고 있었을 터다. 심소를 정의할 때 경안은 전의를 초래하는 것으로 간주되는 것도 상기해야 할 것이다.[80] 인간에게 마음과 신체가 무관하게 존재할 수는 없다. 선정을 실천할 때는 신체가 추중으로부터 경안으로 전환이 일어나는 것에 동반하여 마음이 추중에서 경안으로 전환하는 것도 일어난다. 그 전환의 근저에 종자를 소유함으로써 (혹은 종자로 이루어짐으로써) 표층 마음의 기저가 될 뿐 아니라,[81] 집수에 의해 신체를 지지하고 있는 중생의 생리적 기층이 존재한다는 것을 유가행자는 선정 안에서 직관적으로 알아차렸다. 그것을 '신체에 내재하는 식' 곧 '알라야식'이라고 부른 것은 아닐까. 슈미트하우젠은 시대가 늦었다는 이유로 중시하지 않지만(7.4), 견도에 들면 알라야식을 꿰뚫어 보는 것과 더불어 자기 자신이 상박 nimitta-bandhana과 추중박 dauṣṭhulya-bandhana에 속박되어 있는 것을 꿰뚫어 본다는 '환멸분'의 기술은 바로 그와 같은 체험을 시사하고 있을 것이다.[82] '환멸분'과 '8논증'의 (나아가 그것이 전제로 하고 있는 〈본지분〉의) 시간차는 아마도 그 정도로 큰 것은 아니었을 것이다. 알라야식 도입의 배경을 생각할 때, '환멸분'에 기술된 것을 고려하는 것이 반드시 부당한 것은 아니라고 생각한다.

나아가 다소 어울리지 않는 인용일지도 모르지만 『정법안장수문기 正法眼藏隨聞記』† 에 '그렇다면 도를 얻는 것은 바로 몸으로써 얻는 것이다. 이것에 의거해 오직 앉아야 한다고 알라'는 구절을 상기할 수 있다.[83] 물론 시대적·지리적으로 멀리 떨어진 이 문헌을 인도 유가행파의 사상사 해석에 바로 적용할 수는 없다. 그렇지만 선정 실천에 이와 같은 측면이 있다고 고려하는 것은 반드시 과녁을 빗나간 것은 아닐 것이다.

이미 서술한 것처럼 요코야마는 알라야식설에서 '안위동일 eka-yogakṣema'이라는 개념의 중요성을 강조한다. 이 '안위동일'도 교리적으로는 다소 부자연스러운 개념이다. 알라야식이 이숙이고 일생동안 상태가 변하는 일 없이 안정적이고 연

---

† 역자 – 고운에조(孤雲懷奘, 1198~1280)가 도겐(道元, 1192~1333)의 제자가 되어 스승의 가르침을 3년간 기록한 도겐의 법문집

속적인 것이라면 어떠한 '안'과 '위'가 있을 수 있을까.[84] 그러나 여기서도 이와 같이 교리적 틀에서 벗어나는 표현이야말로 유가행자들의 체험상의 실태를 보여주고 있을 가능성이 있을 것이다. 이와 같은 표현이 사용되는 적어도 하나의 배경으로 추중으로부터 경안으로 전환하는 가운데 신체와 알라야식의 생리적 연관성의 실태가 있었던 것은 아닐까 하고 필자는 예상하고 있다. 물론 이것은 현 단계에서는 증명이 없는 가설에 지나지 않고 이후 검증을 거듭하지 않으면 안 될 것이다.

6.
알라야식의 비교 연구 가능성

마지막으로 알라야식은 서양 심리학에서 '무의식'에 비유되는 일이 많다. 프로이트나 융의 심층심리학과 구체적으로 비교하는 시도로 여기서는 월드론의 성과를 소개하고자 한다.[85] 월드론은 알라야식과 '무의식' 사이에는 구조적 측면에서, 심리작용의 연속성을 설명하는 잠재적 과정, 과거 경험과 현재 인식내용 사이에 인과관계 인정, 무의식과 표층식이 동시에 활동하고 상호 영향을 주는 것, 무의식과 표층식이 유사한 인식작용을 가지는 것, 무의식이 표층의 모든 인식활동의 근원이 되는 것이라는 공통성이 인정된다고 한다. 그러나 그런 한편 심층심리학에서 중시되는 '억압' 개념이 알라야식설에는 인정되지 않는 것, 역으로 알라야식설에서 중요한 윤회·전생 개념이 심층심리학에는 존재하지 않는 것, 심층심리학에서 무의식 아래 심적 에너지는 때로는 본래 대상과는 다른 대상을 향하여 방출되는 것에 대하여 알라야식설에서 종자는 특정한 대상과만 인과관계를 갖는 것, 심층심리학에서 중요한 심적 활동의 해석이 유가행파에서는 명확한 형태로는 보이지 않는 것이라는 기능면에서는 차이가 있다고 한다. 그런 한편 융이 말하는 '집합적 무의식'과 알라야식이 가진 '공업' 사이에도 일정한 유사성이 인정된다고 말한다.[86]

불교학은 최종적으로는 단순한 고전문헌 해석에 머물지 않고 살아 있는 인간 이해와 문제 해결에 기여해야 하기에, 이와 같은 심리학 혹은 대뇌생리학과 비교 검토는 이후에도 적극적으로 추진되어야 할 것이다.[87] 다만 비교 대상이 되는 불교사상의 내용, 즉 이해 그 자체가 불확실해서는 유익한 비교 검토는 기대할 수 없다. 따라서 이와 같은 응용 연구에서도 견실한 문헌학이 전제가 되어야 한다는 것은 말할 필요도 없다. 또 배경·성질이 크게 다른 것을 비교하는 것이기 때문에 방법론적으로 신중한 검토가 요구되는 것도 당연할 것이다. 필자는 이와 같은 자연과학 분야와 비교 연구를 행할 때도 하나의 확실한 입각점이 되는 것이 알라야식설이 가진 신체(생리)적 측면일 것이라고 생각하고 있다. 이상 서술해 온 문헌 중의 기술로부터도, 알라야식은 단순한 심리적 존재가 아니라 생리적 측면을 가진 것이 강하게 추인된다. 이 측면을 간과하고 유익한 비교 검토를 행하는 것은 어려울 것이다.[88]

1 宇井(1930[1965]; 1958).

2 結城(1935).

3 이 범어 제목에 관해서는 松田(1988 : 18) 참조.

4 勝呂(1976). 이 점에 관한 더 최근 견해는 勝呂(1989 : 247ff.)에 서술되어 있다.

5 勝呂(1977).

6 한편 勝呂(1982 : 61)는 알라야식에는 '신체에 부착하고 있는 식'이라는 의미가 있지만, 이 '부착'의 의미는 '집착'이라는 의미에서 전화한 것이었다고 서술한다.

7 袴谷(1978[2001a]).

8 袴谷(1979[2001]).

9 袴谷(1978[2001a] : 345).

10 宇井(1958 : 175), 袴谷(1978[2001a] : 345)에 인용.

11 袴谷(1989 : 71–76)보다 최근 것으로는 袴谷(2001 : 37–39) 및 袴谷(2008)이 있다. 특히 袴谷(2008)는 프라우발너의 고전적 업적(Frauwallner 1951)을 다시 읽으면서 알라야식설의 인도사상적 배경을 찾는 것으로서 중요하다.

12 Yamabe(1997a; 1997b). 이들 졸고에 대해서는 松本(2004 : 55–218)에 자세한 반론이 이루어져 있으므로 함께 참조하기 바란다.

13 横山(1979a; 1979b).

14 横山(1979a : 1–8; 1979b : 126–136).

15 横山(1979b : 24).

16 横山(1979b : 175).

17 Griffiths(1986).

18 袴谷(1978[2001a]).

19 Griffiths(1986 : 91–96).

20 다만 그리피스는 宇井의 연구를 거의 참고하지 않은 듯하다.

21 그리피스의 주관에서는 유가행파 문헌의 분석에서 얻은 결론을 구체적인 문헌 검토에 앞서 제시하고 있는 듯 하지만(Griffiths 1986 : 93–94), 후술하듯이 그의 결론은 그가 근거로 하는 문헌 내용으로부터 귀납할 수 있는 것은 아니다.

22 袴谷(1978[2001a] : 357, n.62).

23 8논증 본문과 일역에 관해서는 袴谷(1978[2001a] : 326–344) 참조. 이하 이 범위에 관해서는 하나하나 전거를 주기하지 않는다.

24 Griffiths(1986 : 97–98).

25 『섭대승론』 1.5(長尾 1982 : 85–89), 佐々木容道(1982 : 179–181) 및 Scmithausen(1987[2007] : 3.9.2.5)도 참조. 이하 Schmithausen(1987[2007])을 언급할 때는 그 분절 번호를 표시한다.

26 Schmithausen(1987[2007] : 6.3.2)도 '執受證'을 결생상속할 때의 집수와 일생 동안의 집수 두 가지

의미로 이해하지만 이러한 이유에서 찬성할 수 없다.

27 『섭대승론』 1.35(長尾 1982 : 199–200)는 이 '執受證'과 같은 문맥의 논의라고 생각하는데, 이미 결생상속한 유정에 대한 이야기임을 명언하고 있다. 또 『성유식론』(신도본 3.32–33 및 4.20)도 이 '집수증'을 전제로 하고 있다고 생각하지만, 결생상속에 대해서는 설명하지 않는다.

28 Griffiths(1986 : 98).

29 『성유식론』(신도본 3.30)에서 단절이 있는 안식 등과는 달리, 이숙[심]은 단절하는 일이 없다고 서술하고 있는 것도 참조해야 할 것이다.

30 Griffiths(1986 : 98).

31 山部(2002 : 367).

32 宇井(1930[1965] : 730), 結城(1935 : 418–420), 袴谷(1978[2001a] : 341).

33 Griffiths(1986 : 133).

34 Vidhushekhara Bhattacharya ed., *The Yogācārabhūmi of Ācārya Asaṅga*, 1957, 4.6–12; 6.4–6; 7.5–7; 7.21–23; 8.14–15.

35 ibid., 11.9–10.

36 ibid., 4.10–11; 11.6.

37 주 42) 참조.

38 Hartmut Buescher ed., *Triṃśikāvijñaptibhāṣya*, 2007, 102.1–104.10. 이 부분을 둘러싼 문제는 原田(1996 : 164) 이하에 자세한 검토가 있으므로 참조하기 바란다.

39 Griffiths(1986 : 99–100). 이 논의는 명백히 『해심밀경』(Étienne Lamotte ed., §V.5,7)에 기반을 둔 것이고, 이 경의 한 구절이 인용되어 있지만, 그리피스는 그 인용의 전거를 보여주지 않는다.

40 이 표현에 대해서는 深浦(1951[1979] : 26–117) 참조. 그 심원은 『아비달마대비바사론』의 '如多商侶過一狹路'(대정27, 493c27–28)나 '猶如多人經於狹路'(대정27, 49b27–28)(둘다 原田(1996 : 171)에 인용)에 있다고 생각한다.

41 sarva-vijñānotpattau sarvasya vijñānasya tat-samanantara-pratyayatvābhyupagamāt / (Buescher ed., 104.5–6).

42 〈본지분중의지〉에서 마나스의 정의는 다음과 같다.

마나스란 무엇인가. 6식신 모두가 직전에 소멸한 것과, 무명·아견·아만·갈애를 특징으로 하는 네 번뇌와 항상 상응하는 염오의다.

manaḥ katamat/ yat ṣaṇṇām api vijñāna-kāyānām anantara-niruddhaṃ kliṣṭaṃ ca mano yan nityam avidyātmadṛṣṭy-asmimāna-tṛṣṇā-lakṣaṇaiś caturbhiḥ kleśaiḥ samprayuktam / (Bhattacharya ed., 11.6–7).

적어도 무간멸의와 염오의를 병치하는 이 정의로부터는 직전에 멸한 6식신이 무간멸의로서 상정되어 있다고 간주해야 하기 때문에, 여기에 알라야식도 포함해서 이해하는 것은 곤란할 것이다(이 구절은 '심·의·식'의 '의'를 정의하는 부분이지만, 알라야식은 그 직전에 '심 citta'과 등치되어 있다). 안혜의 등무간연 해석이 『유가사지론』의 교리를 충실히 반영하고 있다고는 말하기 어려운 것으로 생각한다.

43 Griffiths(1986 : 101–102).

44 kena kāraṇenāsatyāṃ yugapad vijñāna-pravṛttau karma na saṃbhavati /
만약 [복수] 식의 동시 생기가 없다면, 어떻게 [여러 식의 인식] 작용이 있을 수 없는가.

45 이 논의는 『성실론』(대정32, 279a13-14)의 '汝言一識不取六塵故非一心'과 관련되어 있을 가능성이 있을 것이다. 비교 검토가 필요하다.

46 Griffiths(1986 : 102-103).

47 예를 들면, P. Pradhan, 2nd ed., *Abhidharmakośabhāṣya*, 1975, 23.16-17. 櫻部(1975 : 202).

48 袴谷(1978[2001a] : 343-344). 이 부분의 해석에 관해서는 山部(2002 : 367-368)도 참조.

49 Schmithausen(1987[2007] : 3.7.1).

50 Griffiths(1986 : 103).

51 『성유식론』(신도본 3.31)의 '又在定中或不在定, 有別思慮無思慮時, 理有衆多身受生起. 此若無者, 不應後時身有怡適或復勞損. 若不恒有眞異熟心. 彼位如何有此身受'도 참조. 또 이 '身受證'은 『성실론』(대정32, 280b15-18)에 보이는 대론자에 대한 반론 '又若一識能於身中遍知苦樂, 然則以一眼識亦應能取諸樹. 是事不可. 云何一識悉知根莖枝葉花實. 故知多識一時俱生遍取諸觸'(原田(1996 : 176) 인용)과 관계하고 있을 가능성이 있어 검토가 필요하다.

52 na ca manovijñāṃ kadācin na pravartate / 이 이중부정은 이해하기 힘들다. 필자는 부분부정의 의미로 이해한다.

53 Griffiths(1986 : 104).

54 알라야식의 대상인식에 관해서는 후술하는 슈미트하우젠의 논의도 참조.

55 Bhattacharya ed., 18.16-20.

56 이 여덟 번째 논증에서는 알라야식이 신체를 집수하는 것이라는 사실이 명언되어 있다(ālayavijñāsyaiva dehopādānakasya…). Schmithausen(1987[2007] : 3.3.2.2) 참조.

57 나아가 Bhattacharya ed., 16.1ff.에는 죽기 직전에 사람이 여러 가지 모습을 보는 것이 서술되어 있다. 이와 같은 인식을 알라야식이 한다고는 생각할 수 없기 때문에 죽음 과정에서도 의식이 어떤 인식활동을 하고 있다고 생각해야 한다. 죽을 때 의식이 대상을 인식하지 않는다는 것은 이 기술에 반할 것이다. Schmithausen(1987[2007] : 3.3.2.1) 참조.

58 Gethin(1991 : 82).

59 Schmithausen(1987[2007]).

60 Martin Delhey ed., *Samāhitā bhūmiḥ*, 2009, 1 : 207.6-9에 대응한다.

61 이 점에 관해서는 本庄(1983) 참조.

62 이 점에 관해서는 山部(1990a) 참조.

63 이 점에 관해서는 山部(1990b) 참조.

64 Waldron(2003).

65 松本(2004 : 219-497).

66 Buescher(2008).

67 또한 본고가 직접 대상으로 하는 시기보다 후대의 알라야식론에 대한 연구로는 총카파 『말나식과

알라야식에 관한 난해한 부분의 주석, 선설의 바다』(약칭 『퀸시 간델』)을 일역한 ツルティム·小谷(1986), 『퀸시 간델』을 영역한 Sparham(1993), 티벳역만 전하는 『섭대승론분별비의석』에서 알라야식론과 염오의론을 자세히 검토한 大竹(2003; 2006; 2008), 라사 포탈라궁에 보존된 『오온론』 안혜석 범문 사본 중 알라야식 존재논증 부분을 일역하여 소개한 松田(2010) 등이 주목된다. 松田(2010 : 196)에 따르면 이 사본은 요비타 크라머에 의해 출판 준비가 진행되고 있어 그 간행이 기대된다.

68 梶山(1984).

69 佐々木(1982).

70 색심호훈설의 배경에 대해서는 山部(2000)도 참조.

71 다만 『해심밀경』의 원어를 상정하기 위해 松本(2004 : 236–238)가 참조하는 『오온론』의 한 구절에 관해서는, 그 후 출판된 『오온론』 범본(Li Xuezhu and Ernst Steinkellner eds., *Vasubandhu's Pañcaskandhaka*, 2008), 17.4–5에 ātmabhāvālayanimittatā와 kāyālīnatā라는 표현이 나란히 보이는 것을 지적해 두고자 한다. 이 부분은 사본 상의 문제도 있고, 새로운 검토가 필요하다. 또 부셔의 논의에 관해서는 '일체종자식(혹은 '일체종자이숙' 나아가 18계[=일체법]의 종자)'이라는 개념은 반드시 유식설이나 알라야식설과 불가분은 아니라는 사실을 고려할 필요가 있을 것이다. 이 점에 관해서는 山部(1989 : 46, 48, n.9) 참조.

72 Yamabe(1999; 2002; 2004).

73 Étienne Lamotte ed., *Saṃdhinirmocanasūtra*, §V.7. Buescher ed., *Triṃśikāvijñaptibhāṣya*, 104.2–3에 인용된다.

74 松本이나 Buescher가 지적하는 것처럼, 이 〈삼마희다지〉에서 알라야식을 언급하는 것 자체가 삽입 가능성은 없는가 하는 점도 검토할 필요가 있을 것이다(이 가능성은 이미 原田(1996 : 166, n.52; 2004 : 154–155, n.30)가 지적하고 있고, 전자는 松本(2004 : 408)에서 참조되고 있다). 이 '도입문'은 멸진정에 관한 여러 문답을 열거하는 것 중 하나고, 해당 문답을 제외해도 전후 문맥이 흐트러지는 일은 없다. 〈본지분〉에서 다른 알라야식의 용례에 삽입 가능성이 높은 이상, 여기서도 그 가능성을 검토하는 것은 필요할 것이다.

75 Buescher ed., *Triṃśikāvijñaptibhāṣya*, 58.8–11(『유식삼십송』 제4송과 그 주석). 이 교리는 이미 '유전분'에서 인정된다. 袴谷(1979[2001] : 393–394, 422) 참조.

76 후주 9 참조.

77 横山(1979b : 229–240).

78 Sakuma(1990 : 15–32); 佐久間(1990 : 439–440).

79 齋藤(2011 : 89–91) 참조.

80 Nathmal Tatia ed., *Abhidharmasamuccaya-bhāṣya*, 5.18.(§8A[xvi]); 『성유식론』 신도본 6.6.

81 초기 종자설에서는 종자 자체가 신체(를 중심으로 하는 개인 존재)의 상태를 가리키는 개념이라는 것도 고려해야 한다. Yamabe(1997a : 197–198).

82 袴谷(1979[2001] : 405–431). '상박'이라는 인식적 요소와 나란히 언급되고 있지만, 여기서는 그 문맥에 '추중박'이라는 개념이 나타나는 것의 중요성에 주목하고 싶다.

83 水野(1963 : 150).

84 Yogakṣema는 베다 문헌에 이미 보이는 표현이고, 오랜 역사를 가진 말이다. 대응하는 팔리어 yoga-kkhema는 '속박에서 해방된 평안' 곧 열반의 의미로 사용된다. 그러나 유가행파 문헌에서는 전술한 대로 심신이 이익anugraha과 손해upaghāta에서 연관 관계를 가지는 의미로 간주되고 있다. 따라서 유가행파 문헌에서 한역 '안위'는 적절한 역어다.

85 Waldron(1988).

86 최근 Waldron은 알라야식과 인지과학 비교에 중점을 옮기고 있다. Waldron(2006) 참조.

87 알라야식과 무의식을 비교하는 더 최근의 시도로는 Jiang(2006)이 있다.

88 최근 과학과 불교의 관계에 관해 적극적인 발언을 계속하고 있는 佐々木閑는 양자 관계에 대해 이하와 같이 서술하고 있다.

> 과학은 세계를 물질과 정신으로 이분한 후 물질만 고찰 대상으로 하고, 그 물질세계를 통제하는 기본 법칙의 발견을 사명으로 하는 것이다. 불교 쪽은 물질세계에는 거의 흥미를 갖지 않는다. 불교의 목적이 현실세계에 살아가는 것을 고통으로 느끼고 그 상태에서 탈출을 원하는 자들에게 바른 길을 지시하는 것인 이상, 그 고찰 영역은 우리의 정신에 한정된다.(佐々木閑 2006 : 200)

위에서 서술해 온 필자의 이해가 이 견해와 크게 다르다는 사실은 명백할 것이다. 필자는 신체 쪽에 충분한 고려 없이 불교(적어도 선정에 직접 관계하는 부분)를 이해하는 것은 도저히 불가능한 것이라고 생각하고 있다.

참고문헌

가지야마 유이치(梶山雄一)

1984 「輪廻と超越——『城邑經』の縁起說とその解釋」, 『哲學研究』 47(8).

나가오 가진(長尾雅人)

1982 『攝大乘論 和譯と注解』 上, 講談社.

마츠다 가즈노부(松田和信)

1988 「ダライラマ13世寄贈の一連のネパール系寫本について——『瑜伽論』「攝決擇分」梵文斷簡發見記」, 『日本西藏學會々報』 34.

2010 「五蘊論スティラマティ疏に見られるアーラヤ識の存在論証」, 『インド論理學研究』 1.

마츠모토 시로(松本史朗)

2004 『佛教思想論』 上, 大藏出版.

미즈노 야호코(水野彌穗子)

1963 『正法眼藏隨聞記』, 筑摩書房.

사사키 시즈카(佐々木閑)

2006 『犀の角たち』, 大藏出版.

사사키 요도(佐々木容道)

1982　「アーラヤ識成立の一要因」, 『東洋學術研究』 21(1).

사이토 아키라(齋藤 明) 他 編著

2011　『『俱舍論』を中心とした五位七十五法の定義的用例集 —— 佛教用語の用例集(バウッダコーシャ)および現代基準譯語集1』, 山喜房佛書林.

사쿠라베 하지메(櫻部 建)

1975　『俱舍論の研究 界・根品』, 法藏館.

사쿠마 히데노리(佐久間秀範)

1990　「『瑜伽師地論』における轉依思想」. 『印度學佛教學研究』 39(1).

스구로 신조(勝呂信靜)

1976　「瑜伽論の成立に關する私見」, 『大崎學報』 129.

1977[1978a]「アーラヤ識說の形成 (1) —— マナ識との關係を中心にして」, 『三藏』 136(再錄『三藏集』 4), 大東出版社.

1977[1978b]「アーラヤ識說の形成 (2) —— マナ識との關係を中心にして」, 『三藏』 137(再錄『三藏集』 4), 大東出版社.

1982　「アーラヤ識の語義」, 『佛教教理の研究 田村芳朗博士還曆記念論集』, 春秋社.

1989　『初期唯識思想の研究』, 春秋社.

야마베 노부요시(山部能宜)

1989　「種子の本有と新熏の問題について」, 『日本佛教學會年報』 54.

1990a　「前6識の開導依に關する『難陀等義』の考察」(渡邊隆生他「唯識文獻における漢文用語の註釋的研究 (II)」所收), 『佛教文化研究所紀要』 28.

1990b　「眞如所緣緣種子について」, 『北畠典生教授還曆記念 日本の佛教と文化』, 永田文昌堂.

2000　「『瑜伽師地論』における善惡因果說の一側面 —— いわゆる「色心互熏」說を中心として」, 『日本佛教學會年報』 65.

2002　「書評と紹介 袴谷憲昭著『唯識思想論考』」, 『宗教研究』 76 (2).

오타케 스스무(大竹 晋)

2003　「*Vivṛtaguhyārthapiṇḍavyākhyā*の引用文獻」, 『東方學』 106.

2006　「*Vivṛtaguhyārthapiṇḍavyākhyā*における部派佛教說 ——『攝大乘論』 I.23までに對する註釋から」, 『東方學』 112.

2008　「*Vivṛtaguhyārthapiṇḍavyākhyā*における部派佛教說 ——『攝大乘論』 I.28−38に對する解釋から」, 『東方學』 116.

요코야마 고이치(横山紘一)

1979a　「阿賴耶識の三機能」, 『立教大學研究報告 〈人文科學〉』 38.

1979b　『唯識の哲學』, 平樂寺書店.

우이 하쿠주(宇井伯壽)

1930[1965] 『印度哲學研究』 6, 岩波書店.

1958 『瑜伽論研究』, 岩波書店.

유키 레몬(結城令聞)

1935 『心意識論より見たる唯識思想史』, 東方文化學院東京研究所.

출팀 케상(ツルティム ケサン), 오다니 노부치요(小谷信千代 共譯)

1986 『アーラヤ識とマナ識の研究 —— クンシ カンテル』, 文榮堂.

하라다 와쇼(原田和宗)

1996 「〈經量部の「單層の」識の流れ〉という概念への疑問 (I)」, 『インド學チベット學研究』 1.

2004 「『瑜伽師地論』「有尋有伺等三地」の縁起說 (I) —— テキストと和譯」, 『九州龍谷短期大學紀要』 50.

하카마야 노리아키(袴谷憲昭)

1978[2001a] 『唯識思想論考』, 大藏出版.

1978[2001b] 「**Mahāyānasaṃgraha* における心意識說」, 『唯識思想論考』, 大藏出版.

1979[2001] 「*Viniścayasaṃgrahaṇī* におけるアーラヤ識の規定」, 『唯識思想論考』, 大藏出版.

1989 「『大乘起信論』に關する批判的覺え書」, 『本覺思想批判』, 大藏出判.

2001 「序論 インド佛教思想史におけるYogācāraの位置」, 『唯識思想論考』, 大藏出版.

2008 「フラウワルナー教授の識論再考」, 『唯識文獻研究』, 大藏出版.

혼조 요시후미(本庄良文)

1983 「シャマタデーヴァの傳へる『大業分別經』と『法施比丘尼經』」, 『佛教文化研究』 28.

후카우라 세이분(深浦正文)

1951[1979] 百華苑.

Buescher, Hartmut

2008 *The Inception of Yogācāra-Vijñānavāda*. Wien : Verlag der Österreichischen Akademie der Wissenschaften.

Frauwallner, Erich

1951 Amalavijñānam und Ālayavijñānam : Ein Beitrag zur Erkenntnislehre des Buddhismus. In *Beiträge zur indischen Philologie und Altertumskunde*. Hamburg : Cram, De Gruyter.

Gethin, R. M. L.

1991 Book Review. *On Being Mindless : Buddhist Meditation and the Mind-Body Problem*. By Paul J. Griffiths. *History of Religions* 31(1) : 81–84.

Griffiths, Paul J.

1986 *On Being Mindless : Buddhist Meditation and the Mind-Body Problem*. La Salle, IL : Open Court.

Sakuma, Hidenori

1990 *Die Āśrayaparivṛtti-Theorie in der Yogācārabhūmi*. 2 Teils. Stuttgart : Franz Steiner.

Schmithausen, Lambert

1987[2007] *Ālayavijñāna : On the Origin and the Early Development of a Central Concept of Yogācāra Philosophy*. 2 parts. Tokyo : The International Institute for Buddhist Studies.

Sparham, Gareth

1993 *Ocean of Eloquence : Tsong kha pa's Commentary on the Yogācāra Doctrine of Mind*. Albany : State University of New York Press.

Tao Jiang

2006 *Context and Dialogue : Yogācāra Buddhism and Modern Psychology on the Subliminal Mind*. Honolulu : University of Hawai'i Press.

Waldron William S.

1988 A Comparison of the Ālayavijñāna with Freud's and Jung's Theories of the Unconscious. 『眞宗總合研究所研究紀要』 7.

2003 *The Buddhist Unconscious : The Ālaya-vijñāna* in the Context of Indian Buddhist Thought. London : Routledge Curzon.

2006 On Selves and Selfless Discourse. In *Buddhism and Psychotherapy Across Cultures : Essays on Theories and Practices*, ed. Mark Unno. 87–104. Boston : Wisdom Publication.

Yamabe, Nobuyoshi

1997a The Idea of *Dhātu-vāda* in *Yogācāra* and *Tathāgata-garbha* Texts. In *Pruning the Bodhi Tree : The Storm over Critical Buddhism*, ed. Jamie Hubbard and Paul L. Swanson, 193–204. Honolulu : University of Hawai'i Press.

1997b Riposte. In *Pruning the Bodhi Tree : The Storm over Critical Buddhism*, ed. Jamie Hubbard and Paul L. Swanson, 208–219. Honolulu : University of Hawai'i Press.

1999 An Examination of the Mural Paintings of Toyok Cave 20 in Conjunction with the Origin of the *Amitayus Visualization Sutra*. *Orientations* 30(4) : 38–44.

2002 Practice of Visualization and the *Visualization Sūtra* : An Examination of Mural Painting at Toyok, Turfan. *Pacific World : Journal of the Institute of Buddhist Studies* 3rd. ser. 4 : 123–152.

2004 An Examination of the Mural Paintings of Visualizing Monks in Toyok Cave 42 : In Conjunction with the Origin of Some Chinese Texts on Meditation. In *Turfan Revisited : The First Century of Research into the Arts and Cultures of the Silk Road*, ed. Desmond Durkin-Meisterenst, et al., 401–407; 466–467.

* 본고를 쓸 때 델레아누 플로린, 윌리암 월드론, 하라다 와쇼 선생 등으로부터 유익한 가르침을 받았다. 여기에 기록하여 감사드리고자 한다.

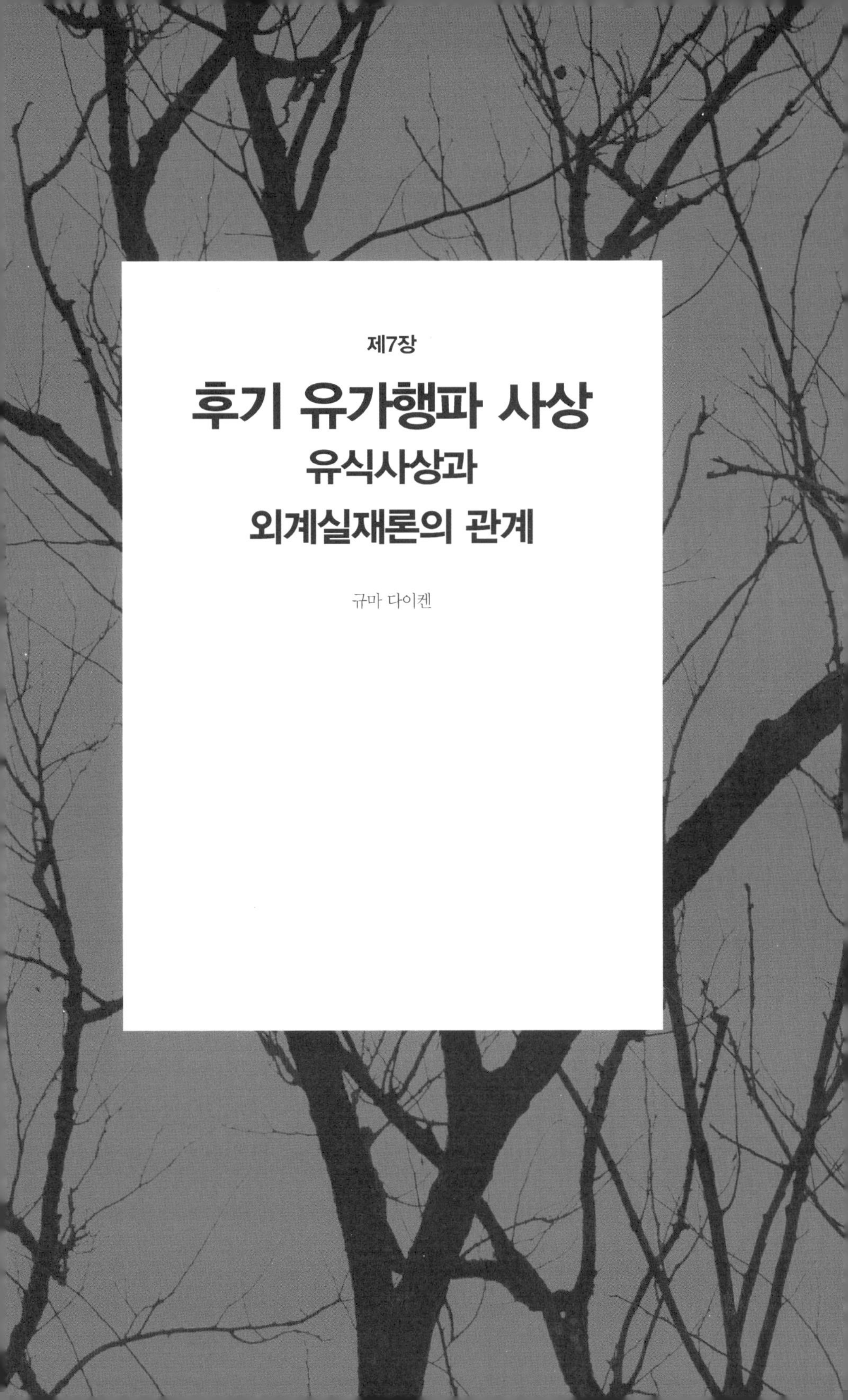

제7장

후기 유가행파 사상
유식사상과 외계실재론의 관계

규마 다이켄

1.
시작하며 – 학설 관계성 문제

역사상 붓다가 설한 가르침은 후대의 다양한 해석에 응해 복수의 학파·학설로 분기해 간다. 그러나 다른 (따라서 때로는 서로 용납할 수 없는) 측면을 가진 복수 학설이 한 명의 사상가에게 유래한다는 사실은 불교도 이외 사람이라면 비판 대상이 될 수도 있는 것이었다. 이 점을 둘러싸고 예를 들면 후기 인도불교 학승 목샤카라굽타(Mokṣākaragupta 11~12세기 무렵)는 그들 학설이 개개인의 자질에 따라 별개로 설해진 것일 뿐이고 본래 모두 붓다의 의도에 기반을 두고 있다는 취지의 변명을 하고 있다.[1]

그의 변명이 내포하는 어떤 종류의 사상적 관용은 중·후기 인도불교에서 저술 상황과도 관련해 있다. 5~6세기 이후가 되면 불교인 한 사람이 복수 학설을 겸학하고, 그것들에 대해 저술활동을 행하는 현상이 현저하게 되었기 때문이다. 그리고 대부분의 경우 그러한 불교인들은 인도불교사상사 안에서 초석 역할을 수행하고 있다. 그러면 그들은 자신의 사상체계에서 서로 다른 그리고 때로는 모순된 측면을 가진 복수 학설을 어떻게 관계 지을 수 있었을까.

이 질문은 저자 한 사람이 논서 하나를 짓는다는 스타일이 거의 확립해 가는 중·후기 인도불교사상사에서 특히 중요한 의미를 갖고 있다. 주지하듯이 5~6세기 이후 인도불교 사상사의 기본 구조는 현재 우리에게 남아 있는 개별 불교인이 저술한 논서군에 기초하여 복원된 것일 뿐이다. 거기에는 어떤 학파·학설에 근거하고 있는 개별 불교인이라는 '점'을 서로 연결하는 것으로 각각의 학파·학설의 전개 역사가 '선'으로 그려진다. 그와 같이 복원된 이른바 복수의 '선'이 이제까지 중·후기 인도불교 사상사의 흐름을 만들어왔다. 이러한 이미지에 입각한다면 앞선 질문은 '복수의 선, 곧 다른 그리고 때로는 모순된 측면을 가진 복수의 학설은 인도불교사에서 서로 어떻게 관계하고 짜여져 있었는가' 하고 바꾸어 말해도 좋을 것이다.

이 질문에 대해 생각할 때 개개의 '점'으로서 불교인이 자신 안에서 복수의 학파·학설을 어떻게 관계지어서 이해하고 있었는가를 확인해 볼 필요가 있다. 개개 불교인의 사상은 거기서 복수의 '선'이 서로 교차하는 하나의 '결절점'으로 볼 수 있기 때문이다.

이상과 같은 관점에 설 때 먼저 머리에 떠오르는 것 하나가 외계실재론에 입각한 불교학설과 외계실재성을 인정하지 않는 유식학설의 관계일 것이다. 외계 존재가 실재하는가 하는 측면에서는 명확히 대립함에도 불구하고 양자는 종종 같은 한 사람의 사상가에게 나타난다.[2]

본고가 구체적으로 채택한 것은 인도불교 인식론과 논리학의 기본 틀을 정비한 중·후기 인도불교 사상가들, 곧 디그나가(Dignāga 480~540 무렵)와 다르마키르티(Dharmakīrti 600~660 무렵), 그리고 그들의 후계자이자 최후기 인도불교의 일대 중심지 비크라마쉴라 Vikramaśīla 사원에서 활약한 즈냐나쉬리미트라(Jñānaśrīmitra 980~1030 무렵)다. 그들이 인식론이나 논리학에 대해 논할 때 외계 존재의 실재성을 전제로 한 입장을 취하는 것은 주지의 사실이다. 그러나 그 한편으로 그들은 유식사상의 계보에도 이름을 올리고 있다. 유식사상과 외계실재론의 관계는 그들 자신의 사상체계에서 어떻게 파악되고 있었던 것일까.

이하에서는 먼저 디그나가 저작군에서 유식사상의 위치에 대해 최근 연구 동향도 참조하면서 확인한다. 다음으로 디그나가 사상을 발전시킨 다르마키르티가 외계실재론과 유식사상의 관계를 어떻게 다루고 있었던가 하는 문제에 대해 논한다. 나아가 다르마키르티와 타 학파의 논의를 이은 즈냐나쉬리미트라에 의한, 유식사상과 다른 불교사상의 관계에 대한 논의를 개관한다. 최후로 후기 인도밀교사상에서 유식사상의 위치에 대해서도 다루고 결론에 갈음하고자 한다.

2.
초기 유식에서 저자와 문헌

그런데 원래 앞 절에서 서술한 것과 같은 '저자 한 사람이 복수 학설을 설한다'고 하는 관점에서 유식사상 전체를 바라보는 것은 도대체 어느 정도까지 가능한 것일까. 여기서 상기할 필요가 있는 것은 적어도 초기 유식문헌에 관한 한, 3대 논사라고 간주되는 미륵 Maitreya · 무착 Asaṅga · 세친 Vasubandhu 모두가 어떤 형태로든 저자 문제를 갖고 있다는 사실이다(이하 3대 논사에 대해서는 한역명 사용). 먼저 미륵에 대해서는 무착의 명상 · 저술시의 영감이 영상화한 존재일 뿐이라는 설을 비롯하여 그 실재성 자체가 논의 대상이 되었다. 미륵과 무착의 관계에 대해서도 원래 관계항의 한쪽인 미륵의 실재성이 확실하지 않기 때문에 미확정인 부분이 남아 있을 수밖에 없다. 예를 들면 『유가사지론 *Yogācārabhūmi*』은 중국에서는 미륵이 저자로 간주되지만 티베트 전승에서는 저자가 무착으로 되어 있다. 나아가 최근에는 이 저작이 단일 저자에 의한 것이라는 사실 자체가 부정되고 있다. 또 세친에 대해서는 오스트리아의 석학 프라우발너 Erich Frauwallner(1898~1974)가 제창한 세친 2인설을 비롯하여 세친이라는 이름으로 현재 전하고 있는 저자가 모두 동

일 인물인가 하는 점이 문제시되고 있다.[3]

이상의 상황에 비춰보면 초기 유식문헌과 관련해서는 문헌과 저자가 일대일 대응관계에 서 있는지가 아직 명확한 상황이 아니라고 말할 수밖에 없다. 따라서 어떤 초기 유식문헌을 독해하고자 할 때, 그것이 단일 저자의 사상을 체현하고 있는지도 불확실한 상태로 있다. 이와 같은 경우에는 저자 문제를 어느 정도 보류하는 형태로 학설이나 사상 체계 간의 체계성에 대해 생각하는 수밖에 없을 것이다.

그러나 초기 유식문헌에 설해져 있는 학설이나 여기에 보이는 사상체계 간의 관계라는 점에 대해 말하면, 최근 연구를 통해서 개략도가 크게 변화하고 있는 것도 사실이다. 무엇보다 먼저 주목해야 할 것은 외계실재론 특히 경량부설과 유식사상의 관계다. 곧 『구사론 *Abhidharmakośa*』에서 경량부 Sautrāntika 설로 간주되어 온 많은 기술이 『유가사지론』으로 추적가능하다는 흥미 깊은 지적이 있다.[4] 이것은 경량부설이 유가행파에서 독립한 것이 아니라, 양자가 긴밀한 관계였을 가능성을 시사하고 있다.[5]

또 『해심밀경』과 『유가사지론』 안에 논리학 因明에 관한 정리된 기술이 보이는 것은 우이 하쿠주 宇井伯壽, 가지야마 유이치 梶山雄一 등 선학이 이미 지적하고 있는 그대로다.[6] 그러나 이 점에 대해서도 야사카 히데오미 矢板秀臣, 요시미즈 치즈코 吉水千鶴子 등에 의해 새로운 자료 보충과 내용분석이 진행되어 유가행파와 논리학이 밀접한 관계를 갖고 있었던 것이 더 구체적으로 밝혀져 왔다.[7] 다만 물론 논리학 전통 그 자체는 유가행파 내부에 머문 것이 아니라 불교학파·비불교학파 전체가 공유하고 있었던 것은 말할 것도 없다.

3.
디그나가에게 귀속되는 유식계 논서

유식사상의 흐름에서 유식사상과 그 외 불교사상 양자에 대해 저술하고 있는 것을 확인할 수 있는 사상가로서는 먼저 디그나가를 들 수 있다. 디그나가가 적어도 불교논리학에 대해 말할 때, 그는 아주 소박하게 외계 존재를 전제로 하고 있다고 말해도 좋을 것이다. 멀리 산에 연기가 피어오르는 것을 보고 그 산에 불이 있는 것을 추리하고 있을 경우, 그와 동시에 진실로서는 그와 같은 산과 불은 실재하지 않는다는 유식적인 이야기가 섞여 있는 일은 없기 때문이다. 그러면 디그나가 사상체계 전체에서는 유식사상과 외계실재론이 각각 어떤 위치를 차지하고 있을까.

이 문제를 생각하기에 앞서 디그나가(한역으로는 陳那)에게 귀속되는 유식사상계 문헌을 이하에 들어보자. 저작 배열순서는 편의상 디그나가의 사상 발전 단계에 관한 프라우발너 학설(다음 절에서 자세히 서술)에 따른다.[8]

1) 『반야원집요의론(般若圓集要義論 *Prajñāpāramitāpiṇḍārthasaṅgraha*)』(산스크리트 원전, 한역, 티베트어역 있음)
   대표적인 반야경전의 하나인 『팔천송반야 *Aṣṭasāhasrikā Prajñāpāramitā*』의 내용을 유식 입장에서 정리한 것
2) 『입유가론(入瑜伽論 *Yogāvatāra*)』(산스크리트 원전과 티베트어역 있음, 한역 없음)
   문·사·수소성혜 중 특히 수소성혜와 관계에서 유식 명상 수습(그것은 '반야바라밀 prajñāpāramitā'이라고도 이름한다)의 단계를 9송으로 설명한 것

3) 『관삼세론 *Traikālyaparīkṣā*』(티베트어역만 있고 한역 없음, 산스크리트 원전은 『문장단어편 *Vākyapadīya*』에서 회수 가능)

   '시간' 관념을 주제로 하지만, 실제로는 언어철학파 바르트르하리(Bhartṛhari 5세기 후반)에 의한 『문장단어편』 제3장의 한 구절인 '말과 의미 관계 상설 *Sambandhasamuddeśa*'을 유식사상 입장에서 개작한 것

4) 『장중론(掌中論 *Hastavālaprakaraṇa* 한역의 별명은 『해권론 解卷論』(한역과 티베트어역이 현존, 산스크리트 원전은 단편뿐)

   7송으로 된 소품으로 뱀과 새끼줄 비유를 이용하면서 유식 3성설에 대해 설명한 것

5) 『취인가설론(取因假設論 **Upādāyaprajñaptiprakaraṇa*)』(한역뿐)

   외계 존재의 비실재성 문제를 외계실재론 입장을 취하는 경량부설 '가상(假象/假設 prajñaptisat)' 개념을 빌려 논한 것

6) 『관소연론(觀所緣論 *Ālambanaparīkṣā*)』(한역과 티베트어역이 현존, 산스크리트어 원전은 단편뿐)

   외계 비실재성 문제를 유식 관점에서 다룬다. 디그나가의 자주 『관소연연론(觀所緣緣論 *Ālambanaparīkaṣāvṛtti*)』(한역 별명은 『무상사진론 無相思塵論』)이 있다.

또 역시 디그나가에 귀속되는 『관총상론송 觀總相論頌』(한역만 현존)이 있다. 이 논서에 대해서는 '총상(대응하는 원어는 sāmānyalakṣaṇa인가)'이라는 말이 제목에 사용되고 있는 사실로부터 인식론 계통 저작이라고 간주하는 해석이 있다.[9] 만약 그렇다면 이 저작도 유식사상과 내용적으로 관련 있을 가능성이 있다. 그러나 실제로는 저작 중에 '성 聲' '명 名' '의 義' '연속 連屬'이라는 표현이 반복해서 나타나는 것

으로부터 판단하면 오히려 언어와 의미 및 양자 관계와 같은 의미론에 관한 주제가 취급되고 있을 가능성을 고려해야 하지 않을까 하고 생각한다.

4.
디그나가 저작군에서 유식사상의 위치

디그나가 사상체계를 구성하는 주요 요소로서는 1) 유식, 2) 외계실재론(경량부), 3) 논리학 세 가지를 들 수 있다. 디그나가 논리학의 상세한 점은 이 시리즈 다른 책에 양보하고 여기서는 그의 저작군에서 유식과 외계실재론(경량부)의 관계에 대해 프라우발너의 업적을 돌아보면서 확인해 두고자 한다.

프라우발너의 선구적 논고 「디그나가, 그 저작과 발전(Dignāga, sein Werk und Entwicklung)」은 오늘날에도 참고해야 할 중요한 업적이다.[10] 여기서 프라우발너는 주요한 저작 몇 개의 교정을 행함과 동시에, 그 저작들의 내용에 기초하여 디그나가의 사상적 편력 과정을 상정하고 있다. 프라우발너의 기본 이해는 다음과 같다. 디그나가 저작군의 전체적 경향에서 판단한다면, 그는 초기 단계에서는 종래의 학설(곧 유식)을 순순히 따랐지만 점차 자신의 문제의식을 독자적으로 발전시킨 사상가였다. 곧 디그나가 유식논서 중 초기 저작은 미륵계 유식사상의 영향 아래 있지만, 그 이후 저작은 점차 경량부적 측면이 짙어져 가고, 그 경향이 후기 논리학 관계 저작으로 이어져 갔다고 프라우발너는 생각한 것이다.

개별 저작 간에 구체적인 관계에 대해서는 대략 이하와 같은 흐름을 상정하고 있다. 먼저 디그나가는 『반야원집요의론』에서 미륵 계통 유가행파 입장에서 『팔천송반야경』 내용을 요약한다. 다음으로 『입유가론』에서는 역시 미륵 계통의 명상수습을 다룬다. 나아가 그는 자신이 최초로 문제의식을 품은 '시간' 관념을 주제로 『관삼세론』을 짓는다. 『장중론』에서는 외계가 왜 비실재인가 하는 문제를 처음으로 논하고 있다. 그 논의는 그의 사상적 선행자인 세친 입장을 일탈하지 않는 것이었다. 그 이후 디그나가는 외계실재론인 경량부 입장과 관계를 가지고 세친 저작을 접하게 된다. 그래서 저작한 것이 『구사론주 *Marmapradīpa*('요점의 해명'이라는 뜻)』다. 다시 그 후 그는 『취인가설론』에서도 외계 비실재성을 다룬다. 거기서는 미륵이 간과하고 있었던 '사물 Ding'의 비실재성 문제를 경량부 학설을 원용하면서 논하게 된다. 본래 경량부 학설은 주로 설일체유부가 승인하고 있던 외계 존재 범주론의 타당성을 비판하는 것이지 외계 실재성 그 자체를 비판하는 것은 아니다. 그럼에도 불구하고 그는 경량부 논법을 외계 실재성을 비판할 때 전용한 것이다. 이 무렵이 되면 디그나가는 미륵 계통 학파의 속박을 이미 벗어나 있다. 그러나 디그나가가 완전한 사상적 독립성을 보인 것은 자주를 동반한 『관소연론』에서다. 거기서 그는 다시 외계 비실재성 문제를 다루고 있다. 그와 동시에 세친의 『논궤 *Vādavidhi*』에 대한 주석을 지은 것을 계기로 디그나가는 논리학이나 (외계 존재를 전제로 한) 인식론 문제에 깊이 침잠해 간다. 타 학파도 논의하고 있는 이들 주제에 대한 그의 고찰은 그 후 논리학에 관한 저작으로 결실을 맺게 된다.

이상 개략도에서 프라우발너는 '(미륵계통의) 전통적 유식 → (유식을 입증하는 목적에서) 경량부설 도입 → (외계실재론 입장을 취하는) 논리학으로 경사'라는 커다란 흐름을 그리고 있다. 특히 『취인가설론』 이후가 되면, 설일체유부에 의한 외계 존재 범주론을 비판하는 경량부설이 유식설로 교량적 역할을 수행하고 있는 점이 프라우발너 이후 일반적 이해가 되고 있다고 해도 좋을 것이다.

아베 마사아키 服部正明도 프라우발너가 상정한 것에 따르는 형태로 1) 디그나가의 유식계 논서는 선대 사상에 의존한 것이고, 이후 논리학계 논서 『집량론 *Pramāṇasamuccaya*』에 설해진 것과 같은 '3분설' '자기인식' '지각과 개념의 구별' 등은 보이지 않는 사실, 2) 또 그 때문에 이 유식계 논서들은 초기 작품이라고 생각할 수 있다는 사실 두 가지를 결론으로 제시하고 있다. 나아가 아베는 『취인가설론』 등에서 '일상적 인식이 성립하는 장면으로서 가상'이라는 경량부 개념을 고찰한 것이 그의 인식론·논리학 저작 집필로 이어졌다고 기술하고 있다.[11] 세친의 『논궤』에 대한 주석을 저술한 것이 디그나가를 인식론·논리학으로 향하게 했다는 프라우발너 주장에 더해 이 점도 명기해 두어야 할 것이다.

프라우발너가 제시한 개략도는 디그나가 연구를 진행할 때, 지금도 지침이 되는 중요한 것이다. 그러나 한편으로는 최근 연구 성과와 대조하면서 다시 한 번 프라우발너 주장의 타당성을 검증해 둘 필요가 있다. 이하 그 점에 관해 문제제기하고자 한다.

첫째는 유식·경량부·논리학이라는 디그나가 사상체계에서 주요한 세 요소 사이의 친소를 어떻게 파악해야 할까 하는 점이다. 이미 서술한 것처럼 최근 연구에서는 『구사론』에서 경량부설로 취급되는 것 중 많은 것이 『유가사지론』으로 추적할 수 있다는 사실이 지적되어 있다.[12] 또 『해심밀경』 『유가사지론』 안에 논리학에 관한 정리된 기술이 있는 것, 그리고 그것이 유가행파와 논리학의 밀접한 관계를 보여준다는 사실도 현재로서는 주지의 사실이 되었다.

이러한 최근 성과에 비추어보면 디그나가 시대에 유식·경량부·논리학 세 요소가 개별 사상적 계기로 뿔뿔이 흩어져서 존재해 있었고, 그는 그것들을 순차적으로 조우함으로써 그 때마다 새로운 지견을 획득했다는 스토리는 성립하기 어렵게 된다. 곧 프라우발너가 상정한 것과 같은 사상적 편력을 디그나가가 실제로 했다고 해도, 유식·경량부·논리학 세 요소는 디그나가에게는 처음부터 어느 정도 일괄하여 접근할 수 있는 상황이었을 가능성이 떠오르는 것이다. 그렇다면 프라우발너가 상정하는, 디그나가의 사상적 편력의 성립은 물리적·외발적 요인보다 오히려 내발적 요인 곧 그의 사상적 동기에 의거하고 있는 정도가 더 높아질 것이다.

둘째로는 수도론과 관계를 들 수 있다. 원래 수도론 입장에서 보면 무착이나 세친 전승에도 있는 것처럼 외계실재론에서 유식으로 곧 저차원에서 고차원 입장으로 전향하여 저술활동을 행한다는 패턴이 존재하고 있다. 그럼에도 불구하고 프라우발너의 개략도에 따르면 유식사상에서 외계실재론(논리학)의 저작이라는 반대 방향으로 디그나가가 사상 편력을 행한 것이 된다. 이 점도 주의할 필요가 있다.

셋째는 프라우발너가 사용하는 '미륵 유가행파'라는 표현의 타당성이다. 거기에는 원래 미륵이라는 인물이 역사상 실재했는가 하는 문제가 얽혀 있기 때문이다. 무착이 명상시에 직감한 내적 표상일 뿐이라거나 혹은 미륵이라는 이름 아래 복수의 저자가 존재했다는 설이 이제까지 제출되어 왔다. 전자의 경우에는 '미륵 유가행파'라는 프라우발너의 표현은 실제로는 무착을 향한 것이 될 것이다. 또 후자의 경우 '미륵 유가행파'라는 개념은 더 범위가 넓은 다양한 사상적 내용을 품을 가능성이 나오는 것이다. 어쨌든 프라우발너 개략도 중에 나타나는 '미륵'이 무엇을 지시하고 있는가 하는 문제는 최근 연구 성과에 비추어 재고해야 할 것이다.

넷째로 디그나가 저작군에서 '경량부' 요소 혹은 '외계실재론' 요소가 원래 어떤 내실을 가지는 것인가 하는 근본적 문제도 남아 있다.[13] 이 문제는 '디그나가가 외계에 대해 말할 때 항상 경량부 입장만을 인정하고 있었는가 아니면 전통 설일체유부의 외계 존재 범주론도 어느 정도 용인하고 있었는가'라고도 바꾸어 말할 수 있다. 덧붙여 이 점은 다음 절에서 다루는 다르마키르티 사상체계와도 관련 있는 중요한 사실이다. 최근 디그나가의 주요한 논리학서 『집량론』 제1장 산스크리트 원전 텍스트가 교정 출판되었다. 그것을 계기로 이 문제를 둘러싼 논의도 이후 더 진전할 것을 기대한다.

이상과 같은 검토 과제는 있지만 프라우발너의 개략도는 오늘날에도 결코 그 가치를 잃는 것은 아니다. 특히 본고 테마와 관련하여 중요한 것은 외계실재론과 유식설이라는 두 줄의 사상사 상의 '선'을 잇는 '접점'으로서 디그나가가 경량부설을 이용했다고 지적한 사실을 다시 한 번 확인해 두고자 한다.

5.
다르마키르티의 외계실재론과 유식

1) 드레이퍼스와 던이 제시한 도식[14]

다르마키르티에 대해서는 그가 유식사상 계보에 속하는 한편 외계실재론에 입각한 경우에는 경량부설을 따르고 있다는 이해가 이루어져 왔다.[15] 그러나 최근 연구에서는 다르마키르티 존재론에는 경량부와 유식이라는 두 요소뿐 아니라 네 단계가 존재하고 있다는 지적이 이루어지고 있다. 죠지스 B. J. 드레이퍼스 Georges B. J. Dreyfus의 분석에 따르면 다르마키르티 존재론에는 다음과 같은 복수의 단계가 인정된다고 한다.[16]

① 상식Common sense 단계 : 외계의 항아리와 같은 개별 사물이 실재한다고 간주된다.

② 그것을 대신하는 해석Alternative interpretation 단계 : '색'과 같은 아비달마적 범주가 실재하고 항아리 등은 그 범주로 환원된다.

③ 표준 해석Standard interpretation 단계 : 외계의 원자(paramāṇu 極微)가 실재한다고 간주된다.

④ 유가행파Yogācāra 단계 : 외계의 원자조차 비실재다.

이하 구체적인 예를 들어 설명해 보자. 먼저 ① 단계에서 실재라고 간주되는 것은 보통 우리가 보고 있는 항아리 등의 사물이다. 이것은 우리 현대인의 감각으로부터도 상식적인 이해일 것이다. 그러나 ② 단계에서는 아비달마 불교의 범주론이 열거하는 형색 rūpa · 음성 śabda 등 여러 요소야말로 실재라고 인정된다. 이 경우 전 단계에서 실재라고 인정되고 있던 항아리 등의 사물은 여러 범주의 요소를 바탕으로 우리 개념지가 구성한 것에 지나지 않게 될 터다. 나아가 ③ 단계가 되면 개개의 원자야말로 실재라는 입장으로 이행한다. 여기서는 ②에서 실재라고 생각되고 있던 형색 · 음성 등 여러 요소 그 자체가 우리 개념지의 산물이 된다. 이상 세 단계는 외계 존재의 실재성을 둘러싼 분석적 사고가 가는 길이라고도 말할 수 있는 것이다. 최종적으로는 그 세 단계를 넘어서 외계 원자의 실재조차 인정하지 않는 유식의 경지가 찾아온다.

이에 대해 존 D. 던 John D. Dunne은 드레이퍼스 도식을 거의 답습하면서도 이하와 같이 약간 다른 표현을 하고 있다.[17]

① 통상인의 신념 Beliefs of ordinary persons

② 아비달마 유형론 Abhidharma typology

③ 외계실재론 External realism

④ 인식에 관한 관념론 Epistemic idealism

드레이퍼스나 던의 지적은 '다르마키르티 사상은 경량부와 유가행 유식설로 이루어져 있다'는 이제까지의 도식을 더 세분하고,[18] 다르마키르티 사상이 내포하는 개별 요소를 더 선명하게 묘사해 냈다는 점에서 매우 중요한 것이다. 곧 다르마키르티가 유식사상이 아니라 외계실재론 입장에 서 있을 경우에도 거기에는 경량부뿐 아니라 그 이외의 요소 곧 일상 수준의 소박한 실재론이나 설일체유부 계통의 범주론 등도 말하고 있다고 하는 점을 그들은 지적한 것이다. 요컨대 그들은 외계실재론과 유식사상이라는 두 줄의 '선'을 더 자세히 풀어 보여준 것이 된다.

그러나 한편으로는 과연 다르마키르티 저작에 나타나는 이 네 단계 모두를 그 자신의 입장이라고 간주해도 좋을까 하는 의문이 생기는 것도 사실이다. 이 점에 대해 드레이퍼스는 다르마키르티가 특별히 선호한 것은 없고 문맥에 따라 네 단계를 나누어 사용하고 있다는 견해에 서있다. 반면 던의 이해에 따르면 ①과 ②는 다르마키르티의 본래 입장인 ③과 ④를 도입하기 위한 전 단계에 지나지 않는다. 그 의미에서 던의 도식에서 다르마키르티 존재론은 최종적으로 ③ (경량부라고도 부를 수 있다고 던이 인정한) 외계실재론과 ④ 유식에 수렴한다.

둘 중 어느 이해가 바른 것인가 곧바로 결론내는 것은 어렵다. 그러나 다르마키르티 인식론에는 '항아리'와 같은 외계의 개별 사물이 '실재 vastu'로서 지각이나 추리 대상이라고 생각되고 있는 것을 상기한다면, 적어도 ① 단계를 다르마키르티 자신의 입장에서 제외하는 것은 어느 정도 무리가 있다고 생각한다.

그런데 이러한 드레이퍼스와 던의 지적은 주로 존재론 관점으로 다르마키르티에서 외계실재론과 유식설의 관계를 정리한 것이다. 그렇다면 인식론 관점으로 다르마키르티에서 외계실재론과 유식설의 관계를 본 경우는 어떻게 될까.

외계 존재는 외계실재론에 입각한 다르마키르티에게는 원칙적으로 지각 가능한 것이라고 생각되고 있다. 이것은 전술한 드레이퍼스나 던의 도식에서 첫 세 단계 중 어느 것에도 타당한 사실이다. 그러나 네 번째 단계인 유식설에서는 외계 존재 그 자체가 구성된 것에 지나지 않기 때문에 외계 존재의 지각이라는 사실은 성립하지 않을 것이다.

흥미로운 점은 다르마키르티 인식론에서는 외계 존재를 인정하는 첫 세 단계에서 외계 존재를 인정하지 않는 네 번째 단계인 유식설로 이행하는 도중에 '외계 존재 추리설'이라고 불리는, 어떤 의미에서는 유식설의 가교적인 역할을 수행하는 인식론 단계가 도입된다는 사실이다. 곧 외계 존재 일반이 존재하고 있는 것은 그것에 대한 표상이 우리 인식 안에 발생하고 있다는 사실을 통해 간접적으로 추리되는 것에 지나지 않는다는 입장이다.[19]

이러한 사정을 참조한다면 다르마키르티 인식론에는 적어도 다음과 같은 세 단계를 상정할 수 있을 것이다.

① 외계 존재는 지각가능하다.

② 외계 존재는 우리 인식의 표상으로부터 추리되는 것일 뿐이다.

③ 외계 존재는 실재하지 않는다(외계 존재는 구성된 것일 뿐이다).

2) 『지식론결택』 제1장 말미에서 외계실재론과 유식설[20]

앞 절에서 다룬 것과 같은 외계실재론과 유식설의 관계는 다르마키르티의 주저의 하나인 『지식론결택 *Pramāṇaviniścaya*』 제1장 말미에서도 다루고 있다. 거기서 주로 강조되어 있는 것은 외계 존재가 인식 대상임을 인정하지 않는 유식 입장에서는 인식 결과란 '지 知가 자신에게 속한 표상을 인식한 것', 곧 자기인식(svasaṃvedana, svasaṃvitti)일 뿐이라는 사실이다. 이 경우 인식의 표상은 다른 것(곧 외계 존재)에 유래하는 일 없이 스스로 현현한다는 설명 방식도 이루어진다.

'지 知는 (외계 존재가 아니라) 자신에게 속한 표상을 인식한다'는 것을 입증하는 데 주요한 논거가 되는 것은 '지에 현현해 있는 것 bhāsamānārtha과 그 인식 tadvid은 불가분 관계에 있고 늘 함께 인식된다 sahopalambha'는 사고방식이다.[21] 다만 이 논거는 예를 들어 외계실재론 입장을 취한다고 해도 성립하는 것으로 간주된다. 곧 외계실재론에서도 우리가 인식하고 있는 것은 외계 대상 그 자체가 아닌 외계 대상의 표상이고, 그 표상은 지 그 자체에 속해 있다는 것이다. '지는 자신에게 속한 표상을 인식한다'는 점에 관해서 말하면, 확실히 다르마키르티의 자기인식설은 – 그 표상이 외계 존재에 유래하는 것을 인정하는가 아닌가 하는 차이는 있다고 해도 – 외계실재론과 유식설이라는 사상사 상의 두 줄 '선'에 공통된 부분을 갖고 있다. 따라서 그 때문에 자기인식설은 외계실재론 입장에서 그것보다 고차의 유식설로 옮겨갈 때, 양자를 잇는 '접점' 역할을 수행하고 있는 것이다.

임시로 외계 존재의 실재성을 인정했다고 해도 우리가 인식하고 있는 것은 그 외계 존재가 우리 인식 안에 던져 넣은 표상이지 외계 존재 그 자체는 아니다. 그러나 그와 같은 표상주의적 입장에서는 어떻게 우리 표상 외부에 뭔가가 존재하고 있다고 단언할 수 있는가 하는 점이 항상 문제가 된다. 그래서 다르마키르티에 의해 언급된 것이 외계 존재 추리설이라고 불리는 다음과 같은 논법이다. 어떤 특정한 표상이 우리 인식 안에 발생하기 위해 필요한 조건, 곧 건강한 감관과 밝기 등이 갖추어져 있음에도 불구하고 그 특정한 표상이 발생하지 않는 경우가 있다. 그러한 상황을 통해 그 특정한 표상이 우리 인식 안에 발생하기 위한 조건이 아직 뭔가 결여해 있고, 바로 그것이 우리 표상 외부에 있는 어떤 것이라는 사실이 간접적으로 추리된다. 그래서 표상을 발생시키기 위한 조건으로서 외계 존재의 실재성이 요청되는 것이다. 이 논법에 따르면 외계 사물의 존재·비존재는 그것에 따른 인식 표상의 존재·비존재, 다시 말하면 외계 사물의 실루엣의 존재·비존재를 통해 간접적으로 우리에게 알려지는 것이다.[22]

다만 이와 같은 논법은 유식 입장을 취하지 않는 경우에 한해 통용되는 것이다.[23] 유식 입장에서는 어떤 표상이 발생하지 않는 이유는 그 표상을 산출하는 원인인, 우리 마음에 축적된 과거의 잠재인상이 직전 순간에 존재하지 않았기 때문이다. 그러나 앞 절에서도 다루었듯이, 이 외계 존재 추리설은 외계 존재를 지각 대상에서 추리 대상으로 격하시키고 외계 존재 그 자체에서 그것의 표상으로 무게를 옮기고 있는 점에서, 자기인식설과 마찬가지로 외계실재론과 유식설이라는 두 줄 '선' 사이에 가교 역할을 수행한다고 말할 수 있다.

그러면 외계 존재의 실재성을 부정하는 유식 입장에서는 단순한 '미란(迷亂 upaplava 착각)'과 '바른 인식 pramāṇa'이 어떻게 구별되는 것일까? 외계 존재의 실재성을 인정하지 않는다면 인식의 진위를 결정할 때, 외계 대상과 그 인식 사이의 대응관계를 사용할 수는 없다. 그 경우 바른 인식과 그렇지 않은 것 사이에 차이가 없어져 버리는 것은 아닌가 하는 취지의 가상 반론이 『지식론결택』 제1장 말미에 계속해서 제시된다.[24] 이 가상 반론에 대해 다르마키르티는 다음과 같이 서술하고 있다.

> 미란한 잠재인상과 분리되어 있지 않다는 오류가 있기 때문에, 깨닫지 않은 자조차 신뢰할 수 없는 언어활동vyavahāra을 간파하고 (그것을) 바른 인식이 아닌 쪽이라고 (그는[25]) 말할 것이다. 다른 쪽은 윤회하는 한 (그것과) 결합을 벗어날 수 없는 것이기는 하지만, 확고한 (곧 미란해 있지 않은) 잠재인상을 가지기 때문에 언어활동과 제합성이라는 관점에서 여기서는 바른 인식이다. 그래서 이와 같은 언어활동에 기반을 둔 (sāṃvyavahārika 세속적인) 바른 인식의 존재방식이 (이 저작에서) 서술된 것이다. 이것(언어활동에 기반을 둔 바른 인식)에 대해서조차 다른 어리석은 자들은 세간 사람들을 속이고 있기 때문이다.[26]

여기서 다르마키르티는 유식설 틀 내부에서 바른 인식(세속적이지만 확고한 잠재인상에 기반을 두고 언어활동과 제합하고 있는 것)과 그렇지 않은 것(곧 미란한 잠재인상에 기반한 것)을 구별하고자 하고 있다. 예를 들어 유식 입장에 있어도 잠재인상이 확고한 것인가 아닌가, 그리고 언어활동과 제합하고 있는가 아닌가 하는 관점에서 바른 인식을 변별하는 것은 가능하다. 그리고 다르마키르티에게 그와 같은 바른 인식이란 전술한 자기인식이라는 형태를 취하는 것일 뿐이다.

6.
즈냐나슈리미트라에 의한 2진리설의 계층화[27]

후기 인도불교 사상가 중에서도 외계실재론과 유식설이라는 두 줄 사상사 상의 '선' 관계, 특히 양자가 교리·학설상의 지평에서 모순 대립하는 것은 아닌가 하는 심각한 문제에 관해 명석한 관점을 제시한 것이 비크라마쉴라 사원의 저명한 학승 즈냐나슈리미트라다. 그는 대립하는 측면을 가진 두 학설을 '2진리설의 계층화'라고 불러야 할 사고방식을 도입하여 훌륭히 정리해 보였다. 이하에서는 그 2진리설의 계층화를 둘러싼 논의의 개요를 소개하고자 한다.

즈냐나슈리미트라 주저의 하나로 『찰나멸장 *Kṣaṇabhaṅgādhyāya*』이 있다. 이 저작은 다르마키르티가 정비한 찰나멸(순간적 존재성) 논증[28]에 대한 타 학파 비판을 물리치고, 나아가 치밀한 체계화를 추진한 후기 찰나멸론의 대표작이다. 그 제1절 후반부에는 '효과적 작용 능력 arthakriyāsāmarthya'이란 세속제(언어관습적 진리 saṃvṛtisatya)에 속하는가 아니면 승의제(궁극적 진리 paramārthasatya)에 속하는가 하는 2진리설 二諦說에 관한 논의가 다루어지고 있다. 찰나멸 논증에서 논증인의 하나는 '존재성 sattva'이다. 그 존재성 정의로 사용되고 있는 것이 효과적 작용 능력이다. 곧 존재하는 것은 반드시 어떤 효용을 수행할 터고, 그 능력을 갖고 있는 것이 존재하는 것이다. 그러나 그 효과적 작용 능력이 세속제에 속하는 것이라고 한다면 그것은 승의제에서는 실재할 수 없는, 개념적 구성물에 지나지 않게 되어 버릴 것이다. 그 경우 존재성이라는 논증인은 '(논증인으로서) 불성립 asiddha'이라는 논리적 오류에 빠져버리는 것은 아닌가.

1) 바사르바즈냐의 비판 – 『지식론평석』 제3장 제3송~제4송을 둘러싼 논의

『찰나멸장』 제1절에서 이 논의는 다르마키르티의 『지식론평석 *Pramāṇavārttika*』 제3장 제3송~제4송과 그것에 관한 프라즈냐카라굽타(Prajñākaragupta, 8세기 말~9세기 초)의 주석에 대해 니야야학파의 바사르바즈냐(Bhāsarvajña 800년 무렵)가 제기한 비판이 계기가 되었다. 그 비판 취지는 다음과 같다.

먼저 '효과적 작용 능력이 있는 것 arthakriyāsamartha'이야말로 '승의 존재 parama_arthasat'라고 하는 다르마키르티에게는 니야야바이쉐쉬카 Nyāya-Vaiśeṣika 학파 범주론에서 '보편 sāmānya' 등은 세속 존재 saṃvṛtisat일 뿐이다(Pramāṇavārttika III 3 취의).

그러나 그 직후 게송에서 '효과적 작용 능력이 있는 것'은 더 고차 입장에서 보면 '세속 존재'도 될 수 있다는 점을 다르마키르티는 암묵적으로 시사한다.

> [만약 그대가] '그것(효과적 작용 능력)은 세속으로서 있는 것은 아닌가' 하고 말한다면, [그것은] 그렇기도 할 것이다.[29]

'효과적 작용 능력'을 둘러싼, 이와 같은 다르마키르티의 언설은 바사르바즈냐에 따르면 다음과 같은 자기모순을 내포한다. 다르마키르티는 한편으로는 '효과적 작용 능력이 있는 것'을 승의 존재로 규정하면서 다른 한편으로는 그것을 세속 존재로 해석할 수 있는 여지도 남기고 있다는 것이다. 프라즈냐카라굽다는 이 점을 주석할 때 승의에서는 인과관계가 성립하지 않는다는 태도를 표명하고 있다.[30] 비판자 바사르바즈냐에게는 그와 같은 주석태도는 결국 효과적 작용 능력의 부정으로 이어질 뿐이다. 또 '효과적 작용 능력이 있는 것'이 승의 존재가 아니라 세속 존재일 뿐이라고 한다면 불교도가 세속 존재로 간주하는, 니야야바이쉐쉬카 학파가 설하는 '보편' 등과도 구별이 없어지고 말 것이다. 이상과 같이 바사르바즈냐는 다르마키르티 주장을 자가당착이자 무효로 간주한다. 그리고 효과적 작용 능력은 존재성 정의로 사용할 수도 없고, 찰나멸 논증의 논증인으로서도 불성립이라고 결론짓는다.

이러한 바사르바즈냐의 비판은 학설 간 관계라는 점에서 보면 한 사람의 사상가라는 '점'이 외계실재론과 유식설이라는 두 줄의 '선'을 말하는 것에 대해 모순을 발견하고자 하는 성격을 갖는 것이라고 할 수 있다.

2) 2진리설의 계층화와 복수 학설의 분서 分棲

이 바사르바즈냐의 비판에 대해 즈냐나슈리미트라가 도입한 것이 2진리설의 계층화 이론이다. 그것에 따르면 어떤 학설은 그것보다 저차 학설에서 보면 상대적 승의 paramārtha지만, 그것보다 고차 학설에서 보면 상대적 세속 saṃvṛti이 된다. 즈냐나슈리미트라는 이 이론 모델을 사용하면서 바사르바즈냐가 문제시한 다르마키르티의 기술을 다음과 같이 해석 정리한다.

먼저 외계실재론 입장에서 보면[31] '효과적 작용 능력이 있는 것'은 승의 존재다. 그것에 대해 니야야바이쉐쉬카 학파가 설하는 '보편' 등은 세속 존재일 뿐이다. 그 때문에 '보편' 등을 실재로 승인할 수는 없다.

한편 유식 입장에서 보면 승의에서는 인과관계를 인정할 수 없다. 따라서 인과관계를 전제로 한 개념인 '인과적 작용 능력을 가진 것'도 세속 존재일 뿐이다. 다만 같은 세속 존재이긴 하지만, 니야야바이쉐쉬카 학파가 설하는 '보편' 등은 즈냐나슈리미트라에 따르면 '저차 세속 adharasaṃvṛti' 혹은 '어리석은 자 幼兒의 세속 bālasaṃvṛti'이다. 그것에 대해 효과적 작용 능력은 '최고의 세속 niruttarasaṃvṛti' 혹은 '현자의 세속 paṇḍitasaṃvṛti'이라고 이름한다. 이와 같은 이른바 '세속의 차별화'를 통해 유식 입장에서도 '효과적 작용 능력이 있는 것'은 '보편' 등과는 구별되고, 그 가치가 보존되는 것이다.

그리하여 '효과적 작용 능력이 있는 것'은 경량부 입장에서는 확고한 승의 존재기 때문에, 찰나멸 논증의 논증인으로 사용해도 어떤 논리적 오류도 발생하지 않는다. 한편 유식입장에서는 확실히 '효과적 작용 능력이 있는 것'은 세속 존재에 지나지 않는다. 그러나 즈냐나슈리미트라에 따르면 유식 입장에서는 궁극적으로는 인과 관계나 개념 세계를 초월한 '자기인식뿐 svavinmātra' 혹은 '현현뿐 pratibhāsamātra'인 세계만 존재한다. 그와 같은 세계에서는 원래부터 찰나멸 논증과 같은 이론적 사건이 문제가 되는 일도 없을 것이다. 이와 같이 생각하면 불교도 쪽 학설은 모순을 피할 수 있다.

이상과 같은 즈냐나슈리미트라의 사고방식은 외계실재론과 유식 입장 양자에 대한 일종의 '분서(分棲 : 나눠살기, 비슷한 서식지와 먹이를 갖는 서로 다른 종들이 경쟁을 통해 같은 공간에서 각각 다른 서식지나 먹이를 나누어 갖는 것을 가리키는 생물학 용어 – 역자)' 이론적인 성격을 갖고 있다고 말하는 것도 가능하다. 그의 주장을 도식화하면 다음과 같다.

---

① 하위 세속·어리석은 자의 세속 adharasaṃvṛti/bālasaṃvṛti
니야야바이쉐쉬카 학파가 실재라고 인정하는 '보편' 등

⇩

② 상위 세속·현자의 세속·승의 uttarasaṃvṛti/paṇḍitasaṃvṛti/paramārthasat
경량부 입장에서 '효과적 작용 능력이 있는 것'

⇩

③ 유식 입장에서 '현현뿐·자기인식뿐 pratibhāsamātra/svavinmātra'인 경지
※ 본래 '승의'라는 언어표현조차 존재하지 않지만, ①과 ②와 대비로부터 최상위 승의의 경지라고 볼 수 있다.

무엇보다 이러한 즈냐나슈리미트라의 분서적 해석은 다르마키르티의 사상적 틀을 기본적으로 일탈하는 것이 아니다. 그것을 단적으로 보여주는 것이 즈냐나슈리미트라가 위 모델을 설명할 때 사용하는 '멀리서 보면 코끼리가 눈을 감고 있는 것처럼 보이는 것 gajanimīlana'이라는 비유다. 이 비유의 의도는 다음과 같다. 멀리서 코끼리를 보면 코끼리의 눈은 가늘기 때문에 마치 감고 있는 것처럼 보인다. 그러나 실제로는 코끼리는 분명히 눈을 뜨고 주위 상황을 관찰하고 있다. 그것과 마찬가지로 불교인은 유식 입장을 이해하고 있다고 해도, 그 입장에 대해 눈을 감은 것처럼, 외계실재론 입장에 기반을 두어 언설을 전개한다. 유식 입장에 대해 눈을 감고 임시로 외계실재론 입장을 취함으로써, '효과적 작용능력이 있는 것'을 승의적 존재로 간주하고 있는 것이다. 그리고 이 경우에 다른 학파가 설하는 '보편' 등의 개념은 세속 존재로 배척하는 것이 가능하다고 한다. 이 비유는 즈냐나슈리미트라 해석의 본질을 적확하게 표현한 것으로서 그의 논술 중에서도 중요한 위치를 차지하고 있다.

그러나 실제로는 이 '멀리서 보면 코끼리가 눈을 감고 있는 것처럼'이라는 비유는 다르마키르티가 이미 같은 취지로 사용하고 있다.[32] 당연히 즈냐나슈리미트라는 그것을 알고 이 비유를 사용한 것일 게다. 이 비유는 다르마키르티와 즈냐나슈리미트라 사이에 사상적 친연성을 보여주는 것으로서 중요하다.

이어서 이 2진리설의 계층화 이론에는 중관사상이라는 제3의 요소가 영향을 주고 있을 가능성이 있다는 사실도 지적해 두고 싶다. 즈냐나슈리미트라가 또 하나의 저서 『유상유식논증 *Sākārasiddhi*』에서 유식사상과 중관사상의 본질적 동등성을 표명하고 있는 것은 이미 지적되어 있다. 그에 대한 중관사상의 영향은 『찰나멸장』 제1절에서도 찾을 수 있다.

첫째, 즈냐나슈리미트라가 사용하는, 세속을 둘로 구분하는 방법은 이미 명백히 밝혀져 있듯이 중관파 바비베카 Bhāviveka(490~570 무렵)나 찬드라키르티 Candrakīrti(7세기 무렵)에게도 볼 수 있다.[33] 『유상유식논증』에서 중관과 유식의 동등성을 논하는 즈냐나슈리미트라가 중관파에 의한 세속의 2분법을 그의 이론에 채택했을 가능성은 높다고 생각한다.

둘째, 즈냐나슈리미트라가 제시하는 2진리설의 계층화 이론모델에 대해서는 역시 중관파의 대표 사상가인 샨티데바 Śāntideva(690~750 무렵)가 『입보리행론 *Bodhicaryāvatāra*』 제9장 첫 부분에서 저차 입장과 고차 입장이라는 구분은 상대적이라는 취지의 언명을 하고 있다. 그리고 즈냐나슈리미트라의 『유상유식논증』에는 『입보리행론』으로부터 복수의 인용을 확인할 수 있다.[34] 이것을 고려하면 즈냐나슈리미트라가 샨티데바의 발상을 기반으로 하여 2진리설의 계층화 이론을 만들었다는 가능성도 충분히 생각할 수 있을 것이다.

7.
마치며 – 비크라마쉴라 사원에서 유식사상의 위치

본고에서는 인도불교사상사에서 주로 불교 논리학파 사상가들이라는 개개의 '점'이 외계실재론과 유식사상이라는 두 줄 '선'을 어떻게 매듭짓고 있었는가 하는 문제를 살펴보았다.

다양한 학설이 때로는 서로 모순하고 있었다 해도 그것이 수도론 상에서 다른 단계에 각각 위치가 주어지는 경우에는 그러한 내용적 모순은 문제가 되지 않을지도 모른다. 그러나 적어도 외계실재론과 유식사상 양자를 학설·교리상의 지평에 둔 경우에는 한 사람의 불교인이 왜 모순하는 두 학설은 설했는가 하는 의문이 타 학파로부터 제기되어도 무리가 아니다.

그 외계실재론과 유식에 관하여 '세속과 승의'라는 2진리설의 틀을 도입하기 시작한 것은 불교 논리학에서는 다르마키르티 이후다(적어도 디그나가에게는 2진리설에 대한 명시적 표현은 보이지 않는다). 이 2진리설을 사용한 일종의 분서적 사고방식에 의해 두 학설 간 차이가 회피되었다. 즈냐나슈리미트라에 의한 2진리설의 계층화는 이 분서적 사고방식을 명확히 정리하고 고도로 이론화한 것으로 평가할 수 있다.

한편, 즈냐나슈리미트라 시대에는 밀교사상의 대두가 현저해진다. 그리고 밀교사상과 관련하여 다양한 불교학설을 평가하는 것이 성행한다. 예를 들면 앞서 서술한 즈냐나슈리미트라의 『유상유식논증』은 현교 입장에서 유상유식설을 논한 것인데 그 안에도 아주 조금이지만 밀교사상에 대한 언급이 보인다. 그에 따르면 중관·유식 사상에는 어떤 차이도 없다. 덧붙여 『유상유식논증』에는 중관·유식

의 본질적 동등성이 반복해서 설해진다는 것이 지금까지 지적되어 왔다.[35]

10～11세기 무렵의 학승 아드바야바즈라 Advayavajra는 자신의 주저 『진리의 보환 *Tattvaratnāvalī*』에서 매우 심원한 '진언이취 mantranaya' 하위에 '바라밀이취 pāramitānaya'를 둔다. 중관・유식 학설은 그 '바라밀이취'에 포함된다. 그 때 유식은 중관에 이은 학설로 자리매김 된다. 다만 아드바야바즈라는 같은 책 서두에서 '밀교사상은 중관・유식의 교설을 통하여 해설된다'는 취지의 기술도 하고 있다.[36] 중관・유식사상이 밀교사상과 깊이 연결되는 것이라는 의식이 거기서 명확히 나타나 있다. 한편 역시 아드바야바즈라에게 귀속되는 『진실언명 *Tattvaprakāśa*』에는 '4구분별 catuṣkoṭi'을 벗어나 있는 점에서는 중관과 유식 사이에 차이를 인정하지 않는다'는 취지의 기술도 보인다.[37] 이러한 태도는 오히려 앞서 서술한 즈냐나슈리미트라의 『유상유식논증』의 입장에 접근하는 것으로 흥미롭다.

유식사상과 다른 불교학설의 관계를 둘러싸고 후기 인도불교 사상가 사이에서도 여러 가지 견해가 나뉘었다. 그러나 어쨌든 중관・유식 양자가 밀교사상과 관련을 통해 대승이라는 틀 안에 포함되기에 이르렀다는 점은 후기 인도불교의 큰 특징의 하나일 것이다. 복수의 교리・학설이라는 사상사 상의 '선'이 승원이라는 거점에 집약되고, 불교학설 전체의 체계화・종합화라는 과제가 떠오르게 되는 것과 더불어 학설 사이의 관계성에 대한 의식도 더 첨예화해 갔던 것이다.

---

1 목샤카라굽타가 자신의 저서 『논리의 말씀 *Tarkabhāṣā*』에서 당시 인도 불교의 대표적 교리로서 비바사사 Vaibhāṣika, 경량부 Sautrāntika, 유가행파 Yogācāra, 중관 Mādhyamika이라는 네 학파를 들고 있는 것은 잘 알려져 있다. 각각의 교리를 설명하기 전에 '불교에서 진리 tattva란 단일한 것일 터인데 복수의 교리가 존재하는 것은 모순이 아닌가' 하는 반론을 상정한다. 그것에 대해 목샤카라굽타는 모든 것은 (다양한 근기를 가진) 중생을 이끌기 위해 붓다가 설한 것이기 때문에 모순은 없다고 주장한다. 梶山雄一, 『論理のことば』(中公文庫, 1975, p.128) 참조.

2 이상과 같은 문제설정을 할 때, 몇 가지 단서를 붙일 필요가 있다. 무엇보다 먼저, 각 시대와 사상가에게 '유식사상'이라고 불리는 것의 내실이 변천한다는 문제가 있다. 그러나 본고에서는 각 시대의 불교사상가들이 '유식사상'이라고 부르고 있었던 것, 그리고 '외계 존재의 비실재성'이라는 기본적 테제를 갖고 있었던 것을 최대공약수적으로 '유식사상'으로 취급하기로 한다.

두 번째는 수도론과 관계다. 수도론을 다루는 『유가사지론 *Yogācārabhūmi*』과 같은 유식문헌에는 반드시 유식사상의 입장과는 직접 관계하지 않는 전통적인 수도론 개념도 사용하고 있다. 거기서는 수도론상의 과정으로서 외계 존재의 실재성을 인정하는 입장에서 인정하지 않는 입장으로 옮겨가는 것이 전제가 되어 있다고 생각한다. 유식 입장과 그 이외의 입장이 수도론적으로 다른 단계·차원에 있다면 양자의 모순이 문제가 되는 일도 없을 것이다. 또 수도론적으로 보아 유식 입장이 외계실재론 입장보다 고차원라면 그것은 스스로 교리·학설적으로도 전자는 후자보다 우월하다는 평가로 이어질 것이다. 그러나 이러한 수도론의 문제는 다른 장에 양보하고 본고에서는 주로 학설·교리상의 지평에서 유식사상과 외계실재론 입장의 관계를 고찰한다.

또 본고에서는 다룰 수 없었지만 외계 존재와 유식의 관계를 고찰할 때는 Śubhagupta의 *Bāhyārthasiddhikārikā*나 Śāntarakṣita의 *Tattvasaṃgraha*(제23장) 등의 저작도 중요하다. 이들에 대해서는 神子上慧生에 의한 다음 업적 참조(이 외에도 다수 관련 논고 있음). 「シュバグプタのBāhyārthasiddhikārikā」, 『龍谷大學論集』 429(1986), pp.1～44. 「シュバグプタの唯識說批判 – 認識對象(ālambana)をめぐって」, 『佛教學研究』 43(1987), pp.66～87. 「唯識學派による外界對象の考察 (1) TattvasaṃgrahaとTattvasaṃgrahapañjikāの第23章外界對象の考察」, 『インド學チベット學研究』 2(1997), pp.87～109. 「唯識學派による外界對象の考察 (2) TattvasaṃgrahaとTattvasaṃgrahapañjikāの第23章外界對象の考察」, 『インド學チベット學研究』 1(1996), pp.1～56. 「唯識學派による外界對象の考察 (3) TattvasaṃgrahaとTattvasaṃgrahapañjikāの第23章外界對象の考察」, 『龍谷大學論集』 449(1996), pp.42～65.

3 초기 유식의 저자 문제로 상세한 것은 高橋晃一가 집필한 제3장 참조.

4 경량부를 둘러싼 최근 연구 동향에 대해서는 堀内俊郎가 집필한 제4장(부론) 참조.

5 경량부와 유식사상의 관계에 대해서는 佐久間秀範가 집필한 제2장 총설 참조.

6 宇井伯壽, 『陳那著作の研究』(岩波書店, 1958), 梶山雄一, 「佛教知識論の形成」『講座大乘佛教 9 認識論と論理學』(春秋社, 1984), p.53ff. 참조.

7 矢板秀臣, 「四種道理についての一資料」『大正大學綜合佛教研究所』 11(1989), pp.(66)～(77); 矢板秀臣, 「聲聞地における三量說」『大正大學綜合佛教研究所』 11(1989), pp.(78)~(85); 矢板秀臣, 「瑜伽論の因明」『成田山佛教研究所紀要』 15(1992), pp.(505)~(576); 吉水千鶴子, 「Saṃdhinirmocanasūtra Xにおける四種yuktiについて」『成田山佛教研究所紀要』 19(1996), pp.(123)~(166).

8 디그나가의 유식관련 저작에 대해서는 塚本啓祥 外, 『梵語佛典の研究 III 論書篇』(平樂寺書店, 1990), pp.374~380에 자세한 설명이 있다. 논리학 관련 저작에 대해서는 이 시리즈 9권 『認識論と論理學』도 참조.

9 塚本啓祥 外, 『梵語佛典の研究 III 論書篇』(平樂寺書店, 1990), p.380.

10 Erich Frauwallner, *Kleine Schriften*, pp.759~841. 이 프라우발너의 논의에 관한 종래의 논고로 金倉圓照, 「紙魚のはこ - 陳那研究かいまみ」『鈴木學術財團年報』 10(1973), pp.176~183, 참조.

11 服部正明, 「ティグナーガの般若經解釋」『大阪府立大學紀要(人文・社會科學)』 9(1961), pp.119~136.

12 이 책 제4장(부론) 참조.

13 이 책 제4장(부론) 참조.

14 이 절은 이하 졸고를 일부 개작한 것이다. Taiken Kyuma : "On the (Im)perceptibility of External Objects in Dharmakīrti's Epistemology", E. Franco et. al. (ed.), *Proceedings of IVth International Dharmakīrti Conference*, Vienna, 23-27 August(2005). Wien : Verlag der Österreichischen Akademie der Wissenschaften(2010), pp.297~306; 「文獻を讀むという名の旅 - 佛教論理學への招待」『春秋』 483(2006), pp.5~8.

15 T. Stcherbatsky, *Buddhist Logic II*, p.270, fn.3. 다만 거기서 체르바츠키의 주장은 오직 다르마키르티의 『타상속논증 *Santānāntarasiddhi*』에만 의거하고 있다. 戸崎宏正은 Pramāṇavarttika 현량장 전체에서 사상적 경향을 상세히 분석한 후, 같은 결론에 도달한다. 戸崎宏正, 『佛教論理學の研究 上』(大東出版社, 1979), 특히 pp.33~51(「第1部 法稱の思想的立場」) 참조.

16 G. B. J. Dreyfus : *Recognizing Reality, Dharmakīrti's Philosophy and Its Tibetan Interpretations*, New York(1997), p.49; pp.83~105(특히 pp.98~99) 등.

17 J. D. Dunne : *Foundations of Dharmakīrti's Philosophy*, Boston(2004), pp.69ff.

18 던에 따르면 이 중 '경량부'라 불리는 것은 ③ 외계 실재론 입장이다. 또 던의 이해에 따르면 드레이퍼스 도식 중에는 ①에서 ③까지가 경량부라 불리는 것이다. 다만 '경량부'설의 내실이 충분히 명확하게 되지 않는 한 이러한 언설 그 자체에 곤란함이 따라 다니는 것도 사실이다. 이 문제는 후주 14에 든 Kyuma(2010)에서 다루고 있다.

19 이 설에 대한 상세한 내용은 다음 절 참조. 외계 존재추리설이 경량부에 속하는가 아닌가 하는 문제에 대해서는 후주 14에 든 Kyuma(2010)에서 자세히 논하고 있다. 덧붙여 설일체유부 지각론에서는 외계 존재의 표상을 인식하는 것이 아니라 외계 존재를 그대로 지각한다는 입장을 취한다.

20 이 절의 내용은 다음 졸고의 일부를 평이하게 고쳐 쓴 것이다. 「Dharmakīrtiの自己認識(svasaṃvedana)覚え書き」『日本佛教學會年報』 73(2008), pp.181~191.

21 *Pramāṇaviniścaya* 1 kk.54-58ab. *Pramāṇaviniścaya* 1에 대해서는 이하 텍스트 참조. *Dharmakīrti's Pramāṇaviniścaya Chapter* 1 and 2, ed. by Ernst Steinkellner, Beijing-Vienna : China Tibetology

Publishing House / Austrian Academy of Sciences Press, 2007. 티베트어역 텍스트 교정에 기반을 둔 상세한 독역주(산스크리트 원전이 발견되기 이전 것)로서 이하 업적이 있다. Tilmann Vetter : *Dharmakīrti's Pramāṇviniścayaḥ, 1. Kapitel : Pratyakṣam, Einleitung, Text der tibetischen Übersetzung, Sanskritfragmente, deutsche Übersetzung*. Wien(1966). 또 Pramāṇviniścaya 1의 인식론에 대한 개설로 戸崎宏正, 「ダルマキールティの認識論」 『講座 大乘佛敎 9 認識論と論理學』(春秋社, 1984), pp.153~182 참조.

22 Dharmakīrti가 언급하는 외계 존재 추리설에 대해서는 후주 14에서 든 Kyuma(2010) 참조.

23 *Pramāṇavārttika* 3. 390d−391(戸崎宏正 『佛敎論理學の硏究 下』(大東出版社, 1985), pp.73~74. 참조), *Pramāṇviniścaya* 1 k.58d.

24 *Pramāṇviniścaya* 1 : 43, 12−14.

25 이 부분은 니야야학파의 Bhāsarvajña의 저작 *Nyāyabhūṣaṇa*에도 인용되어 있다. 거기서는 이 주어가 명확히 '유식론자 vijñaptimātravādin'으로 바뀌어 있다. Cf. *Śrīmadācārya-Bhāsarvajñā-praṇītasya Nyāyasārasya svopajñaṃ vyākhyānaṃ Nyāyabhūṣaṇam*, ed. by Svāmi Yogīndrānandaḥ, Vārānasī(1968), p.57. *Pramāṇviniścaya* 1의 원문에서도 전후 문맥에서 판단하면 이 주어를 '유식론자'로 이해하는 것이 자연스러울 것이다.

26 *Pramāṇviniścaya* 1 : 43, 14−44, 4.

27 이 절의 내용은 이하 졸고의 내용에 기반을 둔 것이다(특히 Einleitung의 일부를 가능한 한 평이하게 고쳐서 썼다). Taiken Kyuma, *Sein und Wirklichkeit in der Augenblichlichkeitslehre Jñānaśrīmitras Kṣaṇabhaṅgādhyāya I : Pakṣadharmatādhikāra. Sanskrittext und Übersetzung* (*Wiener Studien zur Tibetologie und Buddhismuskunde 62*), Wien(2005).

28 찰나멸 논증에 대해서는 이 시리즈 제9권 『認識論と論理學』에 수록된 谷貞志의 논고(제8장) 참조.

29 *Pramāṇavārttika* III 4. cd : sā cet saṃvṛtyāstu yathā tathā //

30 다르마키르티와 프라즈냐카라굽다의 인과론에 대해서는 이 시리즈 제9권 『認識論と論理學』에 수록된 稻見正浩의 논고(제2장) 참조.

31 『찰나멸장』 제1절에서 외계 실재론 입장을 실제로 즈냐나슈리미트라는 단순히 '경량부'로 이름 붙인다. '경량부'라는 개념은 '유식'이라는 개념과 마찬가지로 인도불교사에서 통시적으로 사용될 때는 다양한 문제를 품고 있다. 그러나 적어도 즈냐나슈리미트라는 『찰나멸장』 제1절에서 '경량부 Sautrāntika'란 '찰나멸논자 kṣaṇabhaṅgavādin, (다른 순간에 존재해서 서로) 결합하지 않는 찰나적 존재만을 인식하는 자 asaṃsṛṣṭakṣaṇamātravedavavādin'이고, '유가행파 Yogācāra'란 '인과 관계를 부정하고 자기인식만을 말하는 자'라고 그 나름대로 정의하고 있다.

32 *Pramāṇavārttika* III 219 : tad upekṣitatattvārthaiḥ kṛtvā gajanimīlanam / kevalaṃ lokabuddhyā eva bāhyacintā pratanyate //
따라서 진실의를 체득하고 있는 자도 세속의 인식에 맞추어 마치 코끼리가 눈을 감은 듯이 보일 수 있는 것처럼 외계 존재에 대해 사색한다.

33 戸崎宏正, 『佛敎論理學の硏究 上』, pp.63~66.

34 상세한 것은 후주 27에 든 Kyuma(2005 : 79) 참조.

35 *Jñānaśrīmitranibandhāvali* (*Buddhist Philosophical Works of Jñānaśrīmitra*), ed. by Anantalal Thakur, Patna(1987), p.483 (제6장 첫 부분) 및 후주 27에 든 Kyuma(2005)의 Einleitung(p.LXXXIII) 참조.

36 이상 기술에 대해서는 Advayavajra Tattvaratnāvalī revised by H. Ui (宇井伯壽『大乘佛典の研究(大乘佛教研究 1)』(岩波書店, 1963) 참조.

37 密教聖典研究會「アドヴァヤヴァジュラ著作集 － 梵文テキスト・和譯 (4)」『大正大學綜合佛教研究所年報』13(1991), pp.(74)~(75) 참조.

제8장

중국 유식사상사의 전개

요시무라 마코토

1.
시작하며

이 장에서는 인도 유식사상이 중국에 전달·수용된 경위에 대해 개관한다.[1] 중국 유식사상은 『십지경론』, 『섭대승론석』, 『성유식론』 번역을 계기로 3단계로 발전했다. 여기서는 각 논서를 중심으로 유식사상을 연구한 사람들을 '지론학파'·'섭론학파'·'유식학파'로 부르고자 한다.[2]

인도 유가행파 유식사상은 4~5세기 무렵 무착 Asaṅga·세친 Vasubandhu에 의해 조직되고 완성되었다고 간주된다. 유식 논서는 5세기 전반에는 중국에 전래하고 남북조 양쪽에서 중국어로 번역하기 시작했다. 6세기 초 북위 낙양에서 보리류지가 『십지경론』을 번역하자 중국 북지에서 그 연구를 통해 유식사상이 유행했다. 『십지경론』을 통해 유식사상을 배운 사람들을 '지론학파'라고 한다.

6세기 말 진나라 광주에서 진제가 『섭대승론석』을 번역했다. 『섭대승론석』은 유식 연구의 바탕이 없는 남지에서는 거의 수용되지 않았지만, 북주의 파불을 피해 남으로 도망한 사람들이 주목하게 되었다. 그들이 수대에 북지에 돌아가 『섭대승론석』을 보급한 결과 지론학파 사람들이 『섭대승론석』 연구로 이행했다. 진제역 『섭대승론석』을 중심으로 유식사상을 연구한 사람들을 '섭론학파'라고 한다.

7세기 중반 무렵 경전을 구하기 위한 인도 여행길에서 귀국한 현장은 당 장안에서 『유가사지론』을 비롯한 다수의 유식 논서를 번역하였다. 이에 중국에서 유식 이해는 비약적으로 진전했다. 그중에서도 『성유식론』은 현장이 인도에서 배운 유식교학 체계를 보여주는 것으로 제자들의 주목을 받고 활발히 연구되었다. 현장역에 기반을 둔 유식사상을 배운 사람들을 '유식학파'라고 한다. 그중에서 후

세까지 존속한 기(자은대사) 문류가 '자은종(=유식종)'이다.

이 학파들은 인도 유식사상을 경론의 기술에 근거하여 바르게 이해하기 위한 노력을 기울였지만, 모든 학파가 인도 유가행파에는 보이지 않는 중국 독자의 학설을 제창했다. 그 배경에는 경론의 역자나 역어 문제, 중국에서 유식사상과 여래장사상의 교섭,[3] 중국인 사유의 특징 등 복수 요인이 있고, 각각 밀접하게 서로 관련된다.

여기서는 이하 논의의 전제로서 5세기 이전 중국에서 유식사상과 여래장사상에 관한 경전 번역과 그 수용에 대해 약술해 두고자 한다.

유식사상과 여래장사상에 관한 경전은 5세기 전반에 도래승이 활발히 읽고 번역하였다. 북지에서는 담무참(曇無讖 Dharmakṣema 385~433)이 『열반경』(북본), 『보살지지경』(『유가사지론』 일부)을 번역했다. 남지에서는 불타발타라(佛馱跋陀羅 Buddhabhadra 356~429)가 『니원경』(『열반경』 이역), 『화엄경』, 『여래장경』을, 구나발마(求那跋摩 Guṇavarman 377~431)가 『보살선계경』(『유가사지론』 일부)을, 구나발타라(求那跋陀羅 Guṇabhadra 394~468)가 『승만경』, 『능가경』(4권본), 『상속해탈경』(『해심밀경』 일부)을 각각 번역했다.

이 중에서 특히 보급된 것은 『열반경』, 『승만경』, 『능가경』 등 여래장사상에 관한 경전이었다. 『열반경』의 실유불성설이나 『승만경』에 설해진 여래장 염정의지 染淨依持설, 『능가경』이 설한 여래장과 알라야식의 동일설은 이후 중국인의 유식사상 이해에 큰 영향을 주게 되었다. 한편 유식사상에 관한 경전은 『보살지지경』이나 『보살선계경』 등 대승계(보살계)와 관련한 부분적 수용에 그치고 있었다.

여기서 주의해야 할 것은 유식사상과 여래장사상이 거의 같은 시기에 중국에 전래했지만 더 빨리 친숙해진 것은 여래장사상이었다는 사실이다. 중국인은 먼저 여래장사상의 이해에 힘쓰고 다음에 그 이해를 바탕으로 유식사상과 씨름했다. 이것이 중국 유식이 독자적 전개를 보이는 가장 큰 원인이 되었다.

2.
지론학파

1) 남도와 북도의 심식설

유식사상의 본격적 수용은 6세기 초 북위 낙양에 도래한 보리류지(菩提流支 Bodhiruci ~527), 늑나마제(勒那摩提 Ratnamati ~508~), 불타선다(佛陀扇多 Buddhaśānta ~539)의 번역으로 시작한다. 보리류지는 『심밀해탈경』(『해심밀경』 이역) · 『입능가경』(10권 능가)을, 늑나마제는 『구경일승보성론』을, 불타선다는 『섭대승론』을 번역했다. 특히 큰 반향을 일으킨 것은 영평 연간(508~511)에 보리류지와 늑나마제가 번역한 『십지경론』이었다.[4] 『십지경론』은 이미 유행하고 있었던 『화엄경』 「십지품」 주석이라는 체재였기 때문에, 다른 유식 논서에 비해 수용하기 쉬웠을 것이다. 북지에서는 많은 사람이 『십지경론』을 연구하고, 여기에서 지론학파가 성립했다. 그들은 다른 학파 사람들로부터 '지론사'(달리는 '십지사' 등)로 불렸던 듯하다.[5]

지론학파에서는 연기설 등에 특징 있는 교리를 발전시켰다.[6] 하지만 학파의 전개를 생각할 때 중요한 것은 그들의 심식설이다. 의식의 근저에 있다고 간주되는 알라야식의 성격이나 알라야식과 진여의 관계를 둘러싸고 지론학파가 남도·

북도 두 파로 분열했기 때문이다.[7] 두 파 중 후계자를 배출하여 융성을 자랑한 것은 남도 쪽이다. 지론학파가 남북으로 갈라지기 이전 심식설은 6식(안식, 이식, 비식, 설식, 신식, 의식)과 제7알라야식으로 이루어진 7식설이었다고 간주된다. 그 알라야식을 진식과 망식으로 이분하거나, 진식을 독립시켜 제8식으로 한 것이 남도의 지론사였다.[8]

그들은 『능가경』에 기반을 두어 알라야식과 여래장을 동일시하는 해석을 행했다. 여래장은 『승만경』에 의해 생사染와 열반淨의 근거依持라는 의미에서 이해되었다. 따라서 그들은 알라야식에도 망상을 산출하는 성질과 진여를 구하는 성질이라는 두 가지 면이 있다고 해석했다. 그리고 알라야식의 두 성질 중 어느 쪽이 본질인가를 문제 삼았다. 그들은 알라야식을 망식(用 망심의 작용)과 진식(體 진심의 본체)으로 이분하거나, 혹은 다시 후자를 독립시켜 망인 알라야식의 근저에 진인 제8식이 있다고 생각했다.

예를 들면 혜광의 제자 법상(法上 495~580)은 6식은 망상, 제7알라야식은 연기(生死 만혹의 근본), 제8식은 진여라고 설명했다. 알라야식은 여래장이라고 간주되지만, 이 설명에는 망의 성격이 강조되고 있다. 그러나 한편으로 알라야식의 연기 작용은 진여를 본체로 이루어진다고 한다. 진은 불성·진제·제일의공이고, 여래장이라고도 설해져 있다. 곧 법상은 알라야식을 망상의 근본이자 진여의 작용이라고 보고 진여를 진식으로 간주하는 8식설을 제창하고 있었다고 말할 수 있을 것이다.[9] 제8식이 진여라는 해석은 자기 마음의 근저가 진여와 연결되어 있다는 것을 의미한다. 또 진여는 불성佛性이라고도 간주된다. 이것은 불성이 자기에 내재한다는 생각으로 연결된다. 알라야식 내부에 진식을 상정하는 이 심식설은 남도 지론사 사이에서 널리 행해졌던 듯하다. 이와 같이 남도 심식설에서는 자기 마음의 깊은 곳에 진여나 불성의 존재를 구하는 경향이 현저했다. 여래장사상이나 실유불성설을 사용한 해석은 많은 지론사의 찬동을 얻었을 뿐 아니라 같은 사상 경향을 가진 『열반경』이나 『능가경』 신봉자들로부터도 자설을 뒷받침하는 새로운 이론으로 환영받았을 것이다. 남도는 폭넓은 층의 지지를 받아 번영했다.

한편 북도 지론사는 소수파에 그쳤다. 북도 교학에는 명확하지 않은 점이 많다. 그 심식설은 6식과 제7알라야식으로 이루어진 7식설이었다고 생각한다. 그들은 알라야식을 망식으로 간주하고 공관에 의해 7식 전체가 전환하는 것을 깨달음이라고 생각했다. 또 불성은 어디까지나 성불의 가능성으로서, 그것이 성불 이전에 실재한다는 것을 인정하지 않은 듯하다.[10] 북도 주장은 알라야식 내부에 진식을 세우지 않고, 불성의 내재를 부정한 점에서 남도 사상과 현저하게 대조를 보이고 있다. 그 한편으로 이후의 현장 유식교학과 통하는 점이 적지 않다. 그러나 북도는 6세기 말경에는 후계자를 잃고 현장 귀국을 기다리지 못하고 소멸했다. 그 원인이 중국불교를 석권한 여래장사상이나 실유불성설에 대한 냉담한 태도에 있었던 점은 의심할 수 없을 것이다.

2) 정영사 혜원의 심식설

법상의 심식설에는 알라야식과 진여 양쪽이 여래장으로 간주되어 있다. 『능가경』이 설하는 알라야식과 여래장의 동일성이 훼손되어 있는 것처럼도 보인다. 여기에 대해 법상의 제자인 정영사 혜원(慧遠 523~592)은 그의 저작 『대승의장』에서 양자를 다시 결합시키는 새로운 심식설을 주장했다. 그것은 6식, 제7아다나식, 제8알라야식이라는 조직을 가진 8식설이다. 여기서 알라야식은 망(生死, 生滅)

과 진 涅槃을 매개하는 진망화합의 근본식이다.[11] 곧 알라야식은 여래장이고 망상을 만드는 작용이 있으면서, 그 본체는 청정하다는 해석이다.

6식, 제7아다나식, 제8알라야식으로 이루어진 8식설은 진제역 『불성론』, 『전식론』, 『현식론』에 보이는 심식설이다. 아다나(阿陀那 ādāna)식이란 집지식(執持識 유지하는 식)이라는 의미고, 본래는 알라야식의 이명 중 하나다. 그러나 진제역에는 이것이 집식(執識 집착하는 식-역자)의 의미로 전용되어 염오의(染污意 kliṣṭa-manas)의 이름으로 사용되고 있다.[12] 혜원이 진제역 『불성론』 등을 참조했는가는 불명확하다. 만년에는 담천이 한 진제역 『섭대승론석』 강의를 들었는데, 거기서도 아다나식을 집식으로 하는 해석이 서술되고 있다. 따라서 혜원의 8식설 조직은 진제역에서 유래한다고 봐도 좋을 것이다.

또 알라야식은 진망화합의 근본식이라고 간주된다. 이것은 『대승기신론』에 의해 대성된 여래장연기설(염정의 모든 법이 여래장=알라야식으로부터 연기한다는 생각)에 기반을 둔 새로운 심식설 해설이다. 『대승기신론』은 『승만경』이나 『능가경』 사상을 이론적으로 발전시키고, 6세기 후반부터 북지를 중심으로 유행한 여래장 사상의 개론서다. 거기서는 중생심이 여래장이라는 사실로부터 진여와 생멸이 부즉불리 관계에 있다고 간주되고, 알라야식이라고도 불리는 그 마음이 염정의 모든 법을 생기시킨다고 설해져 있다. 혜원은 이 『대승기신론』의 여래장연기설에 의해 『섭대승론석』의 심식설을 해석하고 새로운 8식설을 창안한 것이다.

그런데 혜원은 8식설 외에 9식설도 설하고 있다. 그것은 제8알라야식을 진망화합 혹은 망식으로 보고, 그 근저에 진식으로서 절대청정의 제9아말라식을 세우는 설이다.[13] 아말라식이라는 관념은 진제역 『결정장론』, 『삼무성론』, 『전식론』, 『십팔공론』에 보이지만 이 논서들이 북지에서 유행한 것은 7세기 이후의 일이다.

혜원이 그것을 참조했을 가능성은 매우 낮다. 오히려 담천 등의 강의로부터 그 지식을 얻었다고 보는 쪽이 개연성이 높을 것이다. 혜원은 이 새로운 지식인 아말라식을 『대승기신론』이나 『능가경』을 원용하여 적극적으로 해석하고 있는 것처럼 느껴진다. 그러나 혜원은 왜 자신의 8식설을 무너뜨릴지도 모르는 9식설을 그 정도로 언급한 것일까.

여기서 주목해야 할 점은 9식설의 구조다. 9식설 조직은 법상의 8식설에 제7 아다나식을 더한 것이라고도 말할 수 있다. 알라야식 내부에 진식을 세우는 구조는 같다고 해도 좋다. 여기에는 남도 심식설 전통이 숨어 있다는 사실을 알아챌 수 있을 것이다. 혜원은 새로 전래된 『섭대승론석』에 기반을 두어 6식, 제7아다나식, 제8알라야식으로 이루어진 8식설을 주장했다. 『대승의장』의 장명 중 하나가 「팔식의」로 되어 있듯이, 8식설은 혜원이 생각하는 기본적인 심식설이었다. 그럼에도 불구하고 아직 전거가 불확실한 아말라식에 대해서도 적극적으로 언급한 것은, 남도 지론사로서 혜원도 마음 깊은 곳에서는 진식을 인정하는 것에 인색하지 않았음을 보여주고 있다.

혜원 이후 남도 지론사들은 『섭대승론』 연구로 이행하고 섭론학파가 형성되어, 9식설은 섭론학파를 대표하는 학설이 되어간다. 혜원이 9식설을 언급한 것은 지론학파에서 섭론학파로 이행하는 당시 동향을 반영한 것이라고 말할 수 있을 것이다.[14]

3.
섭론학파

1) 진제역 『섭대승론석』의 북지 전파

중국유식에서 두 번째 충격은 남지로부터 초래되었다. 그것은 진제(眞諦 Paramārtha 499~569)가 번역한 『섭대승론(세친)석』(이하 『섭대승론』이라고 약칭)이다. 진제는 남해를 경유하여 중국에 도래하였다. 양·진 왕조 교체기 혼란 중에 『섭대승론』을 비롯해 『해절경』(『해심밀경』 이역), 『중변분별론』(『변중변론』 이역), 『결정장론』(『유가사지론』 부분역), 『삼무성론』(『현양성교론』 부분역), 『전식론』(『유식삼십송』 이역), 『구사론』 등을 번역하고 주요한 유식경론을 중국에 가져왔다.[15] 『섭대승론』은 진 陳의 천가 天嘉 4~5년(563~564)에 번역되었지만 유식연구의 기초가 없었던 남지에서는 거의 수용되지 않았다. 진제는 제자들에게 『섭대승론』의 홍선을 서약하게 한 후 서거하였다. 그의 유지를 이은 도니 道尼(~590~)는 수 隨 개황 開皇 10년(590) 북지 장안에서 이것을 강의했다.

그러나 그 이상으로 『섭대승론』 북지 전파에 공헌한 이는 담천 曇遷(542~607)과 정숭 靖嵩(537~614) 두 사람이었다. 그들은 북주 파불을 피해 남지에서 각각 『섭대승론』과 만나고, 도니 이전에 북지에서 이것을 활발히 펼쳤다. 담천이 개황 원년(581)에 팽성에서 『섭대승론』을 강의한 것이 북지 전파의 시작이었다. 개황 7년(587) 담천이 칙령에 의해 장안에 들어가 『섭대승론』을 강의했을 때는 지론학파의 수장 정영사 혜원도 강석에 참여하고 거기서 얻은 새로운 지식을 만년 저작에 반영하고 있다. 그 한 예를 보아도 북지 지론사들이 얼마나 진제역 『섭대승론』을 환영했던가를 엿볼 수 있을 것이다. 그들은 일제히 『섭대승론』 연구를 시작해 이전 '지론사'는 지금은 '섭론사'(달리는 '섭대승사' 등)라고 불리게 되었다.

지론학파에는 북도와 남도가 있었다. 북도는 이미 쇠퇴해 있었기 때문에 『섭대승론』 연구로 이행한 것은 거의 남도 지론사였다.[16] 원래 『섭대승론』을 북지에 전한 담천과 정숭은 모두 남도 지론사에게 배운 인물이다. 그들은 『섭대승론』의 심식설을 당연하게 여래장사상으로 해석했을 것이다. 또 진제역 『섭대승론』도 여래장사상에 의한 해석을 잘 받아들일 수 있는 내용을 갖고 있었다. 바로 그 때문에 담천이나 정숭의 강의가 북지에서 환영받고 혜원에게 영향을 준 것이다.

진제역 『섭대승론』 심식설은 6식에 제7아다나식과 제8알라야식을 더한 8식설이다. 이에 대해 섭론학파 사람들은 8식설과 9식설 두 가지 해석을 행했다. 먼저 8식설에서 제8알라야식은 진망화합식이자 여래장이라고 간주된다. 이 해석은 혜원의 8식설을 계승한 것이다. 다음으로 9식설에서는 제8알라야식이 망식 내지 진망화합식이라고 간주되고, 진식으로는 따로 제9아말라식이 주장된다. 이 경우 알라야식 내지 아말라식이 여래장·불성으로 간주된다. 아말라(阿摩羅 amala)란 무구라는 의미고, 본래는 알라야식이 전환한 청정한 상태를 가리키는 말이다. 섭론사들은 이것을 알라야식에서 독립시켜 제9식으로 간주했다. 9식설은 점차 8식설보다 우세하게 되고 섭론학파를 대표하는 학설이 되었다. 9식설 쪽이 유행한 것은 그것이 지론 남도파 심식설 전통을 계승하였기 때문일 것이다.[17]

『섭대승론』의 여래장적 해석을 진전시킨 또 한 가지 요인으로 『대승기신론』이 있다. 『대승기신론』은 여래장사상 개론서로서, 『섭대승론』이 전파하기 이전부터 북지에서 활발히 배우고 있었다. 섭론사 거의 전부가 『대승기신론』에 정통해 있었다. 그 이론은 그들 해석의 도처에서 이용되고 있다. 예를 들면 제8알라야식이 일체를 연기하는 작용 用은 궁극적으로는 진여를 근거 體로 한다는 해석이나, 제9아말라식을 인식대상 眞如과 인식주체 本覺로 2분하는 해석 등은 모두 『대승기신론』 이론을 『섭대승론』 심식론에 적용한 것이다. 『대승기신론』은 인도 찬술인가 중국찬술인가, 진제역인가 지론사 작인가 하는 내력이 불명한 저작이다. 그러나 그것이 진제역으로서 유포하는 데 섭론사들이 관여했던 사실은 틀림없을 것이다. 『섭대승론』을 여래장사상에 의해 해석하는 그들에게는 『대승기신론』이 같은 진제역이라는 사실이 가장 바람직하였을 터이기 때문이다.

2) 9식설의 형성과 쇠퇴

아말라식이라는 개념은 진제역 『결정장론』, 『삼무성론』, 『전식론』, 『십팔공론』 가운데 볼 수 있다. 그러나 『섭대승론』은 본래 8식설을 설하는 것이고, 거기에는 아말라식이라는 용어나 9식 조직은 보이지 않는다.[18] 곧 섭론사들은 『섭대승론』에서 아말라식이라는 용어를 만들어냄으로써 9식설을 구축한 것이다. 그렇다면 진제의 아말라식설과 섭론학파의 9식설 사이에는 뭔가 차이가 있다는 것을 예상할 수 있다.

진제역에서 아말라식의 특징을 든다면 다음과 같다. 첫째, 아말라식은 번뇌 外境와 알라야식이 멸하는 것에 의해 나타난다. 둘째, 아말라식은 3성설의 진실성에 상당한다. 셋째, 아말라식은 출세간법의 원인이고 정식 淨識 내지 자성청정심 自性淸淨心이다. 또 진제역은 아말라식을 제9식이라고 칭하는 일이 없고, 6식 내지 제9아말라식이라는 9식 조직도 설하지 않는다.

이것에 대해 섭론학파 9식설의 특징은 다음과 같다. 첫째, 아말라식은 섭론학파 초기부터 알려져 있었고 제9식이라고 간주되고 있다. 둘째, 8식과 아말라식의 관계는 『대승기신론』의 심생멸·심진여 교리에 의해 설명된다. 셋째, 아말라식의 논거는 불안정하고 늘 확실한 증거가 요구되고 있었다. 섭론학파에서는 『결정장론』이나 『십팔공론』은 거의 보급되지 않고 수말당초가 되어야 『삼무성론』이나 『전식론』이 참조된 듯하다.

섭론학파 말기(현장 귀국 전후)가 되면 '진제가 『결정장론』「구식품」에 의해 9식설을 세웠다'는 언설이 유포되었다. 그러나 현존하는 『결정장론』에는 「구식품」은 존재하지 않는다. 그리고 섭론학파가 9식설의 증거로 인용한 『결정장론』「구식품」의 내용을 보면, 거기에는 전6식 내지 아말라식이라는 9식 조직이 설해지고 아말라식에는 인식대상(진여)과 인식주체(본각)라는 2의가 있다고 하는 『대승기신론』에 의한 해석이 보인다. 이것들은 진제의 아말라식설이 아니라 섭론학파 9식설에 보이는 특징이다. 이로부터 진제가 9식설을 주장했다는 말은 섭론학파에 의해 제창된 것이라고 생각할 수 있을 것이다.

진제 아말라식설과 섭론학파 9식설 사이에 이와 같은 차이가 생긴 원인으로는 『섭대승론』을 북지에 전한 담천이나 정숭이 진제에게 직접 사사하지 않고, 다른 진제역을 입수하는 것도 곤란했다는 사실을 들 수 있다. 또 섭론사가 된 많은 사람들이 남도 지론사였다. 그들은 『섭대승론』을 배우기 이전부터 알라야식 내부에 진여가 있다는 설이나 『대승기신론』 교리에 익숙했었다. 그 결과 그들은 아말라식을 진정한 제9식이라고 간주하고 그것을 『섭대승론』의 8식설과 결합시켜 양자 관계를 『대승기신론』 교리로 해석한 것이다. 따라서 섭론학파 9식설은 진제역의 아말라식설에 유래하는 것이기는 하지만, 그것과 동일시해서는 안 되고 섭론학파에 의해 만들어진 독자의 학설로 보아야 할 것이다.[19]

섭론학파 9식설은 현장역이 출현함으로써 완전히 부정되었다. 현장은 진제역 유식 논서 거의 전부를 새로 번역하지만, 거기에는 섭론사가 9식설의 증거로 삼았던 구절은 보이지 않았기 때문이다. 진제역에서 아말라식이라고 간주되고 있는 부분은 현장역에서는 '전의 轉依'나 '정식 淨識' 등으로 번역되어 있다. 새로운 심식설은 6식에 제7말나식과 제8알라야식을 더한 8식설이다. 제8식에는 유루위와 무루위가 있고, 오염된 알라야식이 청정한 식으로 전환하는 것이 깨달음이라고 간주되었다. 이것은 자기 自己와 진여 사이에 선을 긋는 사고방식이고, 남도 지론사나 섭론사들의 이해와는 크게 다른 것이었다. 현장역이 등장함으로써 진제역은 과거의 것이 되고, 9식설의 증거를 잃어버린 섭론학파는 이후 급속히 쇠퇴했다.

섭론학파 전성기에 해당하는 당 무덕 武德 9년(626)에는 바라바가라밀다라(波羅頗迦羅蜜多羅/波頗 Prabhākaramitra 565~633)가 장안에 도래하여 『대승장엄경론』을 번역한다. 일부 섭론사는 거기서도 9식설의 증거를 찾으려 했다. 여기서 주목되는 것은 바라바가라밀다라가 도착한 직후에 현장이 인도로 떠났다는 점이다. 바라바가라밀다라는 날란다 계현에게 『유가사지론』을 배운 인물이다. 만약 현장이 바라바가라밀다라로부터 인도 사정을 들었다면 현장이 나란다를 향한 것은 우연이 아니었을 것이다.[20]

4.
유식학파

1) 현장이 인도로 간 사상적 이유

중국 유식에 세 번째 충격을 가져온 것은 한인승 현장 玄奘(602~664)이었다. 전기에 따르면 현장은 인도로 가기 전에 중국 각지를 편력하고 『섭대승론』을 배웠다. 그러나 여러 스승의 해석이 자의적이고 경전과 대조해도 적부가 확연하지 않았다. 그래서 『유가사지론』을 얻어 의문을 풀어야만 했다. 그는 정관 3년(629) 마침내 인도로 떠났다.[21] 여러 스승의 해석이 자의적이었다는 것은 섭론학파가 『섭대승론』에서 9식설을 지어냈다고 하는 일종의 해석학에 빠져 있던 상황을 가리킬 것이다. 현장은 그와 같은 섭론학파에서 배우면서 그들의 여래장적 해석에 어떻게 의문을 품게 되었을까.

현장이 인도로 여행하기 전에 사사한 사람들을 조사해 보면 흥미깊은 사실이 떠오른다. 현장이 20세까지 사사한 사람은 혜경 慧景·보진 寶進·도기 道基 세 명이다. 그들은 진제역 『섭대승론』을 북지에 전한 정숭 靖嵩을 스승으로 하고 있다. 정숭은 법상의 손제자에 해당하므로 세 사람은 남도 지론사의 흐름을 이은 섭론사가 된다. 현장이 그들로부터 배운 『섭대승론』 해석은 당시 주류인 여래장사상에 기반을 둔 것이었을 게다.

그런데 무덕 5년(622)에 구족계를 받자 현장은 그들 슬하를 떠나 각지에 여러 스승을 찾아가게 된다. 이때 사사한 휴림 休林·도심 道深·도악 道岳 세 사람은 남도 지론사와 관계가 적고 전기에도 『능가경』이나 『대승기신론』을 배웠다는 기록이 없다. 대신 세 사람 모두 아비달마에 뛰어나고 지념 志念(535~608)을 공통의 스승으로 하고 있다. 지념은 아비달마의 권위자로 저명하고 북도 지론사 시조인 도총으로부터 『십지경론』을 배운 인물이기도 하다. 곧 현장이 방문했던 세 사람은 모두 북도 지론사 흐름을 잇는 소수의 인물이었다. 또 휴림과 도악 두 사람은 진제의 제자인 도니로부터 『섭대승론』을 배웠다. 이 점에서도 이제까지 여러 스승과는 계보를 달리하고 있다고 말할 수 있다.

이렇게 보면 현장은 진제역 『섭대승론』을 배운 후, 여래장사상에 익숙한 남도 지론사 흐름을 잇는 섭론사들과 헤어지고 아비달마를 중시하는 북도 지론사 내지 진제 흐름을 잇는 여러 스승을 찾았다고 할 수 있을 것이다. 이것은 현장이 인도로 가기 전부터 유식의 여래장적 해석에 의문을 품고 있었다는 사실을 시사하고 있다.[22]

현장 사상의 변화를 촉발한 인물이 있다면 그것은 성도에서 사사한 도기 道基(577~637)다. 그는 아비달마를 잘 알고 지념을 사숙하고 있었다고 전하기 때문이다. 도기는 당시 대표적인 섭론사다. 그도 9식설을 제창했지만, 그 근거에 대해 비판적인 검증을 하고 있었던 사실도 주의해야 한다. 예를 들면 섭론사 중에는 9식설의 증거로 『십칠지론』(『유가사지론』의 이명)을 드는 사람도 있었다. 그러나 도기는 중국에 전래되지 않은 것은 증거가 되지 않는다고 인정하지 않았다. 또 『섭대승론』은 9식설로 해석하기에는 철저하지 않은 곳이 있다고 하여, 진제의 번역 자체에도 비판의 눈을 돌리고 있다. 이와 같은 도기의 비판 정신은 젊은 현장에게 큰 영향을 주었을 것이다. 다만 도기의 관심은 9식설의 확증을 얻는 것에 있었기 때문에, 9식설 그 자체는 끝내 의심하지 않았던 듯하다.[23]

이에 대해 현장은 9식설 자체의 진위를 비판적으로 추구했다. 그 이유는 현장의 내면에서 찾아야 할 것이다. 여기서 주목하고 싶은 것이 현장이 스스로 불성이 있는가를 의심하고 있었다는 전기 기술이다.[24] 불성의 유무에 대해 자성한다는 것은 불성의 내재를 인정하지 않는 북도 지론사와 통하는 태도다. 한편으로 이 태도는 남도 지론사나 섭론사 입장과는 맞지 않다. 그들은 불성(여래장)이 알라야식이나 아말라식으로서 자기에 내재한다고 생각하고 있었기 때문이다. 이와 같은 생각에 현장이 의문을 품고 있었다고 한다면, 아말라식을 설하는 9식설에 대해서도 자연히 회의적이 될 터다. 현장은 섭론사들의 해석을 『섭대승론』 본문과 대조하고, 나아가 유식사상을 여래장사상으로 해석하는 것 자체에 의문을 품게 된 것은 아닐까.

『섭대승론』은 섭론사들이 말하듯이 9식설을 설하고 있는가. 유식사상은 여래장사상으로 해석해도 좋은가. 이 문제를 해결하는 데 이제 와서 남도 지론사 흐름을 잇는 사람들에게 기대할 수는 없다. 그렇다면 북도 지론사나 진제의 후예에게 시비를 가리게 하던가, 직접 인도로 가서 『유가사지론』을 얻어 확인하는 수밖에 방법이 없다. 현장이 중국 각지를 편력하고 인도로 출발한 이유는 여기에 있다고 할 수 있을 것이다.

2) 현장 유식의 포괄적 성격

중국을 출발한 현장은 힌두쿠시 산맥을 넘어 카쉬미르로 들어가 거기서 설일체유부 아비달마를 2년간 배웠다. 다음으로 중인도에 들어가 날란다에서 5년간 체류하였다. 거기서 호법(護法 Dharmapāla 530~561)의 제자 계현(戒賢 Śīlabhadra 529~645)으로부터 『유가사지론』을 배우고 유식사상의 체계를 전수받았다. 다시 인도

반도를 일순하고 승군(勝軍 Jayasena)으로부터 2년 간 유식을 배운 후, 재차 내륙 루트를 거쳐 정관 貞觀 19년(645) 정월 당 장안에 귀환했다. 17년이 넘는 긴 여행 기록은 『대당서역기』나 『대당대자은사삼장법사전』에 자세하다. 현장은 당 태종(재위 626~649)의 비호를 바탕으로 대규모 번역 사업을 일으켜, 사망하기까지 19년간 75부 1335권의 경론을 번역했다. 그 양은 역대 번역 삼장 중 가장 많고 한역된 모든 불전의 약 4분의 1에 상당한다. 현장 번역은 원문과 역어의 대응관계가 엄밀하다. 그 방법은 이후 번역의 기준이 되었다.[25]

현장의 번역은 계획적으로 진행되어 갔다(250쪽 도표 참조). 먼저 현장의 비원인 『유가사지론』을 중심으로 『섭대승론』, 『해심밀경』 등 유식 경론이 집중적으로 번역되었다. 다음으로 유식 이외의 대승 경전이 번역되었다. 그중 많은 것은 황제의 교체와 관련된 것이다.[26] 그 후 『구사론』, 『발지론』, 『대비바사론』 등 부피 있는 아비달마 논서가 계속 번역되었다. 마지막으로 『대반야경』 6백 권이 놀라운 속도로 번역되었다. 이와 같이 현장 번역은 시기와 내용에서 유식경론·아비달마 논서·대반야경이라는 셋으로 대별할 수 있다. 이것은 유식의 3전법륜설을 상기시킨다. 3전법륜설이란 석존이 아비달마·반야·유식이라는 순서로 세 번 설법을 했다고 하는 인도 유가행파설이다. 이 설의 의도는 유식 입장에서 전 불교를 종합하는 데 있다. 현장은 계현으로부터 이 3전법륜설을 배우고, 대소 2승 혹은 3승의 가르침을 포섭하는 '대승'을 자신의 입장으로 하고 있었다. 번역 사업으로 유식·아비달마·반야 각각에 관심이 향해 있었던 것은 그 때문일 것이다. 이와 같은 사상에 기초한 번역 사업은 당시 중국에서 어떤 의미를 갖고 있었던 것일까.

당시 중국에서는 경전을 내용이나 형식으로 분류하는 교상판석(教相判釋/教判)이 성행했다. 그것은 대량의 경전을 분류 정리하기 위해 이루어진 것이다. 동시에 경전의 심천우열을 평가하여 자신의 불교관을 제시하기 위한 것이기도 했다. 유규 劉虬(438~495)의 2교5시나 지의 智顗(538~597)의 5시8교 등 몇 개의 독창적인 교판이 태어났는데, 그것들이 모두 자의적 해석이라는 것에는 변함없다. 또 모든 교판이 소승의 경전이나 논서를 하위에 두었기 때문에 아비달마학을 배우는 자가 줄어드는 문제도 일어났다. 이와 같이 전 불교를 어떻게 파악할 것인가를 둘러싸고 중국은 혼란스러웠다.

현장은 그와 같은 중국에 전 불교를 유식의 입장에서 포섭하는 3전법륜을 가져왔다. 거기서는 '대승'에 소승이 포섭되기 때문에, 아비달마 논서도 대승경전과 마찬가지로 평가되었다. 현장이 대량으로 아비달마 논서를 번역한 것이 그 증거고, 그 후 중국에서는 구사학이 성행하게 되었다. 그와 같이 생각하면 현장에 의한 대량의 광범위한 번역은 3전법륜의 실천 내지 표명이었던 것은 아닐까 추측된다. 현장은 아마 번역 사업을 통해 새로운 포괄적인 '대승'의 범주를 제시하고, 당시 혼란된 중국불교를 그 안에 포섭하고자 했을 것이다.[27]

모든 것을 포섭한다는 생각은 유식의 '일승' 해석에도 잘 나타나 있다. 일승의 가르침은 인·천을 불법으로 이끌고, 성문·독각·부정(3승의 어디에도 결정되지 않은 중생)을 대승으로 유인하며, 보살을 대승으로부터 퇴전시키지 않도록 하기 위해 설해진 것이고, 모든 중생을 남김 없이 포섭한다. 이것이 유식에서 진실의 '일승'이고, 3승이나 5승(인·천·성문·독각·보살)을 포섭하기 때문에 '보일체승 普一切乘'이라고도 한다. 또 3승이 수행 行道·깨달음 證果·진리 法界에서 동일한 것, 혹은 일승 佛과 3승(중생)이 동일한 것도 '일승'이라고 한다. 이것은 붓다의 입장에서 보아 동일하다는 의미고, 중생은 그 가르침을 듣고 독려받는 관계에 있다.[28]

年	貞觀 19 (645)	20 (646)	21 (647)	22 (648)	23 (649)	永徽 元 (650)	2 (651)	3 (652)
譯場	弘	福	寺	[a b 1-10-6]	[c 5-4]	大	慈	
小乘經典·論書				[12] 3.20 天請問經(1) [13] 5.15 勝宗十句義論(1)	[20] 1.15-8.8 阿毘達磨識身足論(16)	阿毘達磨顯宗論(40) → [42] 4.5–10.20 [38] 9.10 11.8 本地經	[43] 阿毘達磨俱舍論本頌(1) [44] 5.10 毘達磨俱舍論(30)	
瑜伽唯識經典·論書	[2] 6.10 顯揚聖教論頌(1) [4] 7.15 佛地經(1) [5] 10.1 1.15 顯揚聖教論(20)	[6] 1.17 閏3.29 大乘阿毗達磨雜集論(16) [7] 5.15 瑜伽師地論(100) – 5.15	[8] 2.24 大乘五蘊論(1) [11] 8.6 因明入正理論(1) [9] 3.1 攝大乘論無性釋(10) – 6.17 [10] 5.18 7.13 解深密經(5)	攝大乘論世親釋(10) → [17] 12.8-6.17 攝大乘論本(3) → [18] 閏12.26-6.17 [14] 5.29 唯識三十論(1) [16] 11.17 大乘百法明文論(1)	[29] 10.3 11.24 佛地經論(7) [30] 12.25 因明正理門論本(1)	[32] 2.1 瑜伽師地論釋(1) [33] 2.3 2.8 分別緣起初勝法門經(2)	[45] 閏9.5 大乘成業論(1)	[46] 1.16 3.28 大乘阿毘達磨集論(7)
大乘經典·論書 (유가유식과 다라니 제외)	[1] 5.2-9.2 大菩薩藏經(20)	□ 7. 大唐西域記(12)		[15] 10.1 能斷金剛般若波羅蜜多心經(1)	[23] 5.24 般若波羅蜜多心經(1) [28] 9.8 9.13 大乘掌珍論(2) [19] 1.1 緣起聖道經(1) [22] 5.18 甚希有經(1) [25] 7.18 王法正理論(1) [26] 7.19 最無比經(1) [21] 2.6 如來示教勝軍王經(1) [24] 7.15 菩薩戒羯磨文(1) [27] 7.21 菩薩戒本(1)	[34] 2.8-8.1 說無垢稱經(6) [36] 6.10 ← 廣百論本(1) [37] 6.27-12.23 ← 大乘廣百論釋論(10) [31] 1.1 稱讚淨土佛攝受經(1) [35] 5.5 藥師琉璃光如來本願功德經(1)	[40] 1.9 受持七佛名號所生功德經(1) [41] 1.23 6.29 大乘大集地藏十輪經(10)	[47] 4.4 佛臨涅槃記法住經(1)
陀羅尼經典	[3] 7.14 六門陀羅尼經(1)					[39] 9.26 諸佛心陀羅尼經(1)		

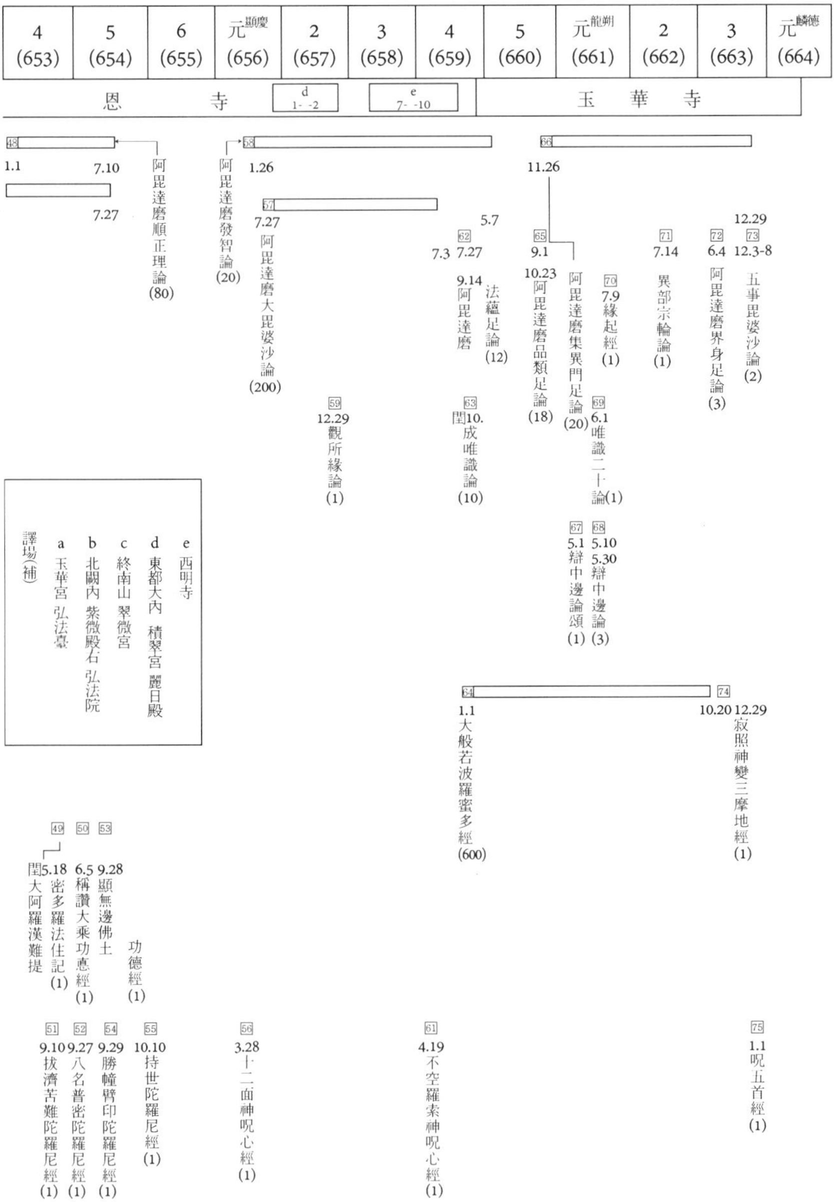

<도표> 현장의 번역진행상황(吉村 1999 소재, 일부 개정)

사각번호는『개원석교록』(대정55, 555b-557b)에 기재된 번역 연월일에 기반을 둔 번역착수 순서. 작은 숫자는 번역월일, 괄호 안의 숫자는 권수를 각각 표시한다.

유식의 '대승'이나 '일승' 개념으로부터도 알 수 있듯이, 현장이 중국에 가져온 것은 유식사상의 일부가 아니라 유식사상의 체계 그 자체였다. 체계 안에서는 자의적 해석이 허락되지 않는다. 섭론사는 여기에 자설의 재고를 압박받고, 다음 어느 하나를 선택해야 했다. 첫째, 새로운 유식사상을 지지하고 유식을 체계적으로 다시 배우는 것이다. 그들은 현장을 중심으로 하는 새로운 학파를 형성하게 되었다. 둘째, 새로운 유식사상에 반대하는 것이다. 섭론사 중에서 그것이 가능했던 자는 후술하듯이 소수의 『열반경』 신봉자였다. 셋째, 오래된 학설을 버리지 않은 채 침묵한다. 이것은 새로운 유식사상에는 저항하지만, 그것에 적극적인 반론도 불가능했던 사람들이다. 그들은 여래장사상에 기반을 둔 여러 학파를 지지하거나 합류해 갔다. 섭론학파는 이와 같이 해체해 갔다.

3) 유식학파의 교학과 여래장사상의 저항

새로운 유식사상을 지지하는 사람들 특히 원측[29] 圓測(613~696)이나 기 基(632~682)로 대표되는 현장 제자들을 어떻게 불러야 할까. 그들은 신역을 권위로 삼았기 때문에 '신사 新師'로 불리고, 혹은 소의 경론으로부터 '유가사'나 '해심밀사'라고도 불리고, 나중에는 '유식사'라고도 불리게 된 듯하다. 그들 입장은 『성유식론』의 해석에 의해 확립된다고 할 수 있기 때문에 여기서는 임시로 유식학파라고 부르고자 한다.[30]

유식학파의 등장에 의해 중국에서 유식사상과 여래장사상의 밀월은 종언을 고했다. 그래도 양자의 절충적 해석을 계승하여 새로운 유식설을 비판한 사람들이 없었을 리는 없다. 『열반경』을 신봉하는 영윤 靈潤(580~?)이나 법보 法寶(627~

705)가 그들이다. 그들의 비판에 대응하는 중에 유식학파는 점차 특징적인 학설을 발전시켜가게 되었다.

새로운 유식설에 처음으로 이견을 제창한 사람은 영윤이다. 영윤은 섭론학파의 실력자로서 혜원의 손제자에 해당한다. 그는 현장의 역장에 소집된 번역승의 필두에 이름을 올리고 있었다. 그는 또 모든 중생에게 불성이 있고 悉有佛性, 따라서 모두 성불할 수 있다 一切皆成佛고 생각하는 『열반경』의 신봉자이기도 했다. 유식사상과 여래장사상이 모순 없이 동거하는 그의 사상은 당시 섭론학파의 모습을 특징짓는다고 할 수 있을 것이다. 영윤은 자신이 이해하는 유식사상과 새로운 유식사상에 큰 차이가 있다는 것을 인식하고, 열네 가지 의문을 들어 신유식을 비난했다. 그가 소리를 높였던 것은 새로운 유식설이 다섯 종성의 차이 五姓各別를 설하고, 일부는 성불할 수 없다 一分不成佛는 생각을 인정하고 있었기 때문이다.[31]

다섯 종성이란 성문종성·독각종성·보살종성·부정종성·무성유정이다. 성문종성·독각종성은 소승 수행에 의해 각각 아라한과·독각과를 얻는다. 그들은 무여열반에 들어서 회신멸지 灰身滅智 해 버리기 때문에 성불하는 일이 없다. 이것을 정성이승 定性二乘이라고 한다. 보살종성은 대승 수행에 의해 대보리를 얻고 대열반을 증득하여 성불하는 자다. 부정종성 不定種姓은 처음에는 성문·독각 수행을 하지만, 나중에는 보살 수행으로 전환하여 성불하는 자다. 무성종성 無性種姓은 수행에 의해 인·천의 과보를 얻는 일도 있지만, 성불은 할 수 없는 자다. 이것을 5성(五姓/五性) 각별이라 한다.[32]

5성각별설은 정관 23년(649)에 현장이 번역한 『불지경론』에 처음 나온다. 거기서는 『열반경』의 실유불성설이나 『법화경』의 일승설은 진리로서 불성(眞如法身佛性 출세공덕은 아니다)을 설했거나, 일부 청중을 향해 일체라고 설한 少分一切 방편의 가르침이라고 해설되어 있다.[33] 이러한 서술에 기반을 두어 유식학파에서는 이행이불성설 理行二佛性說이나 소분일체설 少分一切說이 제창되었다. 이행이불성설이란 불성을 이불성 理性과 행불성 行性으로 이분하고 행성의 유무에 의해 종성의 차이가 있다고 하는 설이다.[34] 또 소분일체설이란 『열반경』의 실유불성설이나 『법화경』의 일승설 등은 주로 부정종성을 대상으로 한 방편의 가르침이라고 하는 설이다.

확실히 대승경전 중에는 일천제(一闡提, 斷善根)는 성불할 수 없다고 설하는 경전이 있다. 유식학파에서는 전 불교를 종합하는 입장에서 이것을 인천승 人天乘으로서 '일체승' 안에 넣고, 무성유정으로 간주하여 5성의 하나로 한 것일 게다. 그러나 일천제는 실유불성을 주제로 하는 『열반경』에 자주 나타나고, 그 후반에는 일천제라도 불성이 있는 이상 성불할 수 있다고 설해져 있다. 중국에서는 축도생(竺道生 353~434)이 『법화경』이나 『열반경』에 기반을 두어 일천제성불을 주장한 이래, 일천제를 방편설로 보는 것이 보통이다. 영윤은 이 전통에 기대어, 실유불성=일체개성불이야말로 진실이라고 주장한 것이다. 영윤에 따르면 실유불성은 확정적 가르침이고, 모든 청중 全分一切을 향해 설한 진실의 가르침이다. 이에 대해 이행이불성설은 유식경론 가운데 증거가 없고, 다른 경론에도 설해져 있지 않다고 한다. 또 영윤은 이성은 여래장이고 행성은 그 작용 業이며, 이성이 있으면 반드시 행성이 있다고도 주장했다. 이것은 이행이불성설을 여래장사상으로 대체한 것이다.

영윤의 비판을 받고 유식학파에서는 불성설보다 종자설에 힘을 기울게 되었다. 현장은 현경 顯慶 4년(659)에 『성유식론』을 번역했다. 거기에는 알라야식과 공존하는 본유무루종자 本有無漏種子가 설해져 있다. 이 본유무루종자의 유무에 의해 종성의 차이가 있다는 것이다. 곧 성문의 무루종자를 가진 자가 성문종성, 독각의 무루종자를 가진 자가 독각종성, 보살의 무루종자를 가진 자가 보살종성, 무루종자를 전혀 갖지 않은 자가 무성유정이다.[35] 이 무루종자설은 『섭대승론』의 문훈습설을 한정하는 역할도 했다. 문훈습이란 청정법계로부터 흘러나온 붓다의 가르침을 듣는 것이다. 『섭대승론』에는 이 문훈습에 의한 종자가 출세심을 발생시킨다고 되어 있다. 문훈습은 누구라도 평등하게 받을 수 있기 때문에, 해석에 따라서는 누구도 평등하게 출세심을 낼 수 있다고 읽을 수도 있다. 그러나 그것은 5성각별과 모순하게 된다. 따라서 『성유식론』에서는 『섭대승론』에 설해 있는 문훈습은 유루의 문훈습이고, 그것이 무루종자를 직접 낳는 일은 없다고 명언한 것이다.[36] 이와 같이 5성각별설은 무루종자설에 의해 완성을 보았다. 그것을 이어받아 원측이나 기는 5성각별설을 여러 가지 유식설과 연결시키고, 유식교학의 체계를 구축해 갔던 것이다.

그래도 유식학파에 대한 비판은 멈추지 않았다. 번역승의 한 사람인 법보가 『일승불성구경론』을 짓고, 새로운 유식설을 전면적으로 비판했다. 법보의 비판은 영윤을 계승한 것인데, 독자설도 적지 않았다. 예를 들면 법보는 『유가사지론』에 설해진 진여소연연종자 眞如所緣緣種子를 '진여를 대상으로 하는 종자'라는 의미가 아니라 '진여로부터 연생한 종자'라는 의미로 해석하였다. 진여소연연종자는 모든 중생에게 해당하기 때문에 종성의 차이는 신훈인 장애 종자의 유무에 의해 발생한다고 주장한다. 법보는 『유가사지론』 본문에서 진여연기설(진여를 기본으로 모든 법이 발생한다는 설)을 억지로 읽어 내서 일체개성불 一切皆成佛의 증거로 삼고, 『성유식론』의 무루종자설을 비판한 것이다.[37] 이것은 진여를 자기와 연속적으로 파악하는 사고방식이고 역시 여래장사상에 기반을 둔 것이다. 이에 대해 성불의 원인을 불성이나 법계에서 찾지 않는 유식학파는 진여와 자기의 직접적 연결을 회피하는 태도를 취했다고 할 수 있을 것이다.

이와 같이 『불지경론』과 『성유식론』에는 여래장사상과는 맞지 않는 내용이 포함되어 있다. 현장역 가운데 이 두 가지만 합유역(合糅譯 복수의 주석을 편집한 번역)이라는 특별한 체재를 취하고 있다. 여기에는 현장의 생각이 반영되어 있다고 봐야 한다. 이것이 유식학파의 학설을 규정하고 있었다.[38]

5.
마치며

현장 이전 중국에서는 유식사상을 여래장사상 입장에서 이해하고, 알라야식을 여래장·불성으로 보는 해석이나 알라야식 내부에 진여나 아말라식을 주장하는 해석이 행해지고 있었다. 많은 중국 불교도는 깨달음의 직접적인 원인을 진여·불성에서 구하고, 그것이 자신에 내재해 있든 혹은 자신을 포함하고 있든, 진여·불성과 관련을 간파하는 것이 깨달음이라고 생각하고 있었다. 이 여래장적 지향이라고도 할 수 있는 것을 단적으로 보여주는 것이 실유불성=일체개성불이라는 주장이다. 이와 같은 생각이 중국에서 불교사상의 주류였던 것은 역사적으로 보아 아마도 부정할 수 없을 것이다.

그런데 현장이 가져온 유식사상은 이러한 생각에 저촉하는 내용을 갖고 있었다. 그것은 현장이 호법 유식사상을 인도에서 직접 가져왔기 때문이다. 그리고 그것을 섭취한 현장 자신의 사상도 고려할 필요가 있을 것이다. 중국에도 북도 지론사와 같이 자기 마음과 진여·불성을 나누어 생각한 사람이 소수라고 해도 존재하였고, 그 족적을 찾은 현장도 양자의 직접적 연결에 의심의 눈을 향했던 인물이었기 때문이다. 현장이 북도 지론사와 달리 소수로 끝나지 않은 것은, 마침 그가 전 불교를 통합하는 포괄적인 불교관을 갖고 대규모 번역 사업을 통해 그것을 보여줄 수 있었기 때문일 것이다.

현장이 가져온 유식사상은 광범위한 내용을 가진 것이다. 초기 현장 문하에서는 교리 해석에 대해 활발한 의견이 교환되었다. 그러나 자기와 진여·불성의 안이한 연결을 거부하는 사상은 실유불성=일체개성불이라는 가르침을 신봉하는 사람들의 강한 저항을 불러 일으켰다. 그들의 비판에 응하기 위해, 유식학파에서는 5성각별=일부불성불이라는 생각의 정당성을 증명하는 일에 힘을 기울였다. 그러나 증명이 정밀하면 할수록 교리는 폐쇄적이 되고, 다른 학파와 골은 더욱 깊어갔다. 결국 유식학파는 자기완결된 교학체계를 확립했지만, 다른 학파와 공통된 논의의 장을 잃고 참신한 해석도 태어나지 않게 되어 버렸다. 이것이 유식학파를 8세기 전반에 쇠퇴로 이끌었다고 생각한다.[39]

유식학파가 전성기를 자랑하고 있을 무렵, 어쩔 수 없이 침묵을 강요당했던 다른 학파는 여래장사상에 의한 자설의 재구축을 진행하고 있었다. 그 선구자가 법보다. 법보는 일승·불성의 가치를 선양하고 『열반경』을 최상으로 하는 교상판석을 행했다. 그러나 그는 현장 문하에 있으면서 유식교학의 심화를 계속 추구했기 때문에, 이윽고 그것을 넘어선 교학 체계를 제시하는 데까지는 이르지 못했다. 그것에 성공한 사람이 화엄학파 법장 法藏(643~712)이다. 법장은 지엄 智儼(602~668)의 화엄교학을 발전시키고 법보 사상도 흡수하면서 『화엄경』을 중심으로 하는 여래장사상의 교학체계를 완성했다. 거기에는 유식사상이 환골탈태하여 여래장사상의 체계에 융합되어 있다. 이런 일련의 동향은 여래장사상에 의한 유식사

상의 극복이라고 말할 수 있고, 중국에서 유식사상 수용의 귀결을 보여준다고 할 수 있을 것이다.[40]

지론학파나 섭론학파에서 행해진 유식의 여래장적 해석이나 거기에 대항하여 제시된 유식학파의 여러 학설은 모두 중국에서 유식사상과 여래장사상의 융합·대립의 역사에서 발생한 것이었다. 그것은 인도 유가행파 사상과 비교하면 특이한 것이고, 불교사상사 상에서 말하면 유식사상의 중국적 전개가 될 것이다. 그러나 이것을 중국인 사유의 역사로 보면 중국 유식사상사 연구는 더 본질적인 의미를 띠고 있는 듯 보인다.

1 본고는 吉村(2003b)를 그 후 연구 성과를 바탕으로 대폭 개고한 것이다. 본고 작성 과정에서 山部能宜 선생으로부터 귀중한 의견을 받았다. 기록하여 감사를 표하고 싶다. 또 중국 유식 여러 학파에 관한 종래의 연구를 개관한 것으로 竹村(1982), 渡邊(1994)가 있다. 중국 유식의 교리와 역사에 대해서는 深浦(1933; 1934) 참조.

2 지론종·섭론종·법상종이라는 호칭도 사용하고 있지만, 사상사를 연구하는 데는 문제가 있다. 중국 유식 여러 학파의 호칭에 대해서는 吉村(2004b) 참조.

3 중국에서 심식설·불성론의 전개에 대해서는 常盤(1930), 結城(1935), 勝又(1961a), 小川(1976), 藤井(1997) 참조.

4 『십지경론』 번역과 관련해서는 2인 별역설, 2인 공역설, 2인 별역합성설 외에, 佛陀扇多를 더한 3인 공역설이 있다. 板本(1956 : 367-379), 大竹(2005) 참조.

5 마찬가지 호칭으로 '열반사' '능가사' 등이 있다. '섭론사'라는 호칭은 진제역 『섭대승론석』을 연구하는 사람들을 가리키는 것이고, 불타선다역 『섭대승론』과는 관련 없다. 이들 호칭은 5~6세기 중국인 학승 사이에 특정한 경론을 전공하는 연구 태도가 있었던 것을 적확하게 표현한 것이다. 그들은 그 호칭이 보여주듯이 특정한 경론 해석에 뛰어난 학승이고, 유력한 인물을 중심으로 느슨한 학파를 형성하고 있었다. 당시 북지에서는 승려가 다수의 스승에게 배우고 연찬을 거듭하고, 여러 학파와 교류하는 가운데 자신의 종지를 정하고, 그것을 경론 해석을 통해 표명하는 것이 보통이었다. 따라서 당 이후 학파와 같이 특정한 교리를 조술하는 것은 없었지만, 같은 『십지경론』을 전공하는 사람들 사이에는 역시 공통의 해석이 보이기 때문에 그들을 '지론사'라고 총칭한 것이다. 오늘날에는 그들을 '지론학파'나 '지론종'이라고 부르고 있다. 여기서는 당 이후의 종파와 혼동을 피해 '지론학파'라 부르기로 한다. 남북조 시대 여러 불교 학파를 파악하는 방식에 대해서는 布施(1942 : 5-14), 吉津(1973), 吉村(2004b) 참조.

6 지론학파에 대해서는 青木(2001; 2010a; 2010b) 참조. 특히 연기설에 대해서는 青木(1997; 2000) 참조.

7 남도·북도라는 호칭은 낙양에서 상주에 이르는 두 길 중, 늑나마제를 사사한 慧光(468~537)이 남도로, 보리류지를 사사한 道寵(6세기)이 북도에 머물고 이 두 사람을 중심으로 두 파가 형성된 것에 유래한다고 간주된다. 두 파의 대립은 늑나마제와 보리류지까지 거슬러 올라가고, 양자가 의견 대립 때문에 『십지경론』을 따로 번역했다는 전승도 있다. 그러나 두 파의 대립은 북제의 업에서 혜광 문하와 도총 사이에 심식설 해석 차이로부터 시작하는 것이다. 늑나마제와 보리류지의 대립에서 시작했다는 전승은 후세에 만들어진 것으로 추측된다. 지론학파의 심식설에 대해서는 伊吹(1998; 1999), 大竹(2010) 참조. 또 알라야식은 구역에서는 '阿黎耶識'이나 '阿梨耶識', 신역(현장 이후)에서는 '阿賴耶識'이라고 표기된다.

8 남도 지론사는 알라야식 연기와 여래장 연기를 혼동하여 이해했다. 勝又(1961a : 639-689), 久保田(1989) 참조.

9 『십지론의소』(대정85, 764b + 771b-c). 吉村(2003c) 참조.

10 북도 지론학파에 대해서는 里道(1979), 結城(1987) 참조. 특히 심식설에 대해서는 伊吹(1999), 大竹

(2010) 참조.

11 『대승의장』(대정44, 529c).

12 진제의 아다나식설에 대해서는 勝又(1961a : 720–724) 참조.

13 『대승의장』(대정44, 540b-c).

14 지론학파와 섭론학파 심식설의 관계에 대해서는 吉村(2003c) 참조.

15 진제의 활동과 저작에 대해서는 船山(2012) 참조. 또 진제의 심식설에 대해서는 勝又(1961a : 691–745), 岩田(2004 : 1–225) 참조.

16 일찍이 湛然『法華玄義釋籤』의 '攝大乘興, 亦計黎耶, 以助北道'(대정33, 942c)라는 문장에 근거하여 '섭론종이 성립했기 때문에 북도파 려야의지설은 섭론종 사람들에게 지지되어 이윽고 섭론종에 합류하고 해소되었을 것이다'(勝又 1961a : 654)라는 추측이 이루어졌다. 그러나 이것은 역사적 사실이라고는 인정하기 힘들다. 북도 지론학파가 섭론학파로 이행한 것에 대해서는 結城(1987), 吉村(2003c; 2009a) 참조.

17 섭론학파의 심식설에 대해서는 勝又(1961a : 767–818), 吉村(2003c) 참조. 또 섭론학파에서는 3성설에 대해서도 논의했다. 그중 분별성과 의타성을 함께 여의는 것(境識俱泯 인식대상과 인식주체가 함께 소멸하는 것)이 아말라식이라는 해석이 있다. 吉村(2009c) 참조. 또 섭론학파의 교리를 연구한 것으로 聖凱(2006)가 있다.

18 吉村(2003b; 2003c)에서 진제역『섭대승론석』에 아말라라는 용어가 있다고 한 것은 오류다. 여기서 교정하고자 한다.

19 진제 아말라식설과 섭론학파 9식설과 관계에 대해서는 結城(1937), 吉村(2007) 참조. 한편 9식설을 진제가 설한 것으로 보는 견해도 있다. 岩田(2004), 大竹(2012) 참조.

20 현장이 바라바가라밀다라를 찾아가 만났을 가능성에 대해서는 桑山(1981) 참조.

21 『대당대자은사삼장법사전』(대정50, 222c). 출발하는 해에 관한 여러 설에 대해서는 桑山(1981 : 58–82)가 상세히 검토하고 있다. 그중에서도 현장이 만난 서돌궐의 統葉護可汗이 정관 2년(628) 9월에 사망했다는 사실은 중요하다. 여정을 역산하면 현장은 늦어도 정관 2년 초까지는 장안을 출발하고, 8월 말까지는 統葉護可汗과 만났어야 한다. 이것으로부터 정관 3년이란 설산을 넘은 해고 장안을 출발한 것은 정관 원년 8월이라고 추정할 수 있다.

22 중국에서 현장의 수학과 그 사상 경향에 대해서는 吉村(2003a) 참조. 또 현장의 사상사적 위치를 고찰한 것으로 結城(1956), 袴谷(1981)가 있다.

23 도기 심식설에 대해서는 勝又(1961a : 789–798; 1961b), 吉村(2003c) 참조. 또 도기의 생애와 저작에 대해서는 池田(2010; 2012) 참조.

24 『대당대자은사삼장법사전』(대정50, 239c). 또 일본에서는 最澄『法華秀句』(傳全3, 106)의 기술에 기반하여 '현장이 인도에서 귀국할 때 중국에서는 무불성은 받아들여지지 않을 것이기 때문에 갖고 귀국하는 경론 중에서 무불성이라는 말을 삭제하고 싶다고 말했을 때 계현에게 책망받았다'는 설이 유포했다. 그러나 사이쵸가 인용한 도륜『유가론기』(대정42, 615a-b)에 따르면, 책망 받은 것은 현장이 아니라 인도 논사들이다. 吉村(2004a) 참조.

25 현장 번역에 대한 상세한 논의는 袴谷(1981 : 243-289) 참조.

26 현장과 당나라 조정의 관계에 대해서는 吉村(2001a) 참조.

27 현장의 제자가 '대승광' '대승기' 등이라고 자칭한 것도 현장이 가져온 유식의 대승관과 관계가 있다. 현장의 대승관과 3전법륜설에 대해서는 吉村(1999) 참조. 또 유식학파의 3전법륜 해석에 대해서는 吉村(2005) 참조.

28 일본 천태가 비판하는 것처럼 유식에는 일승을 방편이라고 설하는 경우도 있다. 그러나 그것은 유식에서 『법화경』 일승 해석의 하나에 지나지 않는다. 유식의 일승관에 대해서는 長尾(1961), 渡邊(1965), 勝呂(1972), 松本(1982), 寺井(1989), 橘川(1994; 2002), 師(1998), 吉村(2000; 2001b) 참조. 또 일본 유식에서 주목된 貞慶이나 良遍의 일승관도 중국 유식의 일승관과 관련해 고찰할 필요가 있을 것이다.

29 원측의 논의는 5성 각별설에 입각해 있고, 현장역과 그 사상에 충실하다. 그 사상에는 진제역의 영향은 거의 보이지 않고 오히려 기의 선구라고 생각되는 것이 다수 인정된다. 따라서 원측을 이단으로 간주할 이유는 없고 기의 선배에 해당하는 현장 문하의 대표적 인물로 보는 쪽이 실상에 어울린다. 원측이 오해된 경위나 재평가 움직임에 대해서는 橘川(2000)에 정리되어 있다. 유식을 두 계통으로 나누어 생각하는 것의 문제점에 대해서는 結城(1980) 참조.

30 유식학파에 대해서는 吉村(2010) 참조. 또 현장 문하의 호칭에 대해서는 이하와 같은 문제가 있다. 그들을 '法相宗'이라 부르는 일이 있다. 이것은 일본의 종파명에 유래하는 것으로서 전통 교학 입장으로부터 호칭이다. 그러나 역사적으로는 중국에서 화엄학파 법장이 유식 입장을 '법상'이라고 칭한 것이 시작이고, 일본에서도 그 영향을 받아 8세기 말 무렵부터 '법상종'이라는 호칭이 정착했다고 생각되고 있다. 이 문제에 대해서는 吉津(1997) 참조. 따라서 '법상종'이라는 호칭은 중국 유식을 역사적으로 검증하는 경우에는 적당한 것이라고 할 수 없다.

또 그들은 '慈恩宗'이라고 불리는 일도 있다. 기의 대사호 '자은대사'에 유래하는 호칭이다. 志磐의 『불조통기』에는 '慈恩宗教'(대정49, 294a)라는 기술이 있다. 이것은 특정한 인물을 조사로 종파가 형성된 7세기 말에서 8세기 상황을 해당하는 것이고 역사적으로 보아도 의미가 있는 호칭이다. 그러나 새로운 유식설의 지지자는 기가 입문하기 전부터 존재하고 현장 몰후도 기 문하만 존재했을 리는 없다. 곧 현장 문하 모두를 고찰하기에는 부적합한 호칭이다.

현장 문하의 호칭이 문제가 되는 것은 처음에 학파로서 기풍을 갖고 있던 그들이 나중에 종파라고 해야 할 집단으로 변화했기 때문이다. 그 경위의 해명은 이후의 과제로 하고 여기서는 지론학파나 섭론학파와 역사적 관계를 규명하는 입장에서 그들을 임시로 '유식학파'로 불러 고찰을 계속하고자 한다. 여러 중국 유식 학파의 호칭에 대해서는 吉村(2004b) 참조.

31 영윤의 비판은 最澄 『法華秀句』(傳全3, 154-172)에 인용되어 있다. 영윤의 불성설에 대해서는 常盤(1930 : 220-230), 富貴原(1973), 吉村(2009b) 참조.

32 유식학파의 5성각별설에 대해서는 吉村(2004a) 참조.

33 『불지경론』(대정26, 298a).

34 유식학파의 理行二佛性說에 대해서는 吉村(2002) 참조.

35 유식학파의 무루종자설에 대해서는 吉村(2011) 참조.
36 유식학파의 문훈습설에 대해서는 吉村(2009d) 참조.
37 유식학파와 법보의 논쟁에 대해서는 山部(1990), 蓑輪(1991), 吉村(2009b) 참조. 또 법보의 사상사적 위치에 대해서는 根無(1986) 참조.
38 『불지경론』과 『성유식론』의 번역에 의해 유식학파 교학이 확립된 경위에 대해서는 長谷川(2000), 吉村(2009b) 참조.
39 이 사이에 유식학파는 독자의 교학체계를 구축하고 체계의 내부에서 논의를 거듭하여 그 이해를 계승하는 집단으로 변화해 있었다. 이것은 종파 의식의 형성이라고 해도 좋은 것이다. 현장 문하의 사람들 태도가 여러 학파에게 종파 의식 형성을 촉발한 것에 대해서는 布施(1958) 참조.
40 이 일련의 동향에 대해서는 吉津(1991) 참조.

참고문헌

가츠마타 슌쿄(勝又俊教)

1961a 『佛教における心識説の研究』, 山喜房佛書林.

1961b 「攝論宗教學の一段面 —— 特に道基の學説を中心として」, 『日本佛教學會年報』 26.

구보타 치카라(久保田力)

1989 「如來藏 II アーラヤ識説の成立根據」, 『日本佛教學會年報』 54.

구와야마 쇼신(桑山正進)

1981 「玄奘三藏の形而下」, 『人物中國の佛教 玄奘』, 大藏出版.

기츠카와 도모아키(橘川智昭)

1994 「圓測教學における一乘論 —— 基教學との比較において」, 『東洋大學大學院紀要』 31.

2000 「新羅唯識の研究状況について」, 『韓國佛教學SEMINAR』 8.

2002 「慈恩教學における法華經觀」, 『佛教學』 44.

나가오 가진(長尾雅人)

1961 「一乘·三乘の論議をめぐって」, 『佛教史學論集』(再錄 (1978), 『中觀と唯識』, 岩波書店).

네무 가즈치카(根無一力)

1986 「一乘佛性究竟論の撰述と時代的背景」, 『叡山學院研究紀要』 9.

다케무라 마키오(竹村牧男)

1982 「地論宗·攝論宗·法相宗 —— 中國唯識思想史概觀」, 『講座大乘佛教 8 唯識思想』, 春秋社.

데라이 료센(寺井良宣)

1989 「無餘界における回心をめぐる一乘·三乘の論爭」, 『天台眞盛宗 宗學研究所紀要』 4.

도키와 다이조(常盤大定)

1930 『佛性の研究』, 東京丙午出版社(再刊 (1973), 國書刊行會).

마츠모토 시로(松本史朗)

1982　「唯識派の一乘思想について —— 一乘思想の研究 (II)」, 『駒澤大學佛敎學部論集』 13.

모로 시게키(師 茂樹)

1998　「法相宗の『一乘方便』說再考 —— 諸乘義林を中心に」, 『印度學佛敎學研究』 47−1.

미노와 겐료(蓑輪顯量)

1991　「眞如所緣緣種子と法爾無漏種子」, 『佛敎學』 30.

사카모토 유키오(坂本幸男)

1956　『華嚴敎學の研究』, 平樂寺書店.

사토미치 노리오(里道德雄)

1979　「地論宗北道派の成長と消長 —— 道寵傳を中心とする一小見」, 『大倉山論集』 14.

성 카이(聖 凱)

2003　『攝論學派研究』 上下, 宗敎文化出版社.

스구로 신조(勝呂信靜)

1972　「窺基の法華玄贊における法華經解釋」, 『法華經の中國的展開』, 平樂寺書店.

아오키 다카시(青木 隆)

1997　「地論宗南道派の眞修·緣修說と眞如依持說」, 『東方學』 93.

2000　「地論師の融即論と緣起說」, 『北朝隋唐中國佛敎思想史』, 法藏館.

2001　「地論宗」, 『新 八宗綱要』, 法藏館.

2010a　「地論と攝論の思想史的意義」, 『新アジア佛敎史 7 中國 II 隋唐 興隆·發展する佛敎』 第2章, 佼成出版社.

2010b　「敦煌寫本にみる地論敎學の形成」, 『地論思想の形成と變容』, 國書刊行會.

야마베 노부요시(山部能宜)

1990　「眞如所緣緣種子について」, 『日本の佛敎と文化』.

오가와 고칸(小川弘貫)

1976　『中國如來藏思想史研究』, 中山書房佛書林.

오타케 스스무(大竹 晋)

2005　『新國譯大藏經十地經論 I』, 大藏出版.

2010　「地論宗の唯識說」, 『地論思想の形成と變容』, 國書刊行會.

2012　「眞諦『九識章』をめぐって」, 『眞諦三藏研究論集』, 京都大學人文科學研究所.

와타나베 류세이(渡邊隆生)

1965　「三乘唯識の一乘觀 —— 佛性說の背景理論を問題として」, 『天台學報』 6.

1994　「中國唯識に關する研究の動向」, 『佛敎學研究』 50.

요시무라 마코토(吉村 誠)

1999　「玄奘の大乘觀と三轉法輪說」, 『東洋の思想と宗敎』 16.

2000　「唯識學派における「一乘」の觀念について」, 『印度學佛敎學研究』 48−2.

2001a　「玄奘の事績にみる唐初期の佛敎と國家の交涉」, 『日本中國學會報』 53.

2001b　「唯識學派における「一乘」の解釋について」, 『論叢アジアの文化と思想』 10.

2002　「唯識學派の理行二佛性說について —— その由來を中心に」, 『東洋の思想と宗教』 19.

2003a　「玄奘西遊意 —— 玄奘は何故インドへ行ったのか」, 『佛教史學研究』 46-1.

2003b　「中國唯識諸學派の展開」, 『東方學の新視點』, 五曜書房.

2003c　「攝論學派の心識說について」, 『駒澤大學佛教學部論集』 34.

2004a　「唯識學派の五姓各別說について」, 『駒澤大學佛教學部研究紀要』 62.

2004b　「中國唯識諸學派の稱呼について」, 『東アジア佛教研究』 2.

2005　「唯識學派の三轉法輪說について」, 『駒澤大學佛教學部論集』 36.

2007　「眞諦の阿摩羅識說と攝論學派の九識說」, 『印度學佛教學研究』 56-1.

2009a　「天台文獻に見られる地論·攝論學派の心識說 —— 智顗と湛然の著作を中心に」, 『印度學佛教學研究』 57-2.

2009b　「唐初期の唯識學派と佛性論爭」, 『駒澤大學佛教學部研究紀要』 67.

2009c　「攝論學派の三性三無性說について」, 『駒澤大學佛教學部論集』 40.

2009d　「中國唯識における聞熏習說について」, 『印度學佛教學研究』 58-1.

2010　「唯識の思想史的意義」, 『新アジア佛教史 7 中國 II 隋唐 興隆·發展する佛教』 第2章, 佼成出版社.

2011　「唯識學派の種子說 —— 眞如所緣緣種子から無漏種子へ」, 『駒澤大學佛教學部研究紀要』 69.

요시즈 요시히데(吉津宜英)

1973　「地論師という呼稱について」, 『駒澤大學佛教學部研究紀要』 31.

1991　『華嚴一乘思想の研究』, 大東出版社.

1997　「「法相宗」という宗名の再檢討」, 『佛教思想文化史論叢』, 永田文昌堂.

유키 레몬(結城令聞)

1935　『心意識說より見たる唯識思想史』, 東方文化學院東京研究所.

1937　「中國唯識史學上に於ける楞伽師の地位」, 『支那佛教史學』 1-1(再錄 1999a).

1956　「玄奘とその學派の成立」, 『東洋文化研究所紀要』 11(再錄 1999a).

1980　「近世唯識研究の或る系譜についての評論」, 『佛教の歷史と文化』, 同朋舍出版(再錄 1999b)

1987　「地論宗北道派の行方」, 『東方學論集』(再錄 1999b).

1999a　『結城令聞著作集 第1卷 唯識思想』, 春秋社.

1999b　『結城令聞著作集 第2卷 華嚴思想』, 春秋社.

이부키 아츠시(伊吹 敦)

1998　「地論宗南道派の心識說について」, 『印度學佛教學研究』 97-1.

1999　「地論宗北道派の心識說について」, 『佛教學』 40.

이와타 다이조(岩田諦靜)

2004　『眞諦の唯識說の研究』, 山喜房佛書林.

이케다 마사노리(池田將則)

2010 「道基『雜阿毘曇心章』巻第3(スタイン277+ペリオ2796) ―― (1) 『四善根義』校訂テキスト」, 龍谷佛教學會『佛教學研究』66.

2012 「道基の生涯と思想 ―― 敦煌出土『雜阿毘曇心章』巻第3(S277+P2796)「四善根義」を中心として」, 『眞諦三藏研究論集』, 京都大學人文科學研究所.

하세가와 다케시(長谷川岳史)

2000 「『佛地經論』と『成唯識論』 ―― 玄奘における両書の飜譯の意圖」, 『龍谷大學論集』 455.

하카마야 노리아키(袴谷憲昭)

1981 「佛教史の中の玄奘」, 『人物中國の佛教 玄奘』, 大藏出版.

후나야마 도오루(船山 徹)

2012 「眞諦の活動と著作の基本的特徵」, 『眞諦三藏研究論集』, 京都大學人文科學研究所.

후세 고가쿠(布施浩岳)

1942 『涅槃宗之研究』 前篇, 叢文閣.

1958 「中國佛教の展望」, 『講座佛教 IV 中國の佛教』, 大藏出版.

후지이 교코(藤井教公)

1997 「如來藏系の佛教」, 『シリーズ東アジアの佛教 2 佛教の東漸 東アジアの佛教思想 I』.

후카우라 세이분(深浦正文)

1933 『唯識學研究』 上, 教義篇, 龍谷大學出版部(再刊 (1954), 永田文昌堂)

1934 『唯識學研究』 下, 教史篇, 龍谷大學出版部(再刊 (1954), 永田文昌堂)

후키하라 쇼신(富貴原章信)

1973 「靈潤神泰の佛性論争について」, 『同朋佛教』 5.

약호

大正 = 『大正新修大藏經』

傳全 = 『傳教大師全集』

색인

[ㄱ]

가설 123, 126, 127, 128, 129
가유 134
가행도 145, 157
가행위 15, 161
객관 3, 4, 11, 13, 15, 30, 31, 58, 113
견도(위) 10, 115, 145, 154, 155, 157, 159, 162, 163, 193
견분 30, 31
경량부 3, 6, 8, 20, 27, 28, 81, 105, 118, 122, 123, 124, 129, 130, 132, 133, 134, 187, 210, 212, 213, 214, 215, 216, 217, 219, 227, 228, 232
경상(鏡像) 159
경안(praśrabdhi) 36, 37, 184, 185, 191, 192, 193, 194
계현 29, 31, 32, 33, 41, 42, 46, 250, 253, 254
공삼매 148
관소연론 6, 212, 214
구경위 15, 157, 163
구경일승보성론(=보성론) 55, 56, 71, 73, 74, 241
구나발마 240
구나발타라 240
구사론 8, 25, 28, 29, 30, 39, 41, 44, 51, 93, 105, 117, 118, 119, 122, 123, 124, 126, 129, 133, 134, 144, 147, 185, 210, 215, 246, 254
기(基) 258, 261

[ㄴ]

남해기귀내법전 3, 32
논리추종파 30, 51
늑나마제 241
능가경 50, 86, 87, 129, 240, 241, 242, 243, 244, 245, 251
능지(能持) 158

[ㄷ]

다르마키르티 3, 4, 6, 208, 209, 217, 219, 220, 221, 222, 223, 224, 225, 226, 228, 229, 230
담무참 240
대당서역기 32, 254
대비바바사론 143, 254
대승기신론 244, 245, 247, 248, 249, 251
대승장엄경론(=장엄경론) 20, 21, 24, 25, 26, 29, 32, 33, 35, 36, 39, 40, 41, 42, 43, 45, 46, 50, 51, 55, 58, 60, 71, 72, 79, 85, 89, 119, 141, 156, 158, 166, 185, 250
대원경지 40, 41, 42, 44, 46, 47, 60
도기 251, 252
득(得) 187

등무간연 177, 178, 179

등무간의 178

디그나가 4, 6, 208, 211, 212, 213, 214, 215, 216, 217, 230, 233

[ㅁ]

마명 143

말나식 28, 41, 42, 78, 108, 130, 172, 184, 250

망식 242, 243, 244, 247

명(名) 85

명언훈습 108, 111

명오(明悟) 159

목샤카라굽타 3, 4, 232

묘관찰지 41, 43, 44, 46, 47, 60

무구 55

무구진여 38

무구청정 59, 60

무분별지 36, 53, 60, 111, 115, 116, 160, 162, 163, 165

무상삼매 148

무성 29, 31, 32, 33, 39, 40, 41, 51, 72

무성종성 259

무여의열반 38

무원삼매 148

무의식 8, 171, 185, 194, 195

무종성 48, 49, 50, 51

무착 4, 14, 21, 24, 25, 26, 27, 28, 29, 62, 71, 72, 73, 74, 79, 85, 90, 92, 105, 106, 141, 185, 209, 239

무학도 146

문소성혜 144

문훈습 107, 109, 110, 111, 261

미란 222, 223

미륵 4, 11, 21, 24, 29, 71, 72, 74, 78, 85, 89, 106, 119, 141, 185, 209

미륵청문장 95, 96

[ㅂ]

바라바밀다라 71, 250

바른 인식 222, 223

바비베카 9, 229

반주삼매 52

반주삼매경 6, 22, 23, 52, 64

법계 6, 22, 23, 38, 40, 41, 45, 55, 58, 59, 110, 115, 157, 255, 261

법계체성지 44, 56

법구경 4, 5

법법성분별론 39, 71, 73, 185

법상(法上) 242, 243, 245, 251

법성 84, 85, 88, 127

법성상 90

법신 39, 45, 46, 47, 164

법장 263

법체항유 123

법현 23

변계소집(상/성/자성) 13, 14, 78, 84, 85, 86, 87, 88, 89, 90, 91, 92, 95, 107, 112, 113, 114, 116, 129, 131, 132, 159

변화신 45, 46, 47, 107, 118
보리류지 241
보살지 37, 40, 49, 50, 51, 57, 74, 75, 78, 79, 80, 81, 83, 84, 86, 92, 93, 94, 96, 127, 128, 132, 141, 149, 150, 151, 152, 153, 154, 156, 166, 182
보편 225, 226, 227, 228
본각 248
본성청정 59
본지분 4, 20, 24, 27, 35, 38, 49, 64, 74, 75, 78, 79, 97, 171, 178, 180, 181, 182, 184, 188, 191, 192, 193, 199
부정종성 48, 49, 50, 51, 259, 260
부주열반 107, 116
부퇸 23, 180
분별 11, 12, 13, 14, 57, 85, 86, 87, 88, 96, 111, 112, 113, 114, 115, 116, 117, 118, 119, 122, 128, 129, 130, 131, 132, 162,
불성 242, 243, 247, 253, 259, 262
불지경론 31, 33, 41, 42, 44, 46, 47, 51, 259, 262
불타발타라 240
불타선다 241
비바사사 3, 8

[ㅅ]

사물(vastu) 22, 35, 36, 53, 57, 80, 85, 86, 93, 94, 96, 127, 128, 151, 152, 157, 160, 214
사소성혜 144
삼계유심 22, 29, 52, 120, 147, 149, 159
삼세실유 109, 123, 125, 133, 142
상(相) 85
상무자성 14, 85, 92
상속전변 8, 13, 129
상속전변차별 28, 122, 123, 124, 126, 134
상캬학파 29, 43, 44, 81
색심호훈 188
생기무자성 92
생명력 183
생무자성 14, 85
샨티데바 229
석궤론 39, 117, 118, 119, 123, 128, 129, 130, 132, 134
선경 143
선대 스승(pūrvācārya) 27, 133
설일체유부 3, 4, 5, 9, 20, 80, 143, 144, 147, 150, 164, 165, 174, 186, 214, 219
섭결택분 4, 37, 38, 39, 42, 49, 50, 64, 74, 78, 86, 87, 96, 97, 171, 172, 181, 182, 183, 184, 185, 191
섭대승론(=섭론) 14, 22, 26, 32, 33, 39, 40, 42, 43, 52, 53, 55, 58, 59, 71, 79, 85, 90, 91, 92, 105, 106, 107, 108, 109, 110, 111, 112, 115, 116, 120, 121, 132, 161, 176, 239, 241, 245, 246, 247, 248, 249, 251, 252, 253, 254, 261
섭론사 247
섭론학파 239, 245, 246, 264
성문지 35, 36, 37, 48, 49, 74, 78, 143, 144, 150,

151, 153, 154, 166, 182
성소작지 41, 46, 47
성유식론 32, 40, 47, 129, 141, 142, 160, 163, 171, 239, 258, 260, 261, 262
성전추종파 30, 51
세간도 144, 147
세속 존재 225, 226, 227
세속제 39, 224
세제일법 145, 158
세친 3, 4, 6, 7, 8, 9, 11, 13, 14, 16, 24, 26, 27, 28, 29, 30, 35, 40, 41, 51, 62, 73, 91, 92, 105, 106, 109, 117, 118, 119, 120, 122, 123, 141, 209
소공경 57, 79, 80, 95
소연청정 59
소의 175, 184, 258
손감 108, 152, 163
수도 146
수도위 157
수면(隨眠) 118, 161, 186
수선자(修禪者) 142
수소성혜 145, 211
수습위 15, 162
수용신 45, 46, 47, 107
수행도지경 144
스티라마티 7, 12, 13
습기(習氣) 9, 13, 109, 125, 129, 185
승가라찰 144
승의 존재 225, 226
승의무자성 14, 85, 87, 92
승의제 39, 224
식전변 7, 8, 9, 10, 11, 12, 14, 28, 51, 119, 122, 123, 125, 126, 128, 129, 130, 136
실유 134
실유불성(설) 240, 243, 259, 260, 262, 263
심층심리학 194, 195
십지경론 239

[ㅇ]

아다나식 9, 119, 187, 191, 244, 245, 247
아리야데바 3
아말라식 244, 245, 247, 248, 249, 250, 253, 262
아비달마대승경 106
아비달마잡집론(=잡집론) 172, 180, 183, 191
아비달마집론 26, 85, 90, 106, 185
아트만 3, 5, 7, 8, 9, 13
악취공 80, 151
안위동일 173, 193
알라야식 8, 9, 10, 11, 12, 13, 19, 21, 27, 28, 38, 41, 42, 44, 46, 47, 49, 58, 78, 91, 106, 107, 108, 109, 110, 119, 125, 130, 135, 171, 172, 173, 174, 175, 176, 177, 178, 179, 180, 181, 182, 183, 184, 185, 186, 187, 188, 189, 190, 191, 192, 193, 194, 195, 197, 198, 240, 241, 242, 243, 244, 245, 247, 248, 249, 253, 260, 262, 265
야쇼미트라 27
여래장 240, 242, 243, 244, 247, 253, 260, 262

여래장연기설 244
여리작의 111
연기경석(론) 39, 117, 119, 122, 125, 185
염오의 9, 10, 11, 46, 47, 171, 172, 188, 244
염정의지 240
영윤 258, 259, 260, 261
오온론(석) 27, 32, 119, 185
요의설 118
용수 20
원성실(성/상/자성) 13, 14, 59, 78, 85, 86, 87, 88, 89, 90, 91, 92, 95, 107, 112, 116, 159
원측 258, 261
월칭 20, 29, 31, 34
유가비구 142
유가사 142, 143, 258
유가사지론(=유가론) 4, 5, 6, 20, 21, 24, 35, 37, 38, 39, 42, 49, 50, 71, 72, 74, 78, 79, 1, 85, 86, 87, 90, 93, 96, 106, 119, 133, 134, 141, 143, 150, 153, 171, 172, 175, 177, 179, 182, 191, 197, 209, 210, 215, 232, 239, 240, 246, 250, 251, 252, 253, 254, 261
유가사지론자 119
유가행파 3, 4, 5, 6, 10, 11, 12, 13, 15, 16, 19, 20, 21, 23, 24, 26, 27, 28, 29, 30, 31, 34, 35, 40, 45, 51, 52, 55, 58, 62, 71, 75, 78, 79, 80, 81, 82, 83, 84, 85, 86, 87, 90, 92, 94, 95, 106, 127, 128, 130, 132, 133, 141, 142, 143, 144, 149, 150, 152, 153, 156, 158, 159, 160, 163, 166, 171, 174, 175, 176, 181, 182, 187, 189, 192, 193, 195, 196, 200, 210, 213, 215, 218, 234, 239, 240, 264
유구 55
유구진여 38
유마경 37
유분심 187
유사(唯事) 22, 23, 36, 53, 151, 152
유식무경 54, 122
유식사 258
유식삼십송(=삼십송) 7, 8, 10, 16, 25, 27, 28, 39, 58, 85, 91, 92, 117, 119, 122, 126, 127, 128, 129, 130, 132, 141, 142, 160, 163, 199, 246
유식성 14, 15, 57, 91, 92, 115, 132, 189
유식이십론(=이십론) 3, 6, 22, 25, 27, 28, 35, 52, 57, 91, 117, 119, 120, 121, 122, 125, 126, 129, 130, 131, 132
유식학파 19, 172, 189, 239, 251, 258, 259, 260, 261, 262, 263, 264
유종성 49, 50, 51
육문교수습정론 106
윤회적 식 186
의언 110, 111, 114, 115, 156, 157, 159
의정 3, 23, 62
의타기(성/상/자성) 13, 14, 39, 55, 56, 57, 59, 78, 84, 85, 86, 87, 88, 89, 90, 91, 92, 93, 95, 107, 112, 113, 114, 116, 128, 129,

130, 159
이법신 45
이불성 260
이숙 8, 9, 13, 192, 193
이숙식 9, 108, 109, 119, 125, 135
이언(離言) 118, 127, 128, 131, 132
인식적 식 186
일천제 260
입무상방편 7, 15, 54, 107, 116, 132
입보리행론 229

[ㅈ]
자기인식 4, 6, 41, 61, 215, 221, 227, 228
자량도 156
자량위 15, 160
자성신 45, 46, 47, 107, 118
자성청정심 248
자아의식 10, 11, 42, 63, 171, 186
자증분 30, 31, 51
저차 세속 227
전식(轉識) 108, 109, 110, 176, 183, 187, 188
전식득지 38, 40, 56, 59
전의 9, 15, 21, 37, 38, 39, 40, 45, 46, 56, 58, 110, 115, 116, 157, 159, 162, 163, 164, 192, 250
정식(淨識) 248, 250
정지(正智) 85, 86
제바 20
종자(설) 12, 58, 59, 109, 110, 112, 113, 124, 125, 174, 179, 183, 184, 185, 187, 193, 194
종자의(種子依) 178, 179
주관 3, 4, 11, 13, 15, 30, 31, 58, 113
중관파 3, 6, 9, 19, 20, 29, 30, 34, 62, 81, 92, 229
중론 20
중변분별론(=중변론) 11, 12, 21, 24, 25, 29, 32, 33, 34, 37, 39, 53, 54, 55, 56, 57, 72, 79, 85, 86, 87, 89, 90, 91, 95, 98, 115, 117, 119, 132, 166, 185, 246
즈냐나슈리미트라 4, 224, 226, 228, 229, 230, 231, 234
증익 108, 152, 163
증자증분 30, 31
지광명장엄경(=지광명) 37, 55, 56, 57
지론사 241, 242, 243, 245, 246, 247, 248, 249, 251, 252, 253, 263
지론학파 239, 241, 245, 246, 247, 264
진망화합식 247
진식 242
진여 85, 86, 95, 96, 155, 241, 242, 243, 244, 248, 250, 262
진여소연연종자 261
진제 239, 246
집수 175, 176, 180
집지식 244

[ㅊ]
찬드라키르티 229

청변 20, 29, 31, 32, 34
체온 183
초지 115, 155, 159
최고의 세속 227
추중(dauṣṭhulya) 15, 36, 37 155, 157, 162, 163, 184, 185, 192, 194
축도생 260
출세간도 10, 144, 147

[ㅌ]

통달위 15, 162

[ㅍ]

평등성지 41, 46, 47
프라즈냐카라굽타 4, 225
표상(표식) 11, 112, 120

[ㅎ]

해심밀경 4, 6, 14, 21, 22, 39, 52, 53, 64, 78, 85, 87, 88, 89, 93, 94, 95, 96, 98, 106, 118, 127, 128, 132, 141, 153, 154, 155, 156, 166, 171, 172, 178, 182, 184, 187, 188, 191, 197, 199, 210, 215, 241, 246, 254
해심밀사 258
행불성 260
행의 상 87, 88, 89, 95, 96
허망분별 11, 12, 23, 34, 39, 53, 55, 56, 57, 59, 61, 89, 91, 95, 107, 111, 112, 113, 114
현양성교론 26, 79, 85, 86, 90, 106, 183
현장 23, 31, 33, 38, 40, 41, 43, 44, 47, 48, 51, 239, 243, 251, 252, 253, 254, 255, 262, 263
혜원 243, 244, 245, 246, 247, 259
호법 29, 31, 33, 41, 253
효과적 작용 능력 224, 226, 227, 228
훈습 9, 59, 108, 109, 110, 111, 112, 113, 115, 125,
희론 152

[기타]

10지 54, 107, 147, 149, 155, 161, 165
12지 연기 22, 52, 53, 54, 61, 93, 186
2무아 78, 93, 98
2분 의타(기성/성) 39, 55, 107, 116
3무자성(설) 14, 78, 84, 85, 90, 92, 93, 94, 118
3상 87, 88, 89, 93, 111, 112
3성(설) 12, 21, 39, 49, 55, 56, 57, 58, 59, 61, 78, 79, 80, 81, 84, 85, 86, 87, 89, 90, 91, 92, 94, 95, 96, 106, 107, 108, 111, 112, 116, 119, 159, 188, 212, 248
3신(설) 22, 44, 45, 46, 51, 107, 164
3전법륜(설) 94, 254, 255
3해탈문 148
4사의 비판 120
4선근 145, 161
4성제 93, 94, 144, 145, 146, 147, 149, 165
4심사 114, 151, 161
4여실지 114, 151
4종 청정 59

4지　22, 33, 40, 41, 42, 43, 44, 46, 56, 58

5도　156

5법　78, 85, 87

5사(설)　57, 84, 85, 86, 87, 95, 96

5성 각별　22, 48, 50, 51, 259, 261, 263

5온　5, 93, 154, 177

5위　15, 59, 156, 159, 160, 166

6바라밀　107, 161

8논증　172, 174, 183, 184, 185, 188, 191, 192, 193

8식설　42, 78, 242, 243, 244, 245, 247, 248, 249, 250

9식설　244, 245, 247, 248, 249, 250, 251, 252, 253

저자 소개

가츠라 쇼류(桂 紹隆)

1944년 시가현 출생. 토론토 대학 대학원 박사과정 수료(Ph. D.). 문학박사(교토대학). 히로시마 대학 명예교수. 현재 류코쿠 대학 특임교수.

사쿠마 히데노리(佐久間秀範)

1954년 사이타마현 출생. 함부르크 대학 대학원 박사과정 수료(Dr. Phil.). 도쿄 대학 대학원 박사과정 단위취득퇴학. 박사(문학). 현재 츠쿠바 대학 인문사회계 교수.

다카하시 고이치(高橋晃一)

1971년 도쿄도 출생. 도쿄 대학 대학원 인문사회계 연구과 박사과정 수료. 박사(문학). 현재 츠쿠바 대학 인문사회계 조교.

호리우치 도시오(堀內俊郞)

1977년 오사카 출생. 도쿄 대학 대학원 인문사회계 연구과 박사과정 수료. 박사(문학). 현재 도요 대학 국제철학연구센터 연구조수.

델레아누 플로린(DELEANU Florin)

1959년 루마니아 출생. 함부르크 대학 대학원 박사과정수료(Dr. Phil.). 현재 국제불교학 대학원대학 교수.

야마베 노부요시(山部能宜)

1960년 와카야마현 출생. 예일 대학 대학원 박사과정수료(Ph. D.). 현재 도쿄 농업 대학 농학부 교수.

규마 다이켄(久間泰賢)

1968년 후쿠시마현 출생. 도쿄 대학 대학원 인문사회계 연구과 박사과정 수료. 빈 대학 대학원 박사과정수료(Dr. Phil.). 현재 미에 대학 인문학부 준교수.

요시무라 마코토(吉村 誠)

1969년 도쿄도 출생. 와세다 대학 대학원 박사후기과정 만기퇴학. 박사(문학). 현재 고마자와 대학 불교학부 준교수.

역자 소개

김성철

동국대 인도철학과를 졸업하고 같은 대학 대학원에서 석사와 박사 학위를 취득하였다. 현재 금강대학교 불교문화연구소 교수로 재직 중이다. 주요 논문으로 「초기 유가행파의 '여래장' 개념 해석」 I, II, 「종성의 본질에 대한 유가행파와 여래장사상의 해석」, 「종성무위론의 기원에 관한 한 고찰」 등이 있고, 저·역서로 『섭대승론 증상혜학분 연구』(씨아이알), 『초기불교의 이념과 명상』(씨아이알), 『무성석 섭대승론 역주』(씨아이알), 『천친조 진제역 불성론』(씨아이알), *The Foundation for Yoga Practitioners*(Harvard Univ.) 등이 있다.

시리즈 대승불교 7

유식과 유가행

초판발행 2014년 6월 26일
초 판 2 쇄 2016년 10월 20일

저　　자 가츠라 쇼류 외
역　　자 김성철
펴 낸 이 김성배
펴 낸 곳 도서출판 씨아이알

책임편집 박영지
디 자 인 구수연, 추다영
제작책임 이헌상

등록번호 제2-3285호
등 록 일 2001년 3월 19일
주　　소 (04626) 서울특별시 중구 필동로8길 43(예장동 1-151)
전화번호 02-2275-8603(대표)
팩스번호 02-2275-8604
홈페이지 www.circom.co.kr

I S B N 979-11-5610-085-0 94220
979-11-5610-078-2 (세트)
정　　가 20,000원